마케팅은 진화한다

실무에서 응용하는 최신 마케팅 이론

이 도서의 국립중앙도서관 출판예정도서목록(CIP)은 서지정보유통지원시스템 홈페이지 (http://seoji.nl.go.kr)와 국가자료공동목록시스템(http://www.nl.go.kr/kolisnet)에서 이용하실 수 있습니다.
CIP제어번호: CIPCIP2016024987(양장), CIPCIP2016024988(반양장)

실무에서 응용하는
최신 마케팅 이론

마케팅은
진화한다

미즈노 마코토 水野 誠 지음
(주)애드리치 마케팅전략연구소 옮김

マーケティングは進化する:
クリエイティブな Market＋ing の発想

　20세기의 시작과 함께 등장한 마케팅은 21세기에 들어 인터넷과 모바일 기기의 사용이 확대되면서 상당한 변화를 겪고 있습니다. 디지털 미디어의 발달은 소셜미디어 같은 새로운 양식의 미디어와 새로운 커뮤니케이션방식을 낳았습니다. 개인은 네트워크 생활양식에 의해 그 영향력이 점점 더 커지고 있고, 이에 따라 시장은 완전한 소비자 중심으로, 또한 개인 소비자에게로 권력이 이동하게 되었습니다.

　소비자들의 다양한 행동양식에 대한 이해와 그들이 가지는 기업에 대한 친밀감, 유대감, 그리고 신뢰할 수 있는 관계의 유무가 더욱 중요해지고 있습니다. 기업은 이제 시공간의 제한 없이 대화, 공유, 거래 등을 확대시키고 있는 고객과의 관계 및 커뮤니티 형성에 중점을 두고 있으며, 그에 따라 마케팅 전략과 수단도 기존과는 다른 방식으로 바꾸고 있습니다. 미디어가 진화하고 있고, 소비자도 진화하고 있습니다. 진화된 시대에는 진화된 마케팅이 필요합니다.

　창립 11주년을 맞이하는 ㈜애드리치는 그간의 노력을 발판으로 이제 새로운 10년을 향해 출발하는 지점에 섰습니다. 지난 10년간 우리는 급변하는 환경을 잘 이해하고 그 환경에 대응하기 위해 최선을 다했습니다. 크리에이티브 차원의 노력뿐만 아니라 미디어 플래닝 등 광고노출의 시간과 공간을 창의적으로 기획하는 데에도 힘을 기울여왔습니다.

그러나 힘의 중심이 점차 개인과 네트워크로 옮겨 가면서 광고의 본질은 '관계'와 '소통'을 실현하는 것이 되고, 그 방법을 근본적으로 재구성하기에 이르렀습니다. 우리는 이 같은 시대적 흐름을 누구보다 먼저 읽고 디지털 컨버전스 시대에 맞춰 고객사에 최적의 전략과 크리에이티브 솔루션을 제시하기 위해 지난 10년간 그래왔던 것처럼 이제 또다시 새로운 가능성에 도전해나갈 것입니다. 변화를 주도하는 트렌드 리더로 끊임없이 도약해나가고, 현 상황을 정확히 진단해서 지속적으로 성장해 향후 10년을 채워나갈 것입니다. 그 성장 방안을 구체화하고 실천하는 의미에서 이 책을 출간했습니다.

이 책은 정통 마케팅의 기본기를 다지면서 보다 과학적이며 효율적으로 마케팅 활동을 전개할 수 있도록 지침을 주는 진화된 마케팅 전문서입니다. 현실에 안주하지 않고 끝없는 도전을 통해 새로운 미래를 창조하고자 하는 많은 광고인과 마케팅 관련자에게 조금이나마 도움이 되기를 바랍니다.

감사합니다.

㈜애드리치 대표이사 사장 김재훈

마케팅Marketing이란 'Market'+'ing'로, 시장은 항상 변화한다고 본다. 이 책은 그러한 관점에서 최근 소비자, 미디어의 변화에 대응하기 위해 한층 더 효율성을 요구하면서 진화하고 있는 마케팅에 대해 이야기해보려 한다.

마케팅의 진화란 과거에서 계승한 마케팅의 구조를 기본적으로 유지하면서, 일상의 시행착오를 통해 혁신을 일으키고 새로운 환경 변화에 적응해 가는 것을 말한다. 따라서 기존 마케팅의 구조를 존중하면서 현재 일어나는 변화들 가운데 무엇이 정착될 것인지 관심 있게 지켜볼 필요가 있다.

이 책은 세계에서 가장 유명한 마케팅의 대가라고 해도 과언이 아닌 필립 코틀러Philip Kotler가 제시한 'STP + 4P' 구조를 바탕으로 한다. 그런 의미에서 전통적인 마케팅 방법론을 따르는 것으로 보일지도 모르지만, 이 책은 다른 마케팅 서적과 비교했을 때 다음과 같은 특징을 갖고 있다.

① 경영전략보다 실행단계의 의사결정(4P)에 중점을 둔다.
② 전통적인 마케팅을 바탕으로 하면서 최근의 동향에 주목한다.
③ 과학적 접근법에 입각해 마케팅 연구 성과를 소개한다.
④ 과학적 접근의 한계나 대체 접근법에 대해서도 언급한다.
⑤ 이 모든 것을 통합하는 독자적인 구조를 제안한다.

이 책이 실행단계의 의사결정을 중시하는 것은 많은 마케터의 고민이 바로 거기에 있기 때문이다. 그리고 마케팅의 최근 동향에 주목하는 것은 그

것이 내일의 일상이 될 수도 있기 때문이다.

③에서 말하는 과학적 접근법이란 '마케팅 사이언스'를 가리킨다. 필자가 20년 가까이 광고업에 종사하면서 느낀 점은, 조사업계도 마찬가지이겠지만 실무에서 가장 많이 사용되는 학문은 첫 번째가 통계학, 두 번째가 마케팅 사이언스라는 것이다.

그런데 최근 마케팅 사이언스가 학문적으로 고도화됨에 따라 현장의 니즈와 격차가 크게 벌어지는 것도 사실이다. 그래서 ④와 같이 마케팅 사이언스로는 설명할 수 없는, 또는 잘못된 결과가 나올 법한 내용에 대해서도 적극적으로 다루었다. 이 부분은 앞으로 연구과제가 될 것이다.

⑤에서 말하는 독자적인 구조에서는, 기존의 마케팅 발상을 하향식Top-down으로 본다면 그 반대되는 상향식Bottom-up 발상을 제안한다. 자세한 내용은 본문에서 다루겠지만, 한마디로 '우연히 만난' 고객을 기점으로 해서 점점 주변으로 고객을 확대해가는 마케팅 기법이라고 할 수 있다.

이 책의 이러한 특징에 대해 흥미롭게 보는 사람이 있는가 하면 비판적으로 보는 사람도 있을 것이다. 그러나 이 책이 마케팅 입문서나 교과서와 다른 가치가 있다면, 그것은 마케팅 발상에 하향식-상향식이라는 관점을 도입한 것이라고 할 수 있다.

어찌되었든 다양한 직업군의 다양한 위치에 있는 사람들이 각자의 관점에서 이 책을 다양하게 해석해 준다면 필자로서는 매우 기쁘고 감사한 일이겠다.

마케팅목표

비즈니스업계에서는 KPIKey Performance Indicator(핵심성과지표)라는 용어를 자주 사용한다. 이는 목표를 설정하고 그 달성 정도를 측정하는 지표인데, 신제품의 취급률이나 자사 페이스북Facebook에 '좋아요!' 수치 같은 구체적인 지표가 대표적인 KPI다.

일정 기간 달성하려는 목표가 KPI로 설정되고 그 위에 매출이나 이익 목표가 책정되는 것이 일반적이다. 여기 위에 장기계획이나 비전이 있고, 경우에 따라서는 창업자의 꿈이나 철학이 있다. 마케팅은 이러한 피라미드형 목표를 두고 실행된다.

이 책에서는 우선 마케팅의 KPI로서 시장 점유율을 보려고 한다. 이를 가장 먼저 다루는 것은 시장 점유율이 마케팅 의사결정자가 가장 신경 쓰는 지표 가운데 하나이기 때문이다. 그리고 시장 점유율로는 평가하기 어려운 목표로 이야기를 이어나가려고 한다.

이 목표는 이 책 전체에서 다루고 있는 '마케팅의 진화'와 밀접하게 관련되어 있다. 여기서 중요한 것은 시장의 불확실성, 불투명성이며, 또 하나는 장기적인 기간이다. 그럼 지금부터 구체적으로 보도록 하자.

1.1 마케팅의 목표는 점유율에서 시작한다

▌왜 많은 기업이 시장 점유율을 추구하는가?

시장 점유율은 시장 전체에서 자사(또는 자사 브랜드)가 점하는 매출의 정도를 비율로 나타낸 것이다. 이익을 추구하는 기업이 왜 점유율을 신경 쓰는 것일까?

이 질문에 하나의 답을 제공해준 연구가 1970년대부터 구미 기업을 대상으로 한 PIMSProfit Impact of Market Strategy라는 프로젝트다. 거기서는 시장 점유율이 높을수록 **투자수익률**Return on Investment(ROI)이 높다고 주장한다.[1] ROI란 이익을 투자로 나눈 비율이다.

시장 점유율을 목표로 하면 경쟁의식이 높아지고 성장지향이 강해진다. 시장 점유율과 매출은 시장이 안정되거나 성장할 때 모순되지 않게 나타난다. 하지만 시장이 축소되고 있는 경우에는 점유율을 높여도 이익이 증가하지 않는 경우가 많다.

경제학을 공부한 사람이라면 수확체감이 발생할 경우 점유율 또는 매출이 과도하게 증가하면 이익이 감소한다는 것을 알 것이다. PIMS의 주장은 생산이나 마케팅이 수확체감적 국면에 있지 않을 때 적합하다.

그리고 수익 금액이 아니라 수익률을 보는 이유는 무엇인가? 투자예산은 일반적으로 경영진에게서 주어지므로 실무자가 쉽게 움직일 수 있는 것이

---

1 バゼル, ゲイル, 『新PIMSの戦略原則-業績に結びつく戦略要素の解明』(和田充夫, 八七戦略研究会 訳, ダイヤモンド社, 1988).

아니다. 따라서 수익 금액보다는
수익률이 높을 것 같은 투자안을
선정해서 수익금 증가를 이루려고
한다.

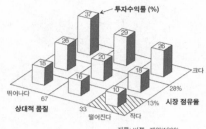

〈도표 1-1〉 투자수익률에
영향을 미치는 요소

자료: 버젤·게일(1988).

한편 PIMS는 시장에서의 상대
적 품질도 ROI에 영향을 준다고
주장한다(〈도표 1-1〉). 점유율과
상대적 품질이 함께 높을 때 ROI
는 매우 높아진다. 품질이 낮은데 점유율이 높은 것은 가격이 낮은 경우이
며, 이때 제품 1단위당 얻는 이익도 낮아지게 된다.

▍시장 점유율을 추구하는 또 하나의 이유

영국의 마케팅 연구자인 앤드루 에렌버그Andrew Ehrenberg와 패트릭 바
와이스Patrick Barwise는 식품·음료·일용품 같이 반복 구매되는 소비재를
폭넓게 조사한 결과 구입하는 사람이 적은 브랜드일수록 구입 빈도도 적어
지는 경향을 발견했다.[2] 그들은 이 같은 현상을 브랜드의 이중고double
jeopardy라고 불렀다.

구입하는 사람이 적으면 해당 시장에서의 점유율도 낮다. 또한 구입하는
빈도도 낮기 때문에 점유율은 더욱 낮아진다. 한편 〈도표 1-2〉의 좌측 상
부처럼 고객이 적어도 구입 빈도가 높으면 이익이 커지지만, 실제 그렇게
될 가능성은 매우 희박하다.

에렌버그 팀은 TV프로그램의 시청행동도 조사했는데,[3] 시청률이 낮은

---

2 A. S. C. Ehrenberg, G. J. Goodhardt & T. P. Barwise, "Double Jeopardy
   Revisited", *Journal of Marketing*, Vol. 54, No. 3(1990), pp. 82~91.
3 バーワイズ, エーレンバーグ, 『テレビ視聴の構造-多メディア時代の受け手

〈도표1-2〉 브랜드의 이중고

구입 빈도 · 반복 구매율

성공할
틈새 브랜드

강한 브랜드

이중고

구입률 · 시장 점유율

프로그램일수록 반복 시청되는 정도가 낮다는 사실을 알 수 있었다. 여기서도 이중고가 발생하는 것이다. 그런데 미국의 종교 방송과 스페인어 방송은 예외였다.

브랜드의 이중고는 비교적 저렴하고, 반복 구매되고, 관여도가 낮은 제품에서 관찰되고 있다. 이러한 시장에서는 점유율 확대 없이 ROI를 높이기는 매우 어렵다.

브랜드의 이중고가 다른 유형의 제품에서도 동일하게 발생하는지는 분명하지 않다. 예를 들어 컴퓨터 시장에서 애플의 점유율은 낮지만, 신제품이 나올 때마다 열성팬들이 구매해서 브랜드의 이중고는 오지 않은 듯 보인다.

▌시장 점유율을 추구하면 반드시 이익이 증가할까?

점유율이 증가할수록 ROI가 높아진다는 PIMS의 주장은 어떤 경우에나 적합한 것은 아니다. 생산이나 마케팅에 대한 투자효과가 경제학에서 말하는 **수확체감**의 성질을 띨 때 이는 성립하지 않는다.

수확체감이란 투자를 하면 매출이 증가하지만, 그 증가세가 둔화되어 가는 것을 말한다(〈도표 1-3〉(1)). 매출(도표의 실선)과 투자(도표의 점선)의 차액인 이익이 정점을 넘자 감소하기 시작하고 ROI도 낮아져 어떤 시점부터는 적자로 전환된다. 그런 경우 점유율 확대는 적당히 해두는 것이 현명하다.

이 반대는 수확체증 또는 규모의 경제가 있는 경우로, 투자를 늘릴수록 매출이 증가한다(〈도표 1-3〉(2)). 이익은 어느 지점을 넘으면 흑자가 되고

像』(田中義久, 小林直毅, 伊藤守 訳, 法政大学出版局, 1991).

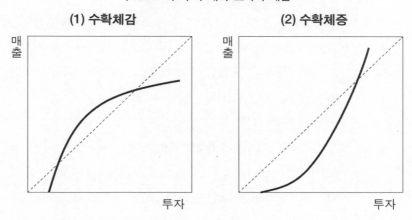

〈도표 1-3〉 투자 대비 효과의 패턴

(1) 수확체감

매출

투자

(2) 수확체증

매출

투자

실선은 투자 대비 실현되는 매출을 나타냄
점선은 투자액을 세로축에 반영하기 위해 그려 넣은 것임

그 후에도 계속 상승한다. 이때 ROI도 점점 높아진다.

마케팅에서 수확체감이 발생하는 것은 어떤 경우일까? 예를 들어 신제품은 구입할 것으로 예상한 고객부터 구매가 이루어지고, 시간이 지날수록 그 수가 줄어들므로 ROI는 악화되어 간다.

수확체증이 발생하는 경우는 기존 고객을 향한 마케팅 활동일 수도 있다. 그들이 자사 브랜드를 반복해서 사용하고 그것이 습관이 되면 마케팅 비용을 별로 들이지 않아도 구입이 지속적으로 일어나게 된다. 이때 마케팅 활동을 전개하면 ROI가 비약적으로 상승한다.

규모의 경제와 비슷한 개념으로 **경험곡선효과**가 있다. 이는 개인이나 조직이 생산 또는 마케팅 경험을 축적하면 숙련도가 높아져 제품 1단위당 비용이 낮아지는 것을 의미한다. 단기적으로는 수확체감적이어도 장기적으로는 경험곡선효과로 효율성이 증가해간다.

▌시장 점유율의 계산은 경쟁의 범위와 관련이 있다

PIMS에서는 점유율이나 ROI을 기업 단위나 브랜드 단위에서 계산하는 것이 아니라 **전략적 사업 단위**Strategic Business Unit(SBU)에서 계산한다. SBU란 기업의 사업구성을 나타내는 포트폴리오다. '전략적'이라는 단어가 나타내듯이 SBU는 기업의 사업전략을 바탕으로 계산한다.

예를 들어 독일의 자동차회사 다임러 벤츠에는 고급차, 트럭, 버스 등의 사업부문이 있고, 고급차에는 메르세데스 벤츠, AMG, 마이바흐 등의 브랜드가 있다. 메르세데스는 또한 S에서 A까지 다양한 클래스로 나눌 수 있다. 여기서 어느 단계까지 SBU로 볼 것인지는 그 기업의 전략에 달려 있다.

SBU는 경쟁 상대를 어느 범위까지 설정하는가에 따라 구성된다. 경쟁 상대가 정해지면 그 대상과 비교함으로써 시장 점유율을 계산할 수 있다. 그렇다 해도 경쟁은 다양한 측면에서 발생하기 때문에 어느 측면의 경쟁을 중시할 것인지는 매우 어려운 문제다.

예를 들어 가오花王에서 판매하는 헬시아는 고농도의 카테킨을 함유해 다이어트 효과를 소구하는 녹차 음료다. 헬시아는 동일한 특성을 가진 타사의 녹차 음료와 경쟁하지만, 다른 다이어트 음료와도 경쟁 구도에 있고 전체 차 음료 제품과도 경쟁하고 있다. 이 중에서 핵심 경쟁 상대를 누구로 정할지에 대한 판단은 3장에서 다룰 포지셔닝과 깊게 관련되어 있다.

1.2 브랜드에 대한 관심이 목표를 바꾼다

▌M&A를 배경으로 등장한 브랜드자산론

1980년대는 세계적으로 기업매수M&A가 활발하던 시기였다. 기업이 성장하기 위함이든 다시 되팔기転売 위함이든 상관없이, 주식시가총액이 해당 기업이 보유하고 있는 모든 자산의 가치보다 낮게 평가되면 M&A가 발생했다.

그러던 중 기업매수에 들인 자금이 매수되는 기업의 유형자산(부동산, 기계설비 등)이나 무형자산(특허 등)의 가치보다 훨씬 많아지는 현상이 발생했는데, 매수되는 기업의 브랜드를 얻기 위해 그만큼의 비용을 더 들였다고 볼 수밖에 없다. 거기에서 **브랜드자산**brand equity이라는 개념이 탄생한 것이다.

회계적으로는 브랜드자산의 화폐가치를 추산하는 것이 과제가 되지만, 마케팅에서는 브랜드자산의 내용을 이해하는 것이 과제가 된다. 이에 대해 최초로 연구한 이들 중 당시 캘리포니아대학교의 마케팅 교수였던 데이비드 아커David Aaker가 있다.

▌브랜드자산의 구성요소

1991년에 아커는 『브랜드자산의 전략적 경영Managing Brand Equity』(이상민 옮김, 비즈니스북스, 2006)이라는 자신의 저서에 브랜드자산은 다음의 요소로 구성된다고 서술하고 있다.[4]

① 브랜드 인지도

② 브랜드 연상

③ 지각품질

④ 브랜드 충성도

⑤ 그 외

4　アーカー, 『ブランドエクイティ戦略-競争優位をつくりだす名前, シンボル, スローガン』(陶山計介 他 訳, ダイヤモンド社, 1994).

인지도는 7.1에서도 다루겠지만, 많은 마케터가 신제품 마케팅의 KPI로 삼는 지표다. 고객에게 알려지지 않는 브랜드는 존재하지 않는 것과 같다. 그리고 주로 긍정적으로 연상되는 브랜드일수록 고객에게 존재감과 친근감 있는 브랜드라고 할 수 있다. 지각품질은 실제 제품이 지닌 객관적 품질이라기보다는 고객이 느끼는 주관적 품질이며, 그것이 높을수록 고객은 그 제품에 지불하는 가격이 비싸도 좋다고 여긴다. 충성도는 구매와 관련된 지표로, 고객이 다른 브랜드보다 자사 브랜드를 명백히 많이 구입하거나 계속적으로 구입하는 경우에 충성도가 높다고 할 수 있다. 2.2에서 더 상세히 보도록 하자.

인지도에서 충성도에 이르는 각 요소는 마케팅에 신경을 쓰는 기업이라면 어떤 형태로든 일상적으로 조사하고 있는 항목이다. 따라서 기업은 그 결과 데이터를 통해 브랜드자산의 재고를 파악할 수 있다.

일부 마케터들은 "브랜드자산은 새삼스러운 것이 아니다. 사실 우리들이 이전부터 측정하고 관리해온 것과 다르지 않다"라고 말할지도 모른다. 그러나 아커를 계기로 브랜드에 더욱 관심이 집중된 것은 사실이다.

브랜드자산에 대한 연구는 아커 후에도 계속 진행되고 있으며, 미국 다트머스대학교의 케빈 켈러Kevin L. Keller교수가 이전보다 포괄적인 구조를 제안하기도 했다.[5] 브랜드 연구의 발전 현황을 알아보는 데는 일본에서 오랫동안 이 분야를 연구해온 가쿠슈인学習院대학교의 아오키 유키히로青木幸弘 교수가 쓴 서적이 참고가 될 것이다.[6]

5 ケラー,『戦略的ブランドマネジメント第3版』(恩蔵直人　訳, 東急エージェンシー出版部, 2010).
6 青木幸弘 編著,『価値共創時代のブランド戦略-脱コモディティ化への挑戦』, ミルネヴァ書房, 2011).

┃ 브랜드란 무엇인가?

대부분의 브랜드 관련 책은 '브랜드'라는 용어가 고대 노르웨이 목동들이 사육하고 있는 소나 말에 자신의 소유임을 표시하기 위해 '불로 지졌던 (Brandr)' 낙인에서 유래되었다고 서술한다. 시장에 나오는 소나 말이 어느 목장 출신인지 나타냄으로써 제조물 책임이 명확해지고 품질을 보증한다는 의미다.

브랜드란 해당 제품이 다른 제품과 다른 무언가를 나타내는 '표시'라고 할 수 있다. 즉, 브랜드가 가지고 있는 아이덴티티를 나타내는 것으로 식별자identifier의 역할을 한다.

예를 들면 당신의 아이덴티티는 다른 그 누구도 아닌 당신 자신, 당신다운, 당신의 존재 증명 같은 의미가 된다. 브랜드에도 다른 어떤 브랜드도 아닌 '그 브랜드다운', '존재 증명'이 있다.

식별자로서의 브랜드는 좁은 범위에서는 브랜드 네임, 로고, 심벌마크, 슬로건, 캐릭터 등으로 구성된다. 켈러는 이들을 **브랜드 요소**라고 부른다. 브랜드를 중시하는 기업은 브랜드 요소들이 동일성을 유지하도록 엄격히 관리하고 있다.

브랜드 아이덴티티는 브랜드 요소보다 보다 포괄적인 의미를 갖는다. 사람의 아이덴티티가 외모뿐만 아니라 '내면'을 포함하듯이 브랜드 아이덴티티도 이념, 철학, 사상, 스토리 등 언어로 표현되는 '내용'을 포함한다.

┃ 강력한 브랜드에는 꿈이 있다

브랜드 아이덴티티는 브랜드가 강력하게 기능하기 위해 없어서는 안 되는 것이다. 전 도쿄대학교 교수이며 현재 브랜드 연구회 '마루노우치 브랜드 포럼'의 대표를 맡고 있는 가타히라 호타카片平秀貴는 세계적으로 탁월한 **파워브랜드**들을 연구하고 그들의 공통된 특징을 모아 다음과 같은 '파워브

랜드 3대 법칙'을 발표했다.[7]

① 파워브랜드에는 꿈이 있다.

② 파워브랜드에는 일관성이 있다.

③ 파워브랜드는 혁신적이다.

브랜드의 꿈으로는 다음과 같은 예를 들고 있다.

나이키: 스포츠의 정점에 서는 것.

BMW: 인생을 전력으로 달리는 것.

네슬레 : 엄마의 마음으로 세계에 음식을 공급하는 것.

조르지오 알마니 : 조르지오 알마니일 것.

혼다 : 사람과 지구에 꿈, 발견, 드라마를.

필자는 여기에 애플의 꿈인 '세계를 바꾸는 것'을 덧붙이고 싶다.

브랜드는 꿈을 실현하기 위해 일관성을 가지면서 동시에 제품을 항상 혁
신해야 할 필요가 있다. 브랜드 파워를 측정하는 데는 앞에서 살펴본 아커
의 브랜드자산요소가 도움이 되지만, 브랜드 파워를 강화하는 데는 브랜드
의 꿈이나 일관성, 혁신성 같은 요소를 구상하는 것이 더 중요하다.

브랜드 자산의 증가를 목표로 할 경우 인지도나 연상, 충성도와 관련한
지표가 KPI가 되겠지만, 그것으로 꿈의 실현이나 일관성 유지 등의 목표를
아우르기에는 부적합하다. 후자는 수치로 측정하기 어렵고, 또한 수치화된
KPI에 흔들리지 않는 판단을 필요로 한다.

---

7 片平秀貴, 『パワーブランドの本質-企業とステイクホルダーを結合させる第
    五の経営資源』(ダイヤモンド社, 1999).

M&A때문에 등장한 수치화 된 브랜드자산이 이후 브랜드 아이덴티나나 꿈이라고 하는 수치화가 매우 어려운 개념으로 바뀌었다는 것은 아이러니 한 일이다. 그러나 이 같은 변화는 매우 중요하며 마케팅 진화를 더욱 촉진 시키는 계기가 되었다고 볼 수 있다.

1.3 결국 이익의 원천은 고객에게 있다

▌시장 점유율에서 고객 점유율로 시점을 바꾸다

1990년대에는 **원투원 마케팅**one to one marketing, **고객관계관리**(CRM) 등 새로운 마케팅 개념이 등장했다. 이 마케팅 방식은 고객 한 사람 한 사람과 관계를 형성하는 것을 목적으로 한다. 그에 따라 생겨난 마케팅목표가 고객 점유율이다.[8]

고객 점유율이란 특정 고객이 특정 카테고리에서 일정 기간 구입하는 제품 총액 중 자사 브랜드를 구입하는 비율을 말한다(〈도표 1-4〉). 고객 점유율이 시장 점유율과 다른 점은 특정 고객에게만 초점을 맞춘다는 점과 장기적인 시점에서 평가한다는 점이다.

고객 점유율이 주목받게 된 것은 특정 고객과 장기간 깊이 있게 거래하는 것이 많은 고객과 일시적으로 얕은 거래를 하는 것보다 이익률이 높다는 경험에서 나온 것이다. 그 배경에는 고객 데이터베이스가 축적되고 각 고객에게서 얻는 이익을 파악할 수 있게 되었다는 점이 있다.

단, 모든 업계나 기업 활동에서 기존 고객유지의 수익률이 신규 고객획득에 따른 수익률보다 높은 것은 아니다. 예를 들어 오랫동안 거래해온 고

8   ペパーズ, ロジャーズ, 『ONE to ONE マーケティング顧客-リレーションシップ戦略』(ベルシステム24 訳, ダイヤモンド, 1995).

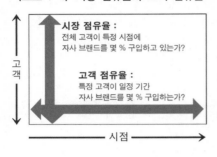

〈도표 1-4〉시장 점유율과 고객 점유율

시장 점유율 :
전체 고객이 특정 시점에
자사 브랜드를 몇 % 구입하고 있는가?

고객 점유율 :
특정 고객이 일정 기간
자사 브랜드를 몇 % 구입하는가?

고객

← 시점 →

객과의 관계를 유지하기 위해 과도하게 가격을 할인하면, 오히려 이익이 감소한다. 고객데이터를 면밀히 검토해서 기존 고객이 자사의 존속, 성장, 안정에 어떠한 역할과 기능을 하고 있는지 제대로 인식하고 평가해 고객유지에 적합한 마케팅을 검토할 필요가 있다.

▎고객 점유율을 정교화한 고객생애가치라는 지표

고객 점유율이라는 개념을 발전시킨 것이 **고객생애가치**Customer Lifetime Value(CLV)라고 할 수 있다. 이것은 특정 고객에게서 얻을 수 있는 장래의 이익을 현재가치로 환산한 것이다. 그 계산 방법은 〈도표 1-5〉와 같다(상세한 내용은 〈칼럼 1〉 참고).

고객생애가치는 장래에 얻을 수 있는 이익을 통해 계산한다. 따라서 가장 먼저 각 고객이 향후 얼마 동안 자사 브랜드를 구입해 줄 것인지를 예측하고, 거기에 어느 정도의 비용이 들지를 계산한다. 그렇게 하기 위해서는 과거 고객별 매출이력이나 비용데이터를 활용할 필요가 있다.

장래라고 해도 계산 시기는 3~5년 정도가 일반적이다. 그리 먼 미래는 아니지만, 그래도 장래의 구매행동이나 비용을 예측하는 데는 오차가 수반되기 마련이다.[9] 어디까지나 고객과 장기적으로 관계를 형성하기 위한 참고 자료로서 고객생애가치를 활용해야 할 것이다.

고객생애가치의 계산은 카탈로그나 웹사이트를 통해 개개의 고객과 직

---

9 E. C. Malthouse & R. C. Blattberg, "Can We Predict Customer Lifetime Value?" *Journal of Interactive Marketing*, NO. 19, Vol. 1(2005), pp.2~16.

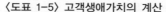

〈도표 1-5〉 고객생애가치의 계산

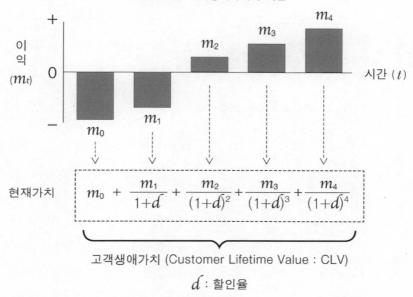

$$m_0 + \frac{m_1}{1+d} + \frac{m_2}{(1+d)^2} + \frac{m_3}{(1+d)^3} + \frac{m_4}{(1+d)^4}$$

이익 (m_t)

시간 (t)

현재가치

고객생애가치 (Customer Lifetime Value : CLV)

d : 할인율

접 거래하는 다이렉트 마케팅에서 시작되었다. 카탈로그나 DM을 발송할 때는 고객 한 명당 소요되는 비용을 계산할 수 있지만, TV광고비용을 한 명당 계산하는 것은 쉽지 않다.

▎고객생애가치는 기업의 고객자산이 된다

고객생애가치는 각 고객별로 계산되므로 주로 타기팅에 활용되었다(2장 참조). 그러나 최근에는 각 고객의 고객생애가치를 전부 합산해서 **고객자산**으로 보기도 한다. 기업가치의 원천이 여기에 있다고 여기기 때문이다.

고객자산은 브랜드자산의 탄생과 마찬가지로 M&A에서 의사결정에 작용하는 한 요소로 탄생되었다. 만약 어떤 기업의 고객자산이 주식시가총액을 웃돈다면 그 기업은 매수할 가치가 있다는 의미다.

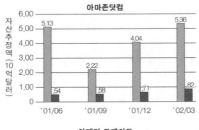

〈도표 1-6〉 고객자산의 추산치

아마존닷컴

자산추정액(10억달러)

5.13 · 2.22 · 4.04 · 5.36
54 · 58 · 71 · 82

'01/06 · '01/09 · '01/12 · '02/03

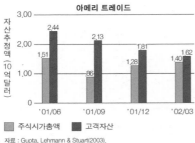

아메리 트레이드

자산추정액(10억달러)

2.44 · 2.13 · 1.81 · 1.62
1.51 · 86 · 1.28 · 1.40

'01/06 · '01/09 · '01/12 · '02/03

■ 주식시가총액 ■ 고객자산

자료 : Gupta, Lehmann & Stuart(2003).

그렇다면 매수하려는 대상 기업의 고객자산은 어떻게 계산할 수 있을까? 〈도표 1-5〉의 계산식은 각 고객에게서 얻는 이익의 흐름을 상세히 알고 있어야 한다는 전제가 붙는다. 그러나 아무리 매수 대상 기업이라도 고객 데이터베이스에 허가 없이 접근하는 것은 불가능하다.

따라서 대상 기업이 공개하는 재무제표나 업계의 정보를 통해 평균적인 고객을 대상으로 고객자산을 추산한다. 이 고객이 가져다

주는 각 기간의 이익은 일정 기간 변하지 않는다고 보고, 또한 이 고객이 거래를 중지해서 이익이 제로가 될 확률도 일정하다고 본다. 이렇게 평균적 고객의 CLV에 고객 수를 곱하면 고객자산을 대략 산출해낼 수 있다

〈도표 1-6〉은 2001년경 온라인 소매업체 아마존닷컴Amazon.com과 온라인 증권회사 아메리 트레이드Ameri Trade의 고객자산과 기업의 시장가치(주식시가총액)를 비교한 것이다.[10] 아메리 트레이드는 고객자산 가치가 시장 가치를 크게 웃돌고 있으므로, 이 회사를 매수한다면 고객자산을 목적으로 하는 것이 이치에 맞다고 할 수 있다.

10 S. Gupta, D. R. Lehmann & J. A. Stuart, "Valuing Customer as Assets", *Journal of Interactive Marketing*, No. 17, Vol. 1(2003), pp.9~24.

▎고객자산의 근간에는 브랜드자산이 있다

고객자산은 M&A의 참고 정보가 될 뿐만 아니라 마케팅목표도 된다. 고객자산을 높이기 위해서는 CLV가 높은 고객을 유지하는 것이 가장 좋다. 하지만 고객이 이탈할 가능성도 있으므로 고객자산이 축소되지 않도록 신규 고객을 유치하려는 노력도 중요하다.

서비스 마케팅 분야에서 유명한 미국의 메릴랜드대학교의 롤런드 러스트Roland Rust 교수와 공동연구자들은 CLV의 기초가 되는 고객의 선택행동은 브랜드자산과 CRM에 의해 결정된다고 주장한다.[11]

브랜드자산은 브랜드 충성도라고 하는 경로를 통해 고객과 기업의 관계를 강화시킨다. 또한 고객이 자발적으로 구입함으로써 마케팅 비용이 절약되고, 그 결과 CLV가 향상되고 고객자산이 증가한다. 장기적 이익을 추구한다는 점에서 브랜드자산과 고객자산이라는 KPI는 일치한다.

1.4 마케팅목표는 진화한다

▎하향식에서 상향식으로 발상전환

마케팅목표가 시장 점유율 중심에서 장기적 관점의 브랜드자산이나 고객자산의 형성으로 이동함에 따라 마케팅 발상도 하향식에서 상향식으로 변화해간다.

시장 점유율을 마케팅목표로 하면 우선 경쟁 범위가 되는 시장을 정하고, 거기서 주요 타깃을 선정한 다음, 목표 점유율 수치를 설정하는 과정을 밟는다. 마치 위성을 통해 지구를 내려다보고 풍부한 자원이 매몰된 토지

---

11 ラスト, レモン, ザイタムル『カスタマ—エクイティ—ブランド, 顧客価値, リテンションを統合する』(近藤隆雄 訳, ダイヤモンド社, 2001).

를 발견해 거점으로 삼는 것과 같다. 이를 하향식 발상이라고 한다.

브랜드자산이나 고객자산이 목표가 되면 발상의 방향을 전환해야 한다. 여기서는 숫자로 나타내지 못하는 아이덴티티나 꿈이 중요하기 때문이다. 아이덴티티나 꿈은 많은 선택안 가운데 하나를 택하는, 즉 하향식 발상에서는 나오기가 쉽지 않다. 오히려 창업자의 경험이나 혜안에서 나오는 경우가 많다. 자신에게 주어진 지점에서 출발한다는 의미에서 이를 상향식 발상이라고 한다.

창업 기업이나 신제품을 출시한 기업 입장에서 보면 고객과의 첫 만남은 우연이 크게 좌우한다. 그 브랜드를 최초로 지지해주는 고객은 제품에 만족하고 그 브랜드가 말하는 꿈이나 철학에 공감하는 사람이다. 그들이 결과적으로 CLV가 높은 핵심고객이 되고, 그로 인해 고객자산이 성장하기 시작한다.

따라서 고객자산이라는 목표는 상향식 발상과 잘 어울린다고 볼 수 있다. CLV가 높은 고객은 시장을 뒤져서 찾는 것이 아니라 자사의 고객 데이터베이스 안에서 얻는다. 그들이 시장을 대표하는지 여부는 여기서 그다지 중요하지 않다.

이러한 발상을 바탕으로 하는 상향식 마케팅은 어떤 이유로든 접점이 발생한 현재의 고객에서 출발한다. 그들과의 관계를 강화하면서 점차 주변으로 고객범위를 넓혀간다. 거기에서 만족할 수 있는 성과를 얻을 수 있으면 조금 더 전진해본다. 비약적 성장을 이루지는 못 하더라도 확실한 전략이다.

▌ 결국 하향식과 상향식을 융합하는 것이 중요하다

그렇다고 해서 앞으로의 마케팅이 전부 상향식 발상을 향해 진화할 것이라고 생각한다면 이는 매우 단편적인 시각이다. 사실 근대적 마케팅이 등장하기 이전의 마케팅 발상은 상향식이었고, 그 한계를 극복하기 위해 도

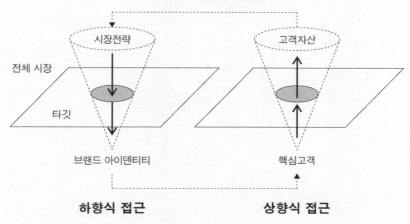

〈도표 1-7〉 하향식과 상향식

시장전략

고객자산

전체 시장

타깃

브랜드 아이덴티티

핵심고객

하향식 접근　　　　　　**상향식 접근**

입된 것이 하향식 발상이었다.

잠재고객이나 경쟁자에 대한 충분한 정보가 없던 시대에는 거래를 하고 있는 현재 고객을 기준으로 상향식 접근법을 사용할 수밖에 없었다. 그러나 이용 가능한 정보가 증가함에 따라 시장 전체를 보고 최적의 전략을 도출하는 하향식 접근이 가능해진 것이다.

문제는 시장이 존재하지 않는 혁신을 지향할 경우, 또는 고객이나 경쟁자가 크게 변화하는 격동기에는 하향식 발상만으로는 부족하다는 것이다.

어느 쪽에 중점을 둘 것인가는 기업의 유형과 관련된다. 큰 변화가 없는 대기업은 하향식 마케팅으로 점유율 확대를 지향하는 것이 합리적이다. 그러나 신생 기업 또는 신규 사업을 추진하는 기업처럼 행보가 불투명한 시장에서는 상향식 발상이 불가피하다.

이는 5장에서 살펴볼 제품수명주기와도 관계가 있다. 도입기에는 시장이 불투명하므로 상향식으로 브랜드자산이나 고객자산의 토대를 만드는 작업이 중요하다. 그러나 성숙기에는 고정된 경쟁자와 점유율 경쟁을 피할 수 없으므로 하향식 발상이 필요해진다.

즉, 기업의 성장이나 제품수명주기에 맞춰 상향식과 하향식 중 어느 한 쪽이 강해지거나 약화되는 일이 반복된다(〈도표 1-7〉). 따라서 기존의 마케팅은 하향식 발상에 중점을 두었지만, 앞으로는 상향식 발상에도 관심을 가지게 될 것으로 기대한다.

〈칼럼 1〉 고객생애가치 계산

고객생애가치(CLV)에서 장래의 이익을 현재가치로 변환하는 계산법을 모르는 사람들이 적지 않을 것이다. 왜 t년 후의 이익을 $(1+d)$의 t승으로 나누는 것일까? 지금부터 그 이유를 간단히 설명하겠다.

한마디로 말해 내년에 받을 10만 엔보다 지금 받는 10만 엔이 (지금 시점에서는) 가치가 더 높다는 의미다. 왜 그럴까? 내년에 확실히 10만 엔을 받을 수 있을지 없을지 모르기 때문이라는 의견도 있지만, 그러한 불확실성이 포함되면 이야기가 복잡해지므로 여기서는 내년에 확실하게 받을 수 있다고 가정하자.

그래도 내년의 10만 엔보다 지금의 10만 엔이 가치가 더 높다고 볼 수 있다. 왜냐하면 지금 10만 엔이 있으면 투자를 하거나 저금을 해서 내년에는 $1+d$배로 늘릴 수 있기 때문이다(d는 0 이상 1 미만으로 구체적인 값은 그 사람의 자금운용 능력과 의욕을 반영하여 설정된다).

현재의 가치가 v엔이라고 하면 내년에는 $v \times (1+d)$엔이 된다. 만약 내년에 10만 엔 받는다고 하면 그것은 $v \times (1+d) = 10$만이므로, 현재가치 v는 10만 $\div (1+d)$가 된다. 마찬가지로 내후년에 10만 엔을 받는다면 그 현재가치는 10만 $\div \{(1+d)^2\}$이 된다.

내년 10만 엔의 현재가치를 할인율별로 나타낸 것이 〈도표 1-8〉이다. 5년 후에 받는 10만 엔의 할인율이 10%라면 현재가치는 약 6만 엔이지만, 할인율이

20%라면 약 4만 엔으로 액면가의 절반에도 미치지 못한다. 할인율이 클수록 장래에 얻을 수 있는 이익의 현재가치는 작아진다.

〈도표 1-9〉는 어느 고객에게서 매년 10만 엔의 이익을 얻을 경우 그것의 현재가치를 계산한 것이다. 각 기간별 이익의 현재가치를 더하면 CLV가 된다. 5년까지(현재를 포함한 6년간)의 현재가치 합계는 약40만 엔으로 5년간 고객에게서 얻는 60만 엔의 약 3분의 2에 해당하는 금액이다.

CLV가 할인율에 따라 어떻게 변하는지는 〈도표 1-10〉에 나타나 있다. 그래프는 할인율을 각각 다르게 하고 집계기간을 늘리면 CLV가 어느 정도 증가하는지 비교한 것인데, 할인율이 높으면 기간을 늘려도 CLV는 그다지 증가하지 않는다는 것을 알 수 있다.

기간을 무한으로 잡으면 (1+d)의 t승은 무한대가 되므로 CLV는 어느 유한한 값에서 안착할 것이다. 여기서 매년 얻는 이익이 일정하고 그 수준을 m이라 하고 고객의 r × 100%가 매년 유지된다고 가정하자(r은 고객 유지율로 0보다 크고 1보다 작다).

이때 CLV의 계산식은 〈도표 1-11〉과 같이 된다. 이는 무한등비급수의 합으로

〈도표 1-8〉 할인율의 효과 : 현재가치

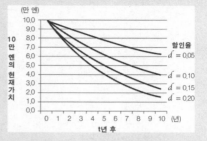

〈도표 1-9〉 현재가치의 계산 예시

년 후	액면(만 엔)	현재가치(할인율=10%)	
0	10	10	
1	10	$10 \div (1+0.1) = 10 \div 1.1$	= 9.1
2	10	$10 \div (1+0.1)^2 = 10 \div 1.1^2$	= 8.3
3	10	$10 \div (1+0.1)^3 = 10 \div 1.1^3$	= 7.5
4	10	$10 \div (1+0.1)^4 = 10 \div 1.1^4$	= 6.8
5	10	$10 \div (1+0.1)^5 = 10 \div 1.1^5$	= 6.2
계	60	$CLV = 47.9$	

〈도표 1-10〉 할인율의 효과 :
고객생애가치

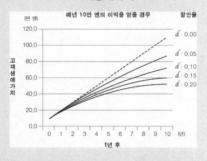

<도표 1-11> CLV추산의 간단한 계산식

· 이익 $m_1 = m_1$

· 고객유지율 r

$$CLV = m + \frac{m \cdot r}{(1+d)} + \frac{m \cdot r^2}{(1+d)^2} + \cdots + \frac{m \cdot r^{r-1}}{(1+d)^{r-1}} + \cdots$$

$$= \frac{m}{1 - \dfrac{r}{1+d}}$$

알려져 있는 공식에서 도출된 계산법이다. 각 기간의 이익이나 고객유지율이 향후에도 변하지 않는다는 전제가 너무 단순할 수도 있겠지만 계산이 간단해지므로 CLV의 대략적인 값을 산출하는 데 편리한 공식이라고 할 수 있다.

CHAPTER 2

시장세분화와 타깃설정

많은 마케팅 전문 서적이 마케팅전략의 기본으로 STP, 즉 시장세분화 Segmentation, 타깃설정Targeting, 포지셔닝Positioning 세 가지를 들고 있다. 이 구성은 앞으로도 마케터들에게 전수되겠지만, 그 내용은 조금씩 진화해 가고 있다.

이 장에서는 먼저 시장세분화와 타깃설정을 알아보도록 하자. 간단히 설명하면, 이질적인 잠재고객을 어떤 기준으로 구분(세분화)해서 나누고, 세분된 시장 중에서 전략적으로 가장 중요한 시장(타깃)을 선택하는 것이다.

전반부에서는 시장세분화와 타깃설정에 관한 전통적인 방법론을 살펴보고, 후반부에서는 기존의 방법과는 조금 다른 상향식 타깃설정에 대해 알아보도록 하자. 상향식 타깃설정이란 초기고객을 기점으로 핵심고객을 형성하고 그 후 타깃을 확대해가는 방법으로, 창업한 지 얼마 안 된 기업이나 지금까지 없던 새로운 제품을 시장에 내놓으려는 기업에 추천하는 방법이다.

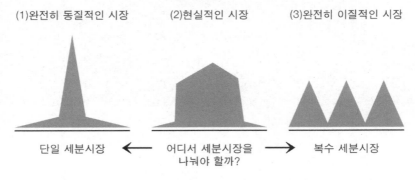

〈도표 2-1〉 세분시장의 패턴

(1)완전히 동질적인 시장　　　(2)현실적인 시장　　　(3)완전히 이질적인 시장

단일 세분시장　◀　어디서 세분시장을　▶　복수 세분시장
　　　　　　　　　　나눠야 할까?

도표의 가로축은 고객특성, 세로축은 고객 수 또는 시장규모를 나타냄

　기본 전략인 시장세분화를 바탕으로 개별 마케팅전략(제품, 가격, 광고, 판매촉진, 유통 등)이 결정되는데, 이를 **마케팅 믹스**marketing mix라고 한다. 이에 대해서는 4장 이후에서 다루게 될 것이다.

2.1 시장세분화가 모든 것의 기본

▎시장세분화란

　시장세분화는 잠재고객을 몇 개의 집단으로 분할하는 것을 의미한다. 그 목적은 세분시장에 적합한 마케팅 믹스를 구성해서 효율적으로 마케팅목표를 달성하는 것이다.

　〈도표 2-1〉은 고객을 분류하는 변수가 매우 단순한 경우 고객 분포의 차이를 나타낸 것이다. ①처럼 고객분산이 매우 작으면 세분화는 무의미하다. 한편 ③에서는 고객을 어디에서 구분할지 일목요연하게 알 수 있지만, ②에서는 명확하지 않다.

고객 분류에 사용되는 변수는 매우 많으므로 어떤 변수를 기준으로 분류하는지에 따라 〈도표 2-1〉의 형태는 변하게 된다. 어떤 변수를 적용해서 어디를 기점으로 구분할 것인지에 대한 결정은 결국 마케팅목표의 달성 가능성 여부로 귀결된다.

▌시장세분화에서 충족되어야 하는 조건

시장세분화는 단순히 지적호기심 때문에 고객을 분류하는 것이 아니라 세분화함으로써 마케팅 실행이 보다 효율성을 갖게 된다는 이점 때문에 실행한다. 따라서 시장세분화에서 충족되어야 할 조건으로 다음 세 가지가 있다.

① 세분시장마다 마케팅 믹스의 **효과가 다를 것**
② 세분시장마다 마케팅 믹스를 **개별화할 수 있을 것**
③ 세분화에 따른 **비용을 상쇄할 만한 성과**를 얻을 수 있을 것

조건 ①이 충족되지 않으면 애초에 세분화를 할 필요가 없다. 마케팅 믹스의 효과가 세분시장마다 다를 때 각 세분시장에 최적화된 마케팅 믹스를 실행하는 것에 의미가 있다. 이는 매우 당연한 이야기이지만, 의외로 그렇지 못한 경우가 있다.

따라서 고객의 연령에 따라 소구하는 광고 내용이 다르다면 연령대별로 광고를 만드는 것이 효과적이다. 그러나 현재의 TV광고에서는 연령대별로 다른 광고를 도달시키는 것이 불가능하다. 물론 타깃 연령대가 비교적 많이 시청하는 시간대·프로그램에 광고를 할 수도 있지만, 타깃 이외에도 광고가 도달되어 결국 그에 대한 비용까지 부담하는 셈이 된다. 즉, 불필요한 비용 소모가 발생한다는 것이다. 따라서 이 경우 조건 ②는 완전히 충족되

지는 않는다.

그래도 고객의 연령대별로 각기 다른 광고를 만드는 것이 전혀 의미가 없다고는 할 수 없다. 오히려 전 국민을 대상으로 하는 어중간한 광고로는 어느 세대에도 관심을 받지 못할 수 있다. 비용이 많이 들어도 각 연령대별로 광고를 만들어 송신하는 것이 결과적으로 더 큰 효과를 얻을 수 있을지도 모른다.

최종적으로 어느 것이 적합한지는 조건 ③, 즉 비용과 효과의 균형으로 결정된다. 다수의 광고를 만들면 그만큼의 비용이 발생한다. 일반적으로 세분시장마다 마케팅 믹스를 달리하면 효과도 올라가지만 비용도 더 많이 투여된다. 그러므로 어디까지 세분화하는 것이 가장 좋은지 신중히 검토할 필요가 있다.

▎시장세분화 변수의 대분류

잠재고객을 구분할 때 사용하는 변수를 세분화 변수라고 한다. 세분화 변수에는 시장이 한정되지 않는 일반적 변수와 특정 시장이나 제품 카테고리에서만 통용되는 변수가 있다. 예를 들어 특정 브랜드를 자주 구입하는지, 가격에 어느 정도 민감한지 같은 요소는 카테고리에 따라 다르다.

〈도표 2-2〉 일반적인 세분화 변수

인구통계적 특성	사회통계적 특성
성별	소득(가구, 개인)
연령	자산(가구, 개인)
혼인 형태	학력
가족구성원	사회계층(귀속의식)
라이프코스	
거주 지역	**심리통계적 특성**
주거 형태	개성
직업	가치관 · 라이프스타일
민족 · 인종	혁신성
종교	주변에 대한 영향력

시장이나 카테고리를 한정 짓지 않는 일반적인 세분화 변수는 인구통계적 변수, 사회통계적 변수, 심리통계적 변수로 분류된다(〈도표 2-2〉). 지금부터 각각의 의미를 보도록 하자.

┃ 기본 중의 기본 '성별·연령'

시장세분화의 기본은 인구통계적demographic 변수이며, 그중에서도 기본은 성별과 연령이다. 이 둘은 그 사람의 신체나 정신 상태, 경제상황, 사회적 입지 등 소비행동에 영향을 미치는 다른 많은 변수와 관련이 있다. 즉, 성별·연령을 알면 소비행동을 예측할 수 있는 경우가 많다고 할 수 있다.

예를 들면 스킨케어 제품은 성별에 따라 다르게 구입한다. 동일한 성별이라도 원하는 기능, 지출할 수 있는 금액 등은 연령에 의해 결정된다. 맥주를 마실 수 있는 연령은 법적으로 정해져 있고 일반적으로 남성이 맥주를 더 많이 소비한다.

성별·연령이 비슷한 집단은 동일한 문화나 역사를 공유하고 있을 가능성이 높고, 제품에 대한 선호도나 소비 스타일이 비슷한 경향이 있다. 따라서 성별·연령으로 분류하면 어느 정도 적절한 세분화라고 할 수 있는 경우가 많다.

비디오리서치의 TV시청률 데이터는 〈도표 2-3〉처럼 성별·연령을 기준으로 시청자를 분류한다. 보통 황금시간대의 TV드라마는 F1층이 타깃이 되는 경우가 많다고 하는데, 변수가 많은 20세부터 34세까지의 여성을 동일한 집단으로 취급하는 것이 과연 옳은지 의문스럽기도 하다.

〈도표 2-3〉
비디오리서치의 성별·연령별 구분

연령(세)	남성	여성
4~12	C	
13~19	T	
20~34	M1	F1
35~49	M2	F2
50~69	M3	F3

┃ 마케터들에게 사랑받는 '세대' 변수

연령과 관련한 변수로 '세대', 즉 출생 연도에 따른 분류가 있다. 잘 알려져 있는 1947~1949년에 출생한 '단카이団塊세대'는 다른 세대보다 인구가 많고 일본 사회에서 큰 영향력을 가지는 세대로 여겨진다. 미국에서는 1946~1959년에 출생한 사람들을 베이비붐세대라고 한다.[1]

세대로 시장세분화를 하는 마케터가 적지 않지만, 연령과 세대의 효과가 분리되어 있는지 확인할 필요가 있다. 현재의 20대가 다른 세대와 다른 특징을 가지고 있는 것은 연령 때문인지(**연령효과**), 동일한 해에 태어나 동일한 경험을 했기 때문인지(**세대효과**)를 구별하지 않으면 안 된다.

이는 마케팅 의사결정을 좌우한다. 연령효과라면 다른 세대도 동일한 연령이 되면 비슷한 특징을 보일 것이고, 세대효과라면 그 세대는 나이가 들어도 비슷한 특징을 가지고 있을 것이기 때문이다. 당연히 어느 쪽인지에 따라 전략이 달라진다.

이를 정확하게 검증하기 위해 개발된 것이 **코호트 분석**cohort analysis이라고 불리는 기법이다. 코호트는 물고기 떼 등을 표현할 때 사용하는 용어인데, 여기서는 동일한 세대의 특징을 분석하는 것을 가리킨다. 이 분석은 일반적인 통계 기법을 이용하는 것이 불가능하다. 코호트 분석의 계산법을 알아보려면 일본에서 오랫동안 마케팅의 계량적 측정연구에 매진해 온 아사노 히로히코朝野熙彦교수의 저서가 참고가 될 것이다.[2]

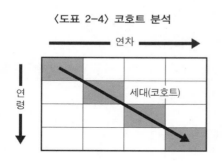

〈도표 2-4〉 코호트 분석

연차

연령

세대(코호트)

특정 연차에 있는 특정 연령대 사람들의 수치가 표기된 표를 통해 연차, 연령, 세대(출생 연도)의 효과를 추정한다.

1 堺屋太一 編著,『日本 米国 中国 団塊の世代』(出版文化社, 2009).
2 朝野熙彦, 『マーケティングリサーチプロになるための7つのヒント』(講談社, 2012年), 7章.

❙ 인생은 단계에서 코스로 바뀌고 있다

이전에는 성별과 연령에 따라 라이프 스테이지life stage, 즉 인생의 단계
가 거의 정해져 있다고 여겼다. 여성의 경우, "대학을 졸업한 후 취직을 하
고 20대에 결혼 후 퇴직, 첫째 자녀를 낳고 자녀에게 손이 많이 가지 않게
되는 30대에 또다시 취업하는……" 식의 단계를 누구나 밟는다는 전제하에
세분화가 진행되었다.

그런데 남녀 모두 취직·결혼하는 시기 및 형태가 다양화되면서 라이프
코스life course라는 관점에서 보는 것이 더 현실적이라고 인식하게 되었다.
인생의 단계는 개인마다 다르고 각 개인은 자신의 상황에 맞게 코스를 만
들고 선택한다는 것이다.

그러한 사실이 분명하게 드러나는 것이 가족유형의 변화다(〈도표 2-5〉).
이전에는 부부와 자녀로 구성되는 '표준가구'가 압도적으로 많았지만, 지금
은 1인 가구와 거의 같은 숫자가 되었다. 게다가 자녀가 없는 부부나 한부
모 가구가 증가하는 등 가족의 양상이 다양해지고 있다.

나아가 연령별 미혼율은 남녀 모두 최근 급속하게 증가하고 있으며(표
2-6〉), 결혼 시기가 늦어지고 있을 뿐 아니라 아예 결혼하지 않는 사람도 증
가하고 있다. 50대의 미혼 남성은 동 연령대에서 20%, 미혼 여성은 10%다.
이들의 소비행동은 같은 연령대의 기혼자들과는 확연히 다를 것이다.

이러한 이유로 라이프 코스라는 관점은 사회학에서 시작되었지만 마케
팅에도 도입되고 있다. 아오키 유키히로 교수는 소비자 행동연구의 입장에
서 라이프 코스 마케팅을 주장하고 있다.[3] 성별과 연령이 동일해도 본인의
삶의 방식에 따라 다양한 세분시장으로 나눌 수 있기 때문이다.

---

3 青木幸弘, 女性のライフコース研究会 編, 『ライフコースマーケティング-結
   婚, 出産, 仕事の選択をたどって女性消費者の深層を読み解く』(日本経済新聞
   出版社, 2008).

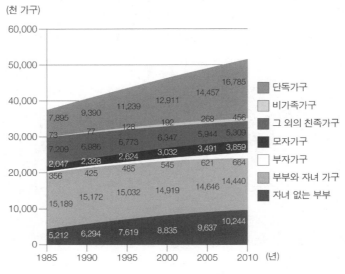

〈도표 2-5〉 가족 유형의 변화

(천 가구)

자료 : 총무성 통계국, 「국세조사보고」

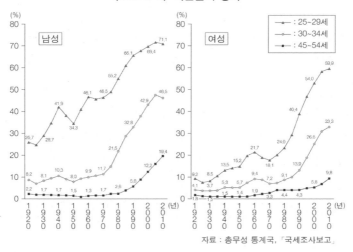

〈도표 2-6〉 미혼율의 증가

자료 : 총무성 통계국, 「국세조사보고」

▎국가·민족이라는 변수에서 우편번호 변수까지

자주 사용되는 인구통계적 변수 중에 거주 지역이 있다. 글로벌 마케팅에서는 당연히 이 변수가 중요하고, 국내 마케팅에서도 지역에 따라 기호나 행동의 차이가 중요시되는 경우가 적지 않다. 예를 들어 관동關東지방(도쿄를 중심으로 주변 여섯 개 현을 포함하는 지역 − 옮긴이)과 관서關西지방(오사카, 교토를 중심으로 주변 네 개 현을 포함하는 지역 − 옮긴이)이 식품에 대한 기호가 전혀 다르다는 것은 유명한 이야기며, 이러한 이유로 식품회사는 동일한 제품이라도 지역에 따라 맛을 조정하는 것이 일반적이다.

승용차 구입 비율도 한 집에 여러 대의 승용차를 보유하는 것이 특별하지 않은 지방과 주차 비용이 높은 대신 공공교통이 잘 정비된 도시와는 큰 차이가 있다. 미국에서는 우편번호(ZIP코드)로 구분되는 지역에 따라 소득이나 민족이 다르고, 그것이 중요한 변수가 되기도 한다.[4]

국가에 따라서는 민족, 종교, 언어 등도 세분화 변수가 된다. 지금까지 일본에서는 이러한 변수가 그다지 중요시되지 않았지만, 글로벌화의 영향으로 앞으로는 이러한 관점에서 세분화를 진행해야 할지도 모르겠다.

▎'격차사회'는 소비행동에 영향을 미치는가?

일본 사회가 변화함에 따라 학력이나 직업, 사회계층 같은 **사회통계적 특성**을 통한 세분화가 중요해지고 있다. 한때 일본 사회에서 불평등의 확대가 화두가 되었을 때 그것이 마케팅에 영향을 미친다는 것을 인식하게 된 것이다.

어느 시대든지 부유층은 존재하고 그들을 타깃으로 하는 마케팅이 실행되었다. 지금까지 그것은 소수를 대상으로 하는 특수한 마케팅이라고 여겨

---

4 イアンエア-ズ, 『その数学が戦略を決める』(山形活生 訳, 文芸春秋, 2010).

졌지만, 빈부의 격차가 확대되면 부유층(또는 빈곤층)을 상대로 하는 마케팅
은 한층 더 각광을 받게 된다.[5]

내각부內閣府의 최근 조사에서는 20세 이상의 국민 중 자신의 생활수준을
'중상中上'이라고 응답한 사람은 12.6%, '중중中中'이 56.7%, '중하中下'가
22.7%로, 90%가 자신을 중류층이라고 생각하고 있다고 밝혔다.[6] 이 같은
경향은 1980년대부터 거의 변하지 않고 있으며, 일본이 '1억 인구 총 중류
사회'라고 불리는 이유가 되기도 한다.

그런데 2000년 전후부터 일본은 소득 격차가 확대되고 있다는 지적을 많
이 받고 있다. 이에 대해 경제학자인 오오타케 후미오大竹文雄 교수는 소득
격차는 고령화에 따른 요인이 크게 작용하고 있으므로 계층화되고 있다는
견해는 옳지 않다고 주장한다.[7]

그렇다 해도 소득 격차가 확대되고 있다고 인식하게 되면 자신의 생활수
준이 상대적으로 어느 정도인지를 생각하게 되고(**계층귀속의식**), 이 또한 소
비에 영향을 미친다고 볼 수 있다. 실제 필자도 계층귀속의식은 의식주를
비롯한 그 외의 다양한 품목의 소비의욕과 관계한다는 사실을 연구를 통해
알게 되었다.[8]

1994년, 1998년, 2002년 실시한 의식조사를 분석했는데, 계층귀속의식
은 어느 시점에나 있었다. 이는 계층의식과 소비의 관계가 2000년 전후로
갑자기 출현한 것이 아니라 그 전부터 존재했다는 의미다.

---

5 ヌーンズ·ジョンソン, 『新富裕層マーケティング』(桜内篤子 訳, ランダムハ
   ウス講談社, 2005).
6 内閣府, 「国民生活に関する世論調査」, 2013.6.
7 大竹文雄, 『日本の不平等』(日本経済新聞社, 2005).
8 水野誠, 「日本人の階層帰属意識とその生活·消費意識へのインパクト」, 『消
   費者行動研究』, 13券, 1号(2006), pp.57~77.

❚ 직업은 세분화의 변수로 활용되지 못하는가?

고객조사에서 거의 빠지지 않고 포함되는 항목임에도 그다지 활용되지 않는 변수 가운데 직업이 있다. 이를테면 의사를 대상으로 의약품을 판매하는 것 같이 특정 직업군에 있는 사람들을 대상으로 하는 마케팅을 제외하고는 사실 직업이 세분화에 이용되는 경우는 매우 적다.

미국의 도시연구자이자 현재 토론토대학교의 교수로 있는 리처드 플로리다Richard Florida는 현대사회에서 창조적 작업을 통해 이윤을 창출하는 **창조계급**creative class이라고 하는 집단을 소개했다. 거기에는 슈퍼크리에이티브 코어(과학자, 기술자, 예술가, 디자이너 등)와 크리에이티브 프로페셔널(의료, 법률, 금융 등의 전문가)이라는 직업군이 포함된다.[9]

이 창조계급에 속하는 사람들은 미국뿐 아니라 일본에서도 증가하고 있다(〈도표 2-7〉). 선진국의 산업구조가 변화함에 따라 창조계급이 사회·경제의 중심 집단으로 부상하고 있는 것이다.

그러나 플로리다는 창조계급은 개인이 일에 대해 어느 정도 재량을 가지는가에 따라 정해지며, 직업 분류만으로는 규정되지 않는다고 말한다. 그런 의미에서 창조계급이라는 변수는 다음에 살펴볼 '가치관·라이프스타일' 관점에서 다루어야 하는 것일 수도 있다.

플로리다는 창조계급이 개인주의, 능력주의, 다양성·개방성 중시 등의 가치관을 가지고 있다고 주장한다. 그리고 그러한 가치관에 따라 직장이나 거주지를 선택하고, 이 외에도 소비행동 전반에 걸쳐 그들만의 특징이 있다고 본다.

필자는 창조계급을 '의식'으로 보고 그것이 소비행동에 미치는 영향을 연구해왔다.[10] 그 내용은 가까운 시일 내에 정리해서 발표하겠지만, 시장세분

---

9 フロリダ, 『クリエイティブ資本論-新たな経済階級の台頭』(井上典夫 訳, ダイヤモンド社, 2008).

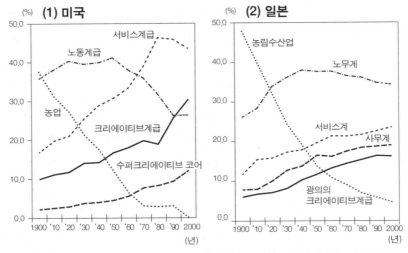

〈도표 2-7〉 창조계급의 구성비

(1) 미국 (%)

서비스계급
노동계급
농업
크리에이티브계급
수퍼크리에이티브 코어

(2) 일본 (%)

농림수산업
노무계
서비스계
사무계
광의의
크리에이티브계급

자료: (1) 플로리다 『크리에이티브자본론』 (2) 기타큐슈시립대학 도시정책연구소 산업프로젝트실행위원회 『지적창조도시 Creative City의 형성 촉진에 관한 연구』

화에 도움이 되는 개념이라고 생각한다.

┃ 가치관과 라이프스타일 변수

인구통계적 특성이나 사회통계적 특성은 이른바 고객의 외형적인 특징이다. 그것과는 별개로 고객의 내면적인 특징이 소비행동에 영향을 미치기도 한다. 즉, 개성, 가치관, 라이프스타일, 혁신성 같은 것을 말하며, 이를 심리통계적 특성psychographics이라고 한다.

가치관, 라이프스타일을 바탕으로 세분화하는 데는 미국에서 개발된 VALSValues, Attitudes and Lifestyles라는 조사가 유명하다. 이외에도 다양한

10 水野誠, 関利之 「クリエイティブ ライフ~仕事, 生活, 消費の新しい潮流」, 『第30回消費者行動研究コンファレンス報告要旨集』(2005), pp. 17~20.

기업·조직이 가치관, 라이프스타일에 관한 독자적인 조사방법을 개발해 세분화에 이용하고 있는데, 대부분의 경우 조사항목, 설문내용 등 세부사항은 외부에 공개되지 않는다.

가치관, 라이프스타일과 관련해 생긴 용어가 'LOHASLifestyle of Health and Sustainability'다. 직역하면 '건강과 지속가능한 라이프스타일'로, 지속가능성이란 친환경을 의미한다.[11]

한편 가치관을 국가별로 비교하려는 '세계 가치관 조사'가 있다. 미시건대학교의 정치학자 로널드 잉글하트Ronald Inglehart 교수 팀이 개발한 조사항목을 중심으로 5년마다 약 60개국을 대상으로 조사를 실시하고 있다. 이 세계 가치관 조사의 결과가 시장세분화에 도움이 될지는 모르지만, 가치관의 세계적 동향을 이해하는 데는 도움이 될 것이다.

2.2 구입이라는 관점에서 고객을 보다

┃ 일반론에서 개별론으로 진화

지금까지 살펴본 세분화 변수는 시장이나 제품 카테고리를 초월해 폭넓게 통용되는 것이다. 그러나 세분시장별로 마케팅 믹스를 개별화한다는 목적에서 보면 시장·제품 카테고리마다 다르게 변수를 적용하는 것이 보다 상세한 정보를 제공해준다.

그 같은 변수에는 다음과 같은 종류가 있다.

① 제품 카테고리 변수: 중요시하는 편익, 구입량, 구입금액

---

11 P. H. Ray & S. R. Anderson, *The Culture Creatives : How 50 Million People Are Changing the World*(Harmony Books, 2000).

② **브랜드 변수**: 각 브랜드의 구입경로, 충성도

③ **채널 변수**: 고객의 구입경로

지금부터 이들 세분화 변수들을 자세히 알아보도록 하자.

▌편익세분화

특정 제품 카테고리에서 고객이 구입할 때 무엇을 중요시 여기는지에 따라 세분화하는 것을 편익세분화benefit segmentation라고 한다. 편익이란 고객이 가치를 두고 있는 제품의 속성(4.2 참조)을 말한다.

예를 들어 맥주를 마시는 사람이라면 식사를 하면서 맥주를 즐기고 싶은지, 땀 흘리고 난 다음 시원하게 마시고 싶은지, 저렴하게 많이 마시고 싶은지 등에 따라 맥주에 요구하는 가치가 다르다. 어떤 편익을 어느 정도 원하는지 개인차가 있기 때문에 그에 따라 세분화를 실행한다.

각 세분시장별로 중요시하는 편익의 차이를 안다면 제품이나 광고를 그에 맞게 변경한다. 즉, 편익을 바탕으로 하는 각 세분시장에 대해서는 각각에 적합한 마케팅 믹스를 적용하기가 쉽다.

그러면 잠재고객의 편익을 어떻게 알 수 있을까? 가장 일반적인 방법은 설문지를 통해 고객에게 직접 질문하는 것이다. 그러나 고객이 그에 대해 정확하게 대답할 수 있다고 볼 수는 없다. 어떤 방법이 있는지에 대해서는 4.2에서 보도록 하자.

▌헤비유저와 라이트유저

세분화에 구입량, 구입금액을 사용하는 경우도 있다. 다른 고객보다 구입량, 구입금액이 많은 고객을 헤비유저heavy user, 적은 고객을 라이트유저light user라고 한다(그 중간에 위치한 고객을 미들유저라고 하는 경우도 있다).

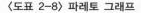

〈도표 2-8〉 파레토 그래프

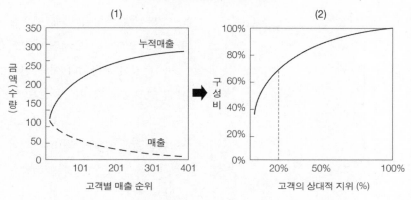

　구입량, 구입금액의 어느 지점에서 헤비유저와 라이트유저를 나눌지에 대해 정해진 규정은 없다. 다만 주로 사용되는 것은 파레토Pareto 그래프로, 가로축에 구입량·금액이 큰 고객 순서대로 나열하고 세로축에 각 고객의 누적구입량·금액의 그래프를 그린다(〈도표 2-8〉, (1)).

　그리고 양 축이 백분율로 표기되도록 단위를 변환한다(〈도표 2-8〉, (2)). 그러면 이 제품 카테고리에서 구입량·금액이 상위 x%인 고객이 전체 매출의 몇 %를 점하고 있는지 한눈에 알게 된다. 이 그래프에서는 상위 20%의 고객을 헤비유저로 정의할 수 있다.

　파레토 법칙, 또는 '80:20의 법칙'이라는 것은 상위 20%의 고객이 전체 매출의 80%를 차지하고 있는 상태를 말한다. 실제로는 시장에 따라 상위 고객의 집중 정도가 다르기 때문에 항상 80:20이 되지는 않는다.

　〈도표 2-9〉는 시장이 한 명의 헤비유저로 성립되는 경우(완전한 집중)와 거의 모든 고객이 동일하게 구입하는 경우(완전한 평등)를 파레토 그래프로 나타낸 것이다. 물론 현실에서 이런 극단적인 경우가 발생하는 일은 거의 없고, 그 중간 상태에 있는 경우가 대부분이다.

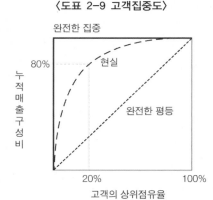

〈도표 2-9 고객집중도〉

완전한 집중

80% ..... 현실

누적매출구성비

완전한 평등

20%   100%

고객의 상위점유율

그래도 대부분의 시장에서 헤비 유저가 전체 매출의 많은 부분을 차지하고 있어 헤비유저를 타깃으로 하는 것이 매출이나 이익 면에서 압도적으로 유리하다. 그러나 다른 기업도 헤비유저를 타깃으로 하기 때문에 일부러 헤비유저 외의 고객을 타깃으로 하는 전략도 없지는 않다.

파레토 그래프는 동일한 카테고리 내 전체 브랜드의 고객데이터가 있어야 그릴 수 있으므로 자사의 고객 데이터베이스만으로는 자료가 충분하지 않다(자사의 독점시장이라면 예외). 타사 고객을 분석하기 위해서는 별도 데이터를 입수할 필요가 있다. 또한 헤비유저와 자사 충성고객 간 의미의 차이를 알아둘 필요가 있다.

▎잠재고객에서 재구매고객으로

어떤 고객이 특정 제품 카테고리의 헤비유저라고 해도 자사 브랜드를 별로 구입하지 않는다면 기업 입장에서는 그다지 매력을 느끼지 못한다. 따라서 자사 브랜드 구입과 관련한 지표가 필요하다. 신제품의 경우 다음과 같은 지표로 고객을 분류하는 것이 일반적이다.

① **잠재고객**: 해당 제품 미구입자 중 향후 구입 가능성이 있는 고객
② **시험구매고객**: 한 번 구입한 경험이 있는 고객
③ **재구매고객**: 반복해서 구입하는 고객

신제품을 도입할 때 가장 먼저 잠재고객을 고려한다. 그리고 어떻게 하면 그들을 시험구매고객으로 만들지를 검토하고, 그것에 성공하면 장기적으로 이익을 거둘 목표로 그들을 재구매고객으로 정착시키려고 한다. 고객이 이 중 어느 단계에 있는지에 따라 마케팅 믹스가 달라진다. 그리고 어느 정도 시간이 지나면 구매하지 않는 **이탈고객**의 존재도 시야에 두어야 한다.

한편 기존제품에 대해 '재구매'라는 개념이 적합하지 않는 경우도 있다. 식품이나 일용품 등 빈번하게 구입하는 카테고리에서는 동일한 브랜드가 지속적으로 구입되기가 쉽지 않기 때문이다. 그 경우에는 1.3에서 살펴본 고객 점유율을 기준으로 하는 것이 더 현실적일 것이다.

▌브랜드 충성도와 고객기반

대부분의 기업은 한 브랜드 아래 몇 개의 제품을 통합해두고 그 브랜드가 전체적으로 이익을 올릴 수 있도록 하고 있다. 이런 경우는 제품 단위에서의 고객 점유율뿐 아니라 브랜드 전체에서의 고객 점유율도 중요해진다.

특정 브랜드에 대해 고객 점유율이 높을 경우 브랜드 충성도brand royalty가 높다고 할 수 있다. 그리고 고객 점유율이 일정 수준 이상인 고객을 해당 브랜드의 **충성고객**이라고 한다. 충성고객, 비충성고객을 어느 선에서 규정할지는 마케터의 판단에 따른다.

충성도보다 넓은 의미로 브랜드와 고객의 관계지속성에 주목한 개념이 **고객기반**customer base이다. 고객기반이란 해당 브랜드를 재구입할 가능성이 있는 고객의 집합을 말한다. 신문이나 스포츠센터 같이 계약을 바탕으로 하는 서비스 분야에서는 계약자 명부 자체가 고객기반이 된다.

고객과 명시적인 계약을 하지 않을 경우 고객 데이터베이스에 기록된 거래 이력을 통해 각 고객의 재구매 가능성을 예측한다. 최근 들어 구입이 뜸해진 고객이라도 구입 간격 등을 보고 재구입 가능성이 있으면 그 고객은 아직 고객기반에 있다고 판단할 수 있다.

고객기반에는 충성도가 매우 높은 고객부터 그렇지 않은 고객까지 다양한 수준의 고객이 있다. 그들을 구분하는 기준으로 1장에서 설명한 고객생애가치를 이용할 수 있다.

추정된 고객생애가치를 토대로 고객의 서열을 매길 수 있는데, 주로 상위부터 10%씩 세분화한다. 이를 **데실**decile(10분위 수, 어떤 집합체를 균등하게 10등분한 것 – 옮긴이)이라고 한다. 일반적으로 상위 2~3개까지의 데실에 속하는 고객을 타깃으로 한다.

▌그 충성도는 진짜일까?

앞서 말한 브랜드 충성도는 구입행동에서 추측한 것이지만, 그 배경에 있는 메커니즘은 훨씬 다양하다. 그것을 알면 구체적인 마케팅 믹스를 설계하는 데 매우 도움이 된다. 충성도를 유발하는 메커니즘에는 다음의 세 가지가 있다.

① **감정적 유대감**
② **경제적 편익**
③ **습관**

자사 브랜드에 강한 감정적 유대감을 가지고 있는 고객은 경쟁 브랜드가 무엇을 해도 그렇게 쉽게 브랜드를 **스위칭**하지 않는다. 게다가 자진해서 브랜드를 주변에 추천하고, 그 브랜드의 문제를 앞장서서 변호하기도 한다. 이러한 열성팬을 에반젤리스트evangelist, 또는 앰배서더ambassador라고 부른다.

한편 경제적 이유로 행동상의 브랜드 충성이 발생하는 경우가 있다. 예를 들어 휴대전화 회사와의 계약을 중도에 해지할 때는 위약금이 발생한다. 또한 메일주소를 변경하는 번거로움도 일종의 비용으로 보기도 한다. 이러한 것을 **스위칭 비용**switching cost이라고 한다.

경제적 편익으로 충성도를 유도하는 방법에는 소매점이 고객에게 제공하는 포인트나 항공회사의 마일리지 같은 **충성 프로그램**loyalty program이 있다. 포인트를 쌓기 위해 고객이 동일한 브랜드를 구입하면 매출이 증가하고, 그것이 포인트 환원에 수반되는 비용보다 높다면 이익도 증가하게 된다.

이처럼 경제적 이유에서 발생하는 행동상의 충성도는 스위칭 비용이 낮아지거나 포인트나 마일리지가 무용지물이 되면 상실되고 만다. 심리적 유대감이 없는 행동상의 충성도는 경제적 편익이 없어지면 사라져버리는 것이다.

강력한 경쟁자가 없기 때문에 습관적으로 구매되는 제품도 있다. 이것도 어쩌면 행동상의 충성도일 가능성이 높고, 시장에 유력한 경쟁자가 나타나면 사태가 돌변할 수도 있다. 가장 강력한 것은 오랜 시간 고객과 사귀어오면서 형성된 심리적 유대감이다.

▎비충성고객은 타깃이 되지 못하는가?

기업이 장기적인 이익 확보를 지향하는 한, 충성도가 없는 고객switcher을 타깃으로 하는 경우는 거의 없다. 다만 일시적으로 시장 점유율을 확대하고자 할 경우에는 비충성고객을 타깃으로 설정하기도 한다.

비충성고객의 첫 번째 타입은 구입 시 가격이 가장 저렴한 것을 구입하는 **바겐 헌터**bargain hunter다. 일시적으로 점유율을 올리기에는 좋은 타깃이지만, 그들은 할인을 중단하는 즉시 더 저렴한 타사 제품으로 이동한다.

두 번째 타입은 다양한 제품을 경험해보고 싶어 하는 고객으로 **버라이어티 시커**variety seeker라고 한다. 그들은 애초에 충성도를 가지기 힘든 고객이다. 그들을 매료시키기 위해서는 항상 제품을 개량하고 때로는 획기적인 혁신을 해야 할 필요가 있다.

▎ 구입채널에 따른 세분화

고객의 구입채널도 세분화 변수로 작용할 수 있다. 예를 들어 화장품은 백화점, 전문점, 드러그 스토어drug store, 인터넷, 방문판매 등 다양한 채널을 통해 판매되고 있으며, 그에 따라 고객층도 다르고 제품이나 가격, 프로모션 등도 다르게 실행된다.

경제적으로 여유가 있고 비교적 연령층이 높은 여성은 백화점 또는 방문판매 채널을 통해 상담을 하고 고가의 화장품을 구입할 확률이 높다. 브랜드에 관계없이 저가의 대중제품을 구매하려는 젊은 여성은 드러그 스토어나 인터넷에서 화장품을 구입하는 경향이 높을 것이다.

물론 동일한 고객이 채널에 따라 구입하는 제품이 다른 경우도 있다. 눈으로 직접 보고 비교하면서 구입하려는 화장품은 오프라인 매장, 구입할 것이 정해져 있고 번거로움 없이 구입하려는 경우는 온라인 매장을 이용한다. 이러한 멀티채널의 구매행동은 9.4에서 다시 보도록 하자.

채널에 의한 세분화는 경우에 따라서는 하나의 변수로 고객을 효율적으로 구분할 수 있는 유용한 수단이 된다.

2.3 타깃설정에 대한 발상의 변화

▎ 일반적 타깃설정

지금까지 잠재고객을 세분화하는 다양한 방법을 알아보았는데, 그러면 어느 세분시장을 선택할지를 결정해야 한다. 이를 **타깃설정**targeting이라고 하며, 마케팅목표에 맞춰 타깃을 선택해 거기에 자원을 집중 배분하는 것을 목적으로 한다.

일반적으로 다음 두 가지 기준에 따라 타깃 세분시장을 선택한다.

① 자사의 마케팅목표를 달성하기에 충분한 **구매력**이 세분시장에 있다.
② 세분시장의 구매력이 경쟁 브랜드가 아니라 자사 브랜드로 향할 수 있도록 하는 **경쟁력**(고객 유지력)이 자사에 있다.

마케팅목표가 시장 점유율의 증가라면 구입데이터를 토대로 자사 브랜드를 구입할 가능성이 가장 높은 세분시장을 타깃으로 선택한다. 그러한 데이터가 없을 경우에는 인구통계 등의 일반적 변수를 이용해서 구입가능성이 높다고 생각되는 세분시장을 선택한다.

브랜드자산의 향상이 목표라면 자사 브랜드에 대한 충성도가 강한 고객의 특징을 파악한다. 고객자산의 증가가 목표라면 고객 데이터베이스를 통해 고객생애가치가 높다고 예측되는 고객을 선택한다. 고객 데이터베이스가 준비되어 있다면 이는 비교적 간단한 작업일 것이다.

▮ 상향식 타깃설정

시장 전체를 분석하고 잠재고객을 세분화해서 마케팅목표 달성에 가장 적합한 타깃을 선택하는 방식은 하향식이라고 할 수 있다. 주어진 마케팅목표를 달성하려는 점에서는 매우 합리적이지만, 그것이 생각처럼 잘되지 않는 경우도 있다.

시장이 막 형성되기 시작하는 경우, 시장의 행보가 불투명한 경우, 잠재고객에 관한 데이터가 존재하지 않는 경우에는 시장 전체를 분석하고 세분화해서 타깃을 정하는 것이 쉽지 않다. 신생 기업이나 새로운 시장을 개척하려는 기업 또한 마찬가지다.

그때는 **상향식** 발상이 필요하다. 실리콘밸리에서 활동하는 유명한 기업 컨설턴트 스티브 블랭크Steve Blank는 신생 기업에 있어 **고객개발**이 얼마나 중요한지 지적하고 있다.[12] 그의 주장은 상향식 타깃설정에 매우 가깝다.

창업하거나 신규 분야에 진출할 때 시장은 아직 생성되어 있지 않은 경우가 대부분이므로 시장 전체를 분석하는 것은 거의 불가능하다. 우선은 초기 소수 고객과 대화해가면서 신제품의 콘셉트를 강화하고 제품을 수정해가는 것이 바람직하다. 이러한 과정이 '고객개발'이다.

초기고객을 기점으로 단계적으로 고객을 확대해나가면 점점 그 수가 증가하고 경우에 따라서는 교체되기도 한다. 여기서 서서히 핵심 고객층을 만들어 간다.

초기고객은 기업이 광범위하게 데이터를 수집해서 엄선한 고객이라기보다 우연히 만난 상대인 경우가 대부분이다. 초기고객은 그 기업이 제공하려는 제품에 공감해 고객이 되었지만 공감이 없어지면 떠나간다.

이러한 과정이 순조롭게 진행되면 결과적으로 사업을 지속시켜줄 일정 규모의 핵심고객이 형성된다. 핵심고객의 니즈를 수용하면서 제품 수정을 반복해서 제품을 다양화하고, 고객기반을 점점 확대해간다. 이것이 고객개발이며 상향식 타깃설정이다.

▎기존 방식의 고객조사가 어려워지고 있다

최근에는 성숙시장에 속하는 기존기업까지 상향식 타깃설정을 시도하는 일이 적지 않은 듯하다. 그 배경 가운데 하나로 하향식 타깃설정에 불가결한 전통적인 고객조사를 하기 어려워졌다는 점을 들 수 있다.

---

12 スティーブン ブランク, 『アントレプレナーの教科書: 新規事業を成功させる４つのステップ』(堤孝志·渡邊哲 訳, 翔泳社, 2009).

하향식 타깃설정을 위해서는 잠재고객의 규모를 파악하고, 그것이 어떤 세분시장을 구성하고 있으며 어느 정도 구매력을 가지는지를 추측할 필요가 있다. 이를 위해 활용되어온 것이 통계학을 바탕으로 하는 표본조사라는 방법이다.

일반적으로는 잠재고객 전원을 조사할 수 없으므로 모집단에서 표본을 무작위로 추출한다. 그러면 통계학 이론에 따라 오차범위를 산출할 수 있다. 예를 들어 어느 제품의 인지도가 표본조사 결과 10%일 경우 모집단에서 인지도가 어느 정도의 범위에 있는지 추측할 수 있는 것이다.

그런데 최근 이러한 표본조사를 실시하기가 어려워진 것이다. 가장 큰 문제는 무작위 표본추출의 기본이 되는 조사대상자의 리스트를 구하기 힘들어졌다는 점이다. 개인정보보호법이 강화되면서 인적사항이 원칙적으로 비공개가 되었기 때문이다. 이외에도 조사대상자의 재택률이 낮아 호별 방문조사나 전화조사의 효율이 낮아진 것 등을 이유로 들 수 있다.

여론조사처럼 잠재고객 상관없이 표본을 무작위로 추출해서 결과를 보기 원한다면 컴퓨터가 전화번호를 무작위로 생성하는 전화조사가 유효하다. 그러나 질문량이 많으면 전화조사도 어렵다. 최근에는 온라인조사가 보편화되었는데, 이때 표본은 조사회사가 모집한 대규모 패널에서 추출된다. 하지만 이 표본이 어디까지 모집단을 대표하는지가 문제가 된다.

물론 인터넷의 보급과 함께 온라인조사의 응답자는 더 이상 특수한 존재가 아니게 되었지만, 전통적인 조사와 비교하기 위해서는 보정이 필요하다. 심리통계학자이자 마케팅 연구자인 도쿄대학교의 호시노 다카히로星野 崇宏 교수가 그 방법을 제시하고 있다.[13]

---

13 星野崇宏 『調査観察データの統計科学-因果推論・選択バイアス・データ融合』 (岩波書店, 2009).

▮ 세분시장에서 특정집단으로

일부 기업이 하향식 타깃설정과 결별하고 있는 것은 전통적인 고객조사
가 어려워졌기 때문이기도 하지만 기존의 세분시장보다 더 작은 단위에 주
목했기 때문이기도 하다. 바로 특정집단tribe이라고 불리는 단위다.[14]

특정집단은 무수히 존재하므로, 우선 작지만 동질성이 강한 집단을 발견
하고 그 집단을 자세히 살펴보는 것이 좋다. 이는 앞서 설명한 상향식 타깃
설정에 가깝다.

특정집단에 주목하는 이들은 제품디자인이나 광고제작에 종사하는 크리
에이터들에게서 비교적 많이 볼 수 있다. 그들은 기존 방식인 표본조사에
는 그다지 관심이 없고, 오히려 소수고객에 대한 심층면접이나 관찰조사를
중시한다.[15]

〈도표 2-10〉은 하향식 타깃설정과 상향식 타깃설정을 비교한 그림이다.

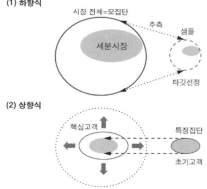

〈도표 2-10〉 타깃설정: 두 가지 발상

(1) 하향식

(2) 상향식

여기서 오해하지 말아야 할 것은
상향식 마케팅이 특정집단을 타깃
으로 설정하고 좁은 범위에서 비
즈니스를 완결시키려는 것은 아니
라는 사실이다.

마케터는 고객기반을 구축하려
는 목적으로 특정집단에 주목하지
만, 목표는 보다 넓은 범위에서 고
객을 획득하는 것이다. 다만 최초
지점에서 그 범위가 어디까지 넓

14 ゴーディン,『トライブ 新しい'組織'の未来形』(勝間和代 訳, 講談社, 2012).
15 水野誠, 生稲史彦 「消費者インサイトの獲得-あるクリエイティブエージェ
ンシーの事例」,≪赤門マネジメントレビュー≫, 10巻 6号(2011), pp.441~461.

어질지 예측할 수 없기 때문에 명료하게 잡히는 특정집단을 기점으로 하는 것이다.

▎기점이 되는 특정집단을 어떻게 발견하는가?

앞서 상향식 타깃설정에서 초기고객은 우연히 만나는 경우가 많다고 말했지만, 마케터의 노력이 불필요하다는 의미는 아니다. 이를테면 다른 잠재고객에게 영향력이 있는 혁신자innovator나 초기수용자early adopter를 초기고객으로 설정하는 것은 경우에 따라서 의미 있는 일이다.

초기고객이 제공하는 정보에는 가치의 차이가 있다. 초기고객에게서 큰 수요로 이어지는 아이디어를 얻을 수도 있고 그렇지 못하는 경우도 있다. 이에 대해 가타히라 호타카는 '소비자의 나무'(〈도표 2-11〉)라는 개념으로 설명하고 있다.[16]

소비자의 나무는 나무 위쪽에 있는 고객의 니즈를 충족할 수 있으면 그 아래쪽에 있는 고객의 니즈도 자연스럽게 충족되지만, 그 반대는 성립되지 않는다고 본다. 가타히라는 이를 '아저씨들이 자주 이용하는 술집에는 젊은 여성들도 가지만, 젊은 여성들을 대상으로 하는 술집에 아저씨들은 가지 않는다'는 예로 표현하고 있다.

이 같은 비대칭성이 있기 때문에 초기에 누구와 대화하고 제품을 개발하는가에 따라 그 후 어느

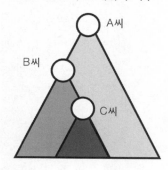

〈도표 2-11〉 소비자의 나무

자료: 가타히라 호타카 『신파워브랜드의 본질』 다이아몬드사, 1999년, 293쪽(원본의 도표를 일부 개정)

---

16 片平秀貴, 『パワーブランドの本質-企業とステイクホルダーを結合させる第五の経営資源』(ダイヤモンド社, 1999).

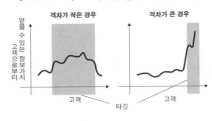

〈도표 2-12〉 고객 간 정보가치의 격차

정도 고객을 획득할 수 있는지가 바뀌게 된다. 따라서 가능한 소비자의 나무 위쪽에 있는 고객들과 대화하는 것이 얻을 수 있는 정보가치가 압도적으로 크다고 할 수 있다. 여기서 주의할 점은 소비자의 나무 위쪽에 있는 사람들이 반드시 혁신자나 초기수용자, 또는 오피니언 리더라고는 할 수 없다. 어디까지나 개개의 고객에서 얻는 정보의 가치에 차이가 있는 것이다.

〈도표 2-12〉에서 나타나듯이 고객 간에 정보가치의 격차가 클 때 무작위 추출을 통한 표본조사에서 정보가치가 높은 고객을 발견할 확률은 매우 낮다. 그래서 상향식 발상을 하는 마케터는 어떤 실마리를 통해 정보가치가 높은 소수의 고객을 발견하려고 노력하는 것이다.

▌작은 특정집단을 중시하는 것에는 위험도 있다

정보가치가 높은 고객을 발견하는 방법이 확립되어 있는 것이 아니어서 마케터는 자신의 경험이나 인적네트워크를 구사해서 그러한 고객을 찾는다. 따라서 결과가 좋지 않을 가능성이 있다는 것은 부정할 수 없지만, 만약 좋은 결과를 얻는다면 그 성과는 매우 클 것이라고 기대할 수 있다.

한편 소수의 타깃을 이해하려는 의도에서 발생하는 인지상의 오류도 주의할 필요가 있다. 여기서는 행동경제학의 개척자이자 심리학자인 대니얼 카너먼Daniel Kahneman이 지적한 '소수의 법칙'이 참고가 될 것이다.[17]

예를 들어 A와 B라는 두 개의 브랜드가 있고 각각 시장 점유율이 50%라

---

17 ダニエル カーネマン, 『ファストスロー: あなたの意思はどのように決まるのか?』(村井章子 訳, 早川書房, 2012), 10章.

고 가정하자. 표본조사를 하면 표본크기가 커질수록 A와 B의 점유율은 50%에 가까운 조사결과를 얻을 것이다.

그런데 표본이 다섯 명일 경우에도 모집단의 점유율에 따라 A, A, A, A, A보다 A, B, A, B, B 같은 응답을 얻을 것이라고 많은 사람이 생각한다. 즉, 매우 작은 표본이라도 거기에는 모집단에 가까운 세계가 나타난다고 생각하는 것이다. 이는 통계학적 오류인데, 통계학을 공부한 사람조차 이런 오류에 빠지기 쉽다. 이것을 '소수의 법칙'이라고 한다.

만약 다섯 명의 데이터에서 A, A, A, A, A를 얻은 경우 이 시장은 완전히 브랜드 A에 지배당하고 있다고 생각하기 쉽다. 이렇듯 소수의 고객에게서 얻는 정보를 일반화해버리는 위험이 있으므로 소수의 정보는 기점이지 종착점이 아니라는 것을 염두에 두어야 한다.

▎빅데이터와 상향식 접근법의 친밀한 관계

많은 기업이 수집하고 있는 고객 데이터가 합쳐져 고객의 다양한 측면을 포괄하는 대규모 데이터(빅데이터)가 생겨나고 있다. 그것을 이용하면 잠재고객의 전체 그림을 볼 수 있어 하향식 타깃설정이 또다시 중요해질 것이라는 의견도 있는데, 이는 맞을 수도 있고 그렇지 않을 수도 있다.

물론 완전한 빅데이터가 등장한다면 그것은 모집단 그 자체이므로 표본조사를 할 필요가 없어진다. 따라서 조사결과의 오차 없이 잠재고객 전체를 이해하고 최적의 세분시장으로 분할하여 타깃을 설정할 수 있다. 그러나 사실상 현실의 '빅데이터'에는 그 정도의 완전성이 없고 결손이나 왜곡을 가지고 있다.

상향식 타깃설정이라는 관점에서 보면 빅데이터가 잠재고객의 일정 부분을 포함하고 있으므로 그것을 활용하면 충분하다. 예를 들어 데이터에 포함되는 특정집단의 행동에 일정의 규칙성이 있으면 그것을 이용한 마케

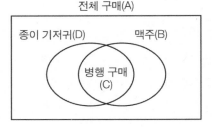

〈도표 2-13〉 마켓 바스켓 분석

전체 구매(A)

종이 기저귀(D)   맥주(B)

병행 구매
(C)

지지도(support) = C/A
확신도(confidence) = C/D
향상도(lift) = (C/D)/(B/A)

팅을 실행할 수 있다.

데이터에서 규칙성을 발견해 실무에 활용하는 것을 데이터마이닝 data mining이라고 한다. 데이터마이닝의 성공 사례로 자주 소개되는 것이 미국 슈퍼마켓에서 저녁에 종이 기저귀를 구입하는 남성 고객이 맥주도 같이 구입하는 경향이 있다는 것을 발견하고 이 두 제품을 가까이 두고 판매했다는 일화다. 즉, 일을 끝내고 집으로 귀가하는 젊은 아빠가 아내의 부탁으로 아이 기저귀를 구입할 때 자신을 위한 맥주를 함께 구입한다는 것이다.

이처럼 소비자 구매데이터를 분석해서 구입의 규칙성을 발견하고 이를 상품배치에 활용하는 것을 **마켓 바스켓 분석**Market Basket Analysis(장바구니 분석)이라고 한다(〈도표 2-13〉). 종이 기저귀를 구입한 사람들 중 맥주를 함께 구입한 사람의 비율이 높다는 사실을 발견하면 전체 고객 중 그 비율이 어느 정도인지를 확인하고 병행구매를 촉진하는 시책을 전개한다.

이 방법은 상향식 타깃설정과 비슷한 면이 있다. 저녁에 기저귀를 구입하는 남성이라는 한정된 사람들을 타깃으로 해서 이들이 맥주를 함께 구매하도록 유도한다. 이러한 작은 노력을 쌓아가면서 고객을 착실하게 확대해가는 것이 바로 상향식 접근법이다.

상향식 접근법에서 빅데이터가 좋은 점은, 데이터가 거대화됨으로써 이전에는 발견하지 못한 제한된 관계성을 일정한 규모로 발견할 수 있게 되었다는 점이다.

포지셔닝과 가치제안

　시장을 세분화하고 타깃이 설정되었다면 그다음 과제는 포지셔닝이다. 시장세분화와 타깃설정은 자신들의 고객이 누구인지 정하는 작업이고, 포지셔닝은 시장에서 누구와 어떻게 경쟁할지 정하는 것이다. 경쟁 상대와 자신이 함께 있는 '공간'에서 자신의 '위치'를 정하는 것이라고 할 수 있다.

　무엇을 위해 그런 것을 하는가 하면, 경쟁 상대와 자신을 차별화하고 자신을 경쟁상 유리한 입장에 두기 위함이다. 경쟁 상대도 당연히 그런 목적을 두기 때문에 포지셔닝은 일종의 게임으로 볼 수 있다. 이 게임에서는 경쟁하는 공간 자체를 바꾸는 것도 방법 중 하나가 된다.

　포지셔닝을 진행해가다 보면 '자기다움'을 확립해야 하는 시점에 이르게 된다. 그럴 때는 경쟁 상대는 잠시 잊고 자신을 돌아보고 자신이 고객에게 제안하려는 가치를 재인식하는 것이 중요하다. 이것이 바로 1장의 마지막 부분에서 언급한 상향식 발상이다.

　이 장에서는 우선 표준적인 포지셔닝의 순서를 본 다음 어떻게 공간을 구성하고 거기에서 어떻게 경쟁할 것인지를 생각해보자. 그리고 후반에서는 경쟁 공간의 변경, 경쟁을 의식하지 않고 자기분석을 해야 할 필요성에 대해 살펴보도록 하자.

3.1 경쟁은 '공간'에서 한다

▌ 포지셔닝이란 '입지'를 말한다

포지셔닝이라는 개념은 마케팅에서뿐 아니라 기업 및 사업의 전략을 고려할 때도 사용된다. 경영전략 연구자인 고베대학교의 미시나 가즈히로三品和広교수는 전략의 중요한 요소로서 '입지', '구조', '균형'이라는 세 가지를 들고 있다.[1] 이 중 입지가 포지셔닝에 해당된다.

가게나 음식점이 잘되기 위해서는 글자 그대로 입지가 중요하다는 것이 누구나 알고 있는 사실이다. 어디에 입지해 있는지에 따라 고객 수, 고객층, 경쟁매장이 바뀌고 매출도 크게 바뀐다. 그런데 입지라는 개념은 이 같은 지리적 공간을 넘어 확장될 수 있다. 마케팅에서는 종종 **지각**perception의 공간이라는 의미로 사용된다.

마케팅 분야에서 많은 베스트셀러를 내고 있는 알 리스Al Ries와 잭 트라우트Jack Trout는 그들의 저서 『마케팅 불변의 법칙』에서 '마케팅이란 제품의 싸움이 아니라 인식의 싸움이다'라고 서술하고 있다.[2] 즉, 제조사가 생각하는 제품보다 그 제품이 고객에게 어떻게 보이는가가 중요하다는 것이다.

인식, 어떤 의미에서는 모호한 이 개념을 설명하는 데는 공간이라고 하

---

1 三品和広, 『経営戦略を問い直す』, 筑摩書房, 2006年.
2 ライズ·トラウト, 『マーケティング22の法則』(新井喜美夫 訳, 東急エージェンシー出版部, 1994).

는 비유가 도움이 된다. 가깝다/멀다 같은 거리감이나 동일한 방향/반대 방향 등의 방향감각을 잘 표현할 수 있기 때문이다. 따라서 마케터는 포지셔닝에서 종종 이러한 공간, 포지셔닝 맵을 그린다.

▌차별화가 불가능하면 가격경쟁의 늪에 빠진다

포지셔닝의 배경에는 **차별화**전략이 있다. 경쟁전략론으로 유명한 하버드 비즈니스스쿨의 마이클 포터Michael Porter교수는 차별화전략을 원가우위전략이나 집중전략만큼 중요한 전략유형이라고 말한다.[3]

차별화란 동일한 시장 또는 카테고리 안에서 다른 브랜드와의 차이를 드러내는 것을 말한다. 경제학에서는 차별화의 정도를 단적으로 나타내는 지표로서 가격의 **교차탄력성**cross-elasticity of price을 이용한다. 이것은 다른 브랜드의 가격이 1% 변화할 때 자사 브랜드의 수요가 몇 % 변화하는가를 보여주는 지표다.

왜 이런 지표를 사용하느냐 하면, 브랜드가 차별화되어 있을수록 경쟁 브랜드가 가격을 인하해도 영향을 받지 않기 때문이다. 이때 가격의 교차탄력성은 제로에 가깝다. 경쟁자의 가격인하에 영향을 받지 않기 때문에 서로 가격을 내리는 가격경쟁에 빠져 이익을 상실하는 일도 없다.

반대로 전혀 차별화되어 있지 않으면 고객은 어느 쪽을 선택해도 동일하므로 조금이라도 가격이 저렴한 쪽을 구입한다. 그 결과 양자는 이익이 바닥날 때까지 가격을 내리는 경쟁을 하게 된다. 이같이 제품을 차별화하지 못하는 상태를 범용화commoditization라고 한다.

궁극의 차별화는 새로운 카테고리를 창출하는 것이다. 1장에서 등장한 브랜드론으로 유명한 데이비드 아커는 이를 카테고리 이노베이션category

---

3 マイケルポーター, 『競争の戦略』(新訂版・土岐坤・服部照夫・中辻万治 訳, ダイヤモンド社, 1995).

innovation이라고 부른다.[4] 고객은 다른 카테고리라고 여기면 기존 브랜드와 직접 비교하지 않는다. 따라서 가격의 교차탄력성은 0에 가까워진다.

아커는 카테고리 이노베이션의 전형적인 예로서 드라이 맥주라고 하는 새로운 카테고리를 창출해낸 아사히 슈퍼드라이와 뛰어난 인터페이스로 컴퓨터 시장을 크게 바꾼 애플의 맥Mac을 들고 있다. 차별화의 최종 목표는 기존의 것과는 다른 새로운 공간을 창출하는 것이라고 할 수도 있다.

그러나 현실 속 대부분의 제품은 완전하게 범용화되어 있는 것도 아니고 완전하게 카테고리 이노베이션에 성공한 것도 아닌 그 중간 상태에 있다. 그런 상태에서 경쟁관계의 정도를 파악하고 어떻게 자사 브랜드를 차별화 할 것인가를 생각하는 것이 포지셔닝이다.

▎직감으로 포지셔닝 맵을 그리다

대부분의 마케터는 2차원(또는 3차원)의 공간에 자사와 타사의 브랜드 위치를 정하고 경쟁전략을 검토한다. 그러한 공간을 일반적으로 **포지셔닝 맵** positioning map이라고 한다. 지각을 중심으로 그릴 경우는 **지각 맵**perceptual map이라고 부르기도 한다.

포지셔닝 맵의 예로서 유니클로와 경쟁하는 글로벌 브랜드를 그린 맵을 보도록 하자.[5] 〈도표 3-1〉에 표시되어 있듯이, 이 맵의 가로축은 패션타입, 세로축은 비즈니스모델이다. 이는 이 맵이 게재된 문헌의 저자가 경험을 토대로 직감으로 그린 것이다. 실제 마케터들도 우선 직감에 의거해 포지셔닝 맵을 그린다. 그리고 그것을 포지셔닝 조사에서 가설로 활용하기도 한다.

---

4 デビッドアーカー, 『カテゴリーイノベーション-ブランドレレバンスで戦わずして勝つ』(阿久津聡, 電通ブランドクリエーションセンター 訳, 日本経済新聞社, 2012).
5 月泉博 ,『ユニクロ世界一をつかむ経営』(日本経済新聞出版社, 2012).

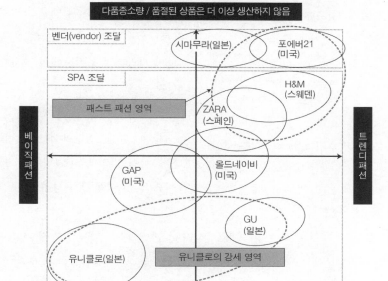

〈도표 3-1〉 유니클로와 글로벌 경쟁브랜드 맵

좌표축으로는 ① 고객의 브랜드에 대한 지각이나 이미지, ② 고객이 기대하는 편익, ③ 제품의 객관적 속성, ④ 주요 고객의 분류, ⑤ 기업 측에서 규정한 제품분류 등 다양하다. 〈도표 3-1〉처럼 세로축과 가로축에 차원이 다른 내용을 채용하는 경우도 있다.

직감으로 포지셔닝 맵을 그리고 그것으로 전략을 전개해가는 일은 실제로 자주 있는 일이다. 만약 그것으로 부족하다고 느낀다면 데이터를 토대로 맵을 그린다. 이때 데이터수집 방법으로 자주 이용되는 것이 고객을 대상으로 하는 설문조사다.

▍ 조사를 통해 지각 맵을 만드는 방법

〈도표 3-2〉 브랜드 지각의 질문 예시

Q. 다음 브랜드 중 '친근감'을 느끼는 브랜드가 있다면 ✓를 표시하세요.

☐ Google	☐ Apple	☐ SONY	✓ Panasonic
☐ mixi	☐ Microsoft	☐ Facebook	☐ 라쿠텐
☐ Yahoo!	☐ amazon	☐ 닌텐도	☐ SAMSUNG

' ' 안의 지각항목을 변경해 다시 질문한다.

〈도표 3-3〉 IT브랜드의 지각측정항목

조작이 쉽다	기술이 뛰어나다	멋있다	고객에게 성실하다
크리에이티브하다	친근감이 있다	기능이 충실하다	디자인이 좋다

〈도표 3-2〉는 지각 맵을 그리기 위한 설문조사에서 주로 하는 질문의 사례다. 이 질문에서 조사대상자는 보기에 열거된 IT브랜드 가운데 '친근감'을 느끼는 것을 선택한다. 다음 질문에서는 〈도표 3-3〉처럼 다양한 평가항목이 열거되고 각 항목에 해당하는 브랜드를 선택하도록 한다.

조사결과는 '브랜드 × 항목' 표로 정리할 수 있다. 각 셀에는 특정 브랜드가 특정 항목에 해당된다고 응답한 수가 들어간다. 이 데이터를 인자분석이라고 하는 분석방법을 이용하면 여덟 개의 항목이 더 적은 차원의 인자로 집약된다(자세한 내용은 칼럼 2를 참조).

〈도표 3-4〉는 인자분석을 통해 여덟 가지 항목을 두 개의 인자로 집약해서 만든 IT브랜드의 포지셔닝 맵이다. 도표 안의 화살표는 원래 항목과 인자와의 관련성 정도를 의미하고, 인자1은 '기술이 뛰어나다', '디자인이 좋다', '멋있다', '크리에이티브하다', 인자2는 '친근감이 있다', '조작이 쉽다'라는 항목과 강하게 관련되어 있음을 나타낸다.

인자분석에서는 일반적으로 인자의 의미를 해석해서 이름을 붙인다. 여기서는 인자1을 '크리에이티브' 축, 인자2를 '친근감' 축이라고 하자. 이들 두 축으로 만들어진 공간에 브랜드를 대입해서 포지셔닝 맵을 작성한다.

〈도표 3-4〉에서 알 수 있듯이 크리에이티브 축에서 압도적으로 높은 포지션에 있는 것은 애플이다. 이와 상당히 떨어진 곳에 소니와 구글, 마이크로소프트 등이 있다. 친근감 축에서는 구글과 야후가 압도적으로 높은 포

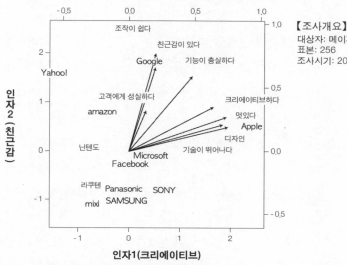

〈도표 3-4〉 IT브랜드의 포지셔닝 맵

【조사개요】
대상자: 메이지대학교 학생
표본: 256
조사시기: 2013년 4월

분석방법 : 인자분석(최대우도법, 베리맥스회전)

지선에 있고, 조금 거리를 두고 아마존과 애플이 뒤따르고 있다. 애플과 구글은 각각 다른 축에서 우위에 있다.

한편 소니가 크리에이티브 축에서 비교적 높은 포지셔닝을 차지한 것 외에는 일본 브랜드는 양 축에서 하위에 있다. 이 조사의 응답자는 필자의 수업을 듣는 학생들이므로 IT브랜드의 고객으로서는 상당히 특수하다고 할 수 있다. 어디까지나 하나의 분석 사례로 참고해주었으면 한다.

3.2 포지셔닝으로 경쟁에서 이긴다

┃ 포지셔닝 맵에 고객의 선호를 부가한다

포지셔닝 맵을 통해 자사 브랜드와 경쟁 브랜드의 위치 차이를 알 수 있을 뿐 아니라 자사 브랜드의 현재 포지션이 좋은지, 그렇지 않으면 어디로 이동해야 하는지 등을 판단할 수 있다. 그 과정에 도움이 되는 것이 고객이 어떤 포지션을 어느 정도 좋아하는가에 관한 정보다.

〈도표 3-5〉 포지셔닝 맵에서 이상점

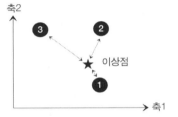

이 도표에서 ★가 이상점인 고객은 거기에서 가까운 선택안일수록 선호하므로 숫자는 선호순이 된다.

고객의 선호를 포지셔닝 맵에 표현하는 방법 가운데 하나가 **이상점**idea point이다. 이상점이란 고객의 선호가 최대가 되는 위치를 말한다. 고객의 이상점에서 거리가 가까운 브랜드일수록 선택될 확률이 높다고 할 수 있다(〈도표 3-5〉). 한편 이상점의 위치는 고객마다 다르다.

어떤 고객이 어떤 브랜드를 선택할지의 확률은 각 고객의 이상점에서 브랜드 포지션까지의 거리를 토대로 계산된다. 브랜드 포지션이 바뀌면 각 고객의 이상점과의 거리가 바뀌고 브랜드를 선택할 확률도 바뀐다. 이를 전체 고객을 대상으로 집계하면 점유율의 변화를 예측할 수 있다.

┃ 맵의 어디에 포지셔닝해야 하나?

마케터가 자신들이 경쟁하고 있는 공간을 바르게 이해하고 포지셔닝 맵과 이상점의 분포를 파악할 수 있으면 자사 브랜드의 현재 위치가 어느 정도 바람직한가, 위치를 변경(리포지셔닝)할 필요는 없는가 등을 진단할 수 있다.

자사 브랜드의 포지션과 선택 확률의 관계는 경쟁 브랜드의 포지션에도 영향을 받는다. 그리고 경쟁 브랜드 또한 포지셔닝을 변경해서 점유율을 확대하려고 할 것이다. 양자가 서로 이런 경쟁을 하면 각각의 포지셔닝은 어떻게 변화해갈까?

이 질문에 대한 답은 미국의 경제학자이며 통계학자이기도 한 해럴드 호텔링Harold Hotelling이 1920년대에 발표한 모델이 참고가 될 것이다.[6] 이 모델은 경제학에서뿐 아니라 마케팅, 나아가 정치학에까지 응용되고 있다. 지금부터 이 모델을 알아보도록 하자.

▌포지셔닝 경쟁을 모델화하다

두 브랜드가 어느 구간의 직선상에서의 포지션을 둘러싸고 경쟁하고 있는 상황을 가정해보자. 이는 직선거리를 따라 생겨난 상점가에서 어디에 입지할 것인가 하는 예와 비슷하다. 지각을 둘러싼 경쟁, 이를테면 고급품-보급품 같은 1차원 공간에서 주로 경쟁하는 경우도 이와 비슷하다.

고객의 이상점은 사람마다 다르므로 어디에 어느 정도 이상점이 있는가는 분포로서 표시된다. 〈도표 3-6〉에서는 이상점의 분포가 평행선으로 되어 있다. 이것은 이 직선상 어디에나 이상점으로 하는 고객이 동일한 수로 존재한다는 것을 의미한다. 이런 설정이 비현실적으로 보이겠지만, 이야기를 쉽게 하기 위해 단순화했다.

개별 고객은 자신의 이상점에서 가장 가까운 곳에 있는 브랜드를 선택하려고 한다. 만약 가장 가까운 곳에 두 개의 브랜드가 있을 경우 2분의 1의 확률로 어느 쪽을 선택한다. 이때 브랜드1, 2가 〈도표 3-6〉과 같은 장소에

---

6 H.Hotelling, "Stability in Competition", *The Economic Journal*, Vol. 39, No. 153 (1929), pp.41~57.

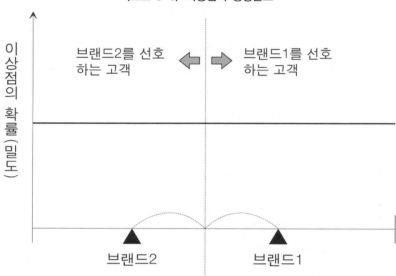

〈도표 3-6〉 이상점의 평행분포

브랜드1, 2와 등거리에 있는 곳에서 어느 브랜드를 선호하는지가 바뀐다.

〈도표 3-7〉 포지셔닝 경쟁의 귀결

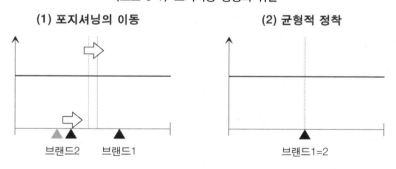

(1) 포지셔닝의 이동

브랜드2는 오른쪽으로 이동하면 고객을 늘릴 수 있다(브랜드1은 왼쪽으로 이동하면 고객을 늘릴 수 있다).

(2) 균형적 정착

두 브랜드의 고객 수(분기점에서 좌우의 면적)가 균등해지는 점에서 이동하지 않게 된다(그 이상 움직이면 고객 수가 감소한다).

있다면 각각의 고객은 어느 브랜드를 선택할까?

두 브랜드 사이의 정중앙에 이상점이 있는 고객은 어느 쪽 브랜드를 선택해도 무관하다. 이상점이 그보다 왼쪽에 있는 고객은 브랜드2를, 오른쪽에 있는 고객은 브랜드1을 선택한다. 〈도표 3-6〉의 점선이 어느 브랜드를 선택할지 나누는 분기점이 될 것이다.

여기서 브랜드2가 지금보다 오른쪽으로 포지션을 바꾸면 지금까지 브랜드1을 선택한 고객의 일부를 뺏어올 수 있다. 그 결과 브랜드 선택의 분기점은 오른쪽으로 기울게 된다(〈도표 3-7〉(1)). 그러나 브랜드1도 동일하게 포지션을 왼쪽으로 변경하면 분기점은 다시 원점으로 돌아간다.

이러한 경쟁이 멈추는 것은 이 선이 균등하게 나눠지는 지점에 양 브랜드가 있는 경우다(〈도표 3-7〉(2)). 이때 두 브랜드 모두 고객을 동일하게 50%씩 획득하게 된다. 양자 모두 이 이상 포지셔닝을 변경해도 고객을 증가시키는 것이 불가능하므로 여기서는 게임이론에서 말하는 내시균형Nash equilibrium이 성립한다.

❙ 브랜드 간의 차이는 반드시 없어지는가?

두 브랜드의 포지셔닝이 일치하고 차별화되지 않는 상태에 도달하는 것을 호텔링의 **최소차별화의 원리**principle of minimum differentiation라고 한다. 추상적인 모델에서 도출된 명제지만 현실의 어떤 면을 잘 보여주고 있다.

시장에서 두 개의 브랜드가 경쟁할 때 양자의 제품 특징이 비슷한 경우는 실제 종종 있는 일이다. 제품의 사례는 아니지만, 두 개의 정당이 다수파를 형성하기 위해 각자 중도파를 영입하려다보니 정책이 비슷해지는 것도 동일한 원리가 작용하기 때문이라고 할 수 있다.

물론 모든 경우에 경쟁 브랜드 간의 차이가 없어진다는 것은 아니다. 예를 들어 경쟁하는 브랜드의 수가 두 개보다 많으면, 최소차별화 상태에 도

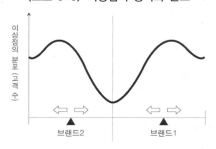

〈도표 3-8〉 이상점의 양극화 분포

이상점의 분포 (고객 수)

브랜드2   브랜드1

달하지 않을 수도 있다는 사실이 이미 밝혀졌다.[7]

이상점의 분포가 〈도표 3-8〉처럼 양 끝으로 높을 경우 각 브랜드는 직감적으로 중간이 아니라 양쪽 끝 어딘가에 포지셔닝하는 것이 바람직하다고 여긴다. 그러나 고객이 이상점에 가까운 브랜드를 반드시 선택한다는 설정에서는, 두 브랜드 모두 고객을 동일한 수로 나눌 수 있는 지점에 있는 것이 좋다는 결론은 변하지 않는다.

단, 극단적인 이상점을 가지고 있는 고객은 이상점에서 너무 먼 브랜드는 선택하지 않는다는 설정을 추가하면 양쪽 끝 어딘가에 가깝게 포지셔닝한 쪽이 고객을 많이 획득할 가능성이 생긴다. 미국의 경제학자인 앤서니 다운스Anthony Downs가 호텔링의 모델을 선거모델로 응용했을 때 바로 이같은 설정을 추가했다.[8]

이외에도 시장진입 시기에 차이가 있고, 먼저 진입한 브랜드가 자신의 포지션에서 압도적 우위에 있을 경우 최소차별화의 원리는 성립하지 않을 가능성이 있다. 이를 **선발자 우위성**이라고 한다.

▌뛰어난 기업은 새로운 경쟁의 축을 만든다

선발자 우위성이 존재하는 시장에 최초로 진입한 브랜드는 당연히 가장 많은 고객을 획득할 수 있는 위치를 선점하려고 할 것이다. 이상점이 〈도표

---

7 小田切宏之, 『新しい産業組織論』(有斐閣, 2001).

8 A. Downs, "An Economic Theory of Political Action in a Democracy", *Journal of Political Economy*, Vol. 65, No. 2(1957), pp.135~150.

(1) 선발자 우위성이 있는 경우

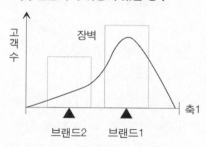

선발 브랜드는 고객의 선택 제약을 고려해서 고객이 가장 많은 곳을 선점한다. 후발 브랜드가 진입 가능한 포지션은 상대적으로 고객이 적은 곳이다.

(2) 새로운 축을 통한 차별화

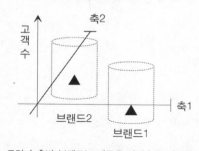

그러나 후발 브랜드는 새로운 경쟁축을 제안할 수 있다. 거기에 잠재적인 니즈가 있으면 선발 브랜드에 대항하는 포지션을 획득할 수 있다.

3-9〉처럼 분포되어 있다면 그래프의 가장 높은 지점에 포지셔닝할 것이다.

후발 브랜드는 선발 브랜드와 가까운 곳에서는 불리하므로 그 외의 곳에서 비교적 고객이 많은 곳에 포지셔닝한다(〈도표 3-9〉(1)). 당연히 후발 브랜드는 선발 브랜드보다 많은 고객을 획득할 수 없다(그것이 가능하다면 선발 브랜드가 이미 그곳에 포지션했을 것이다).

후발 브랜드가 고객을 더 많이 획득하기 위해서는 선발자 우위를 뒤집을 방법을 강구해낼 수밖에 없다. 그 방법 가운데 하나가 포지셔닝 맵에 새로운 축을 제안하는 것이다(〈도표 3-9〉(2)). 새로운 축은 고객에게 인식된 적이 없는 것이기 때문에 그것이 정착하려면 일정한 마케팅 노력과 시간이 필요하다.

새로운 축을 제안해서 성공한 예가 아사히 슈퍼드라이 맥주다. '진하면서도 깔끔한 맛'이라는 속성으로 시장에 진입했는데, 1등인 기린 라거 맥주와 '진한 맛'에서는 동일하지만 새로운 축인 '깔끔한 맛'을 제안해서 점유율을 역전시키기까지 했다.

새로운 축을 발견하는 데 3.1에서 소개한 데이터를 토대로 한 포지셔닝 분석이 반드시 도움이 된다고는 할 수 없다. 왜냐하면 고객의 지각을 바탕으로 한 포지셔닝 맵은 경쟁자도 알고 있는 경우가 대부분이고, 가능성 있는 포지션은 경쟁자가 선점할 가능성이 높기 때문이다. 고객도 경쟁자도 인식하지 못한 잠재적인 차별화의 축을 발견할 필요가 있다.

새로운 축을 제시해도 기존의 축이 여전히 고객에게 중요시되고 있다면 선발 브랜드와 격렬한 경쟁이 지속될 것이다. 바람직한 것은 새로운 축이 일정 수의 고객으로부터 기존 축 이상으로 중요시되는 것이다. 그렇다면 이는 이전과는 다른 카테고리를 창출한, 앞서 말한 카테고리 이노베이션과 동일하다고 할 수 있다.

▎ 누구나 원하는 블루오션

새로운 축을 이용한 포지셔닝이나 카테고리 이노베이션에 성공하면 그 브랜드는 가격경쟁에서 벗어나 높은 수익률을 얻게 된다. 이러한 상태를 프랑스의 비즈니스스쿨 인시아드INSEAD에서 전략론을 가르치는 한국인 김위찬 교수와 르네 모보르뉴Renee Mauborgne 교수는 **블루오션**이라고 불렀다.[9]

이와 상반되는 개념이 서로 차별화가 되지 않고 극심한 가격경쟁이 이어지며 이익을 상실해가는 **레드오션**이다. 실제 대부분의 기업이 레드오션에서 경쟁하고 있기 때문에 이 블루오션 개념은 큰 반향을 불러 일으켰다.

두 교수는 블루오션을 찾아내는 도구로 전략 캔버스strategy canvas를 제안한다. 전략 캔버스란 자신과 경쟁자가 제공하는 가치의 차이를 비교하는 그래프다. 여기서는 그들이 인용한 QB하우스의 전략 캔버스를 보도록 하자(〈도표 3-10〉).

---

9 キム・モボルニュ, 『ブルーオーション戦略 競争のない世界を創造する』(有賀 裕子 訳, ランダムハウス講談社, 2005).

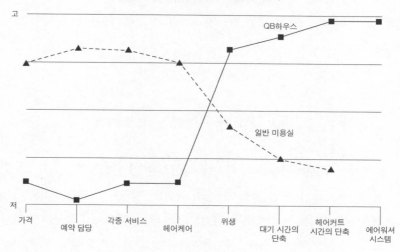

〈도표 3-10〉 QB하우스의 전략 캔버스

고

QB하우스

일반 미용실

저

가격　　예약 담당　　각종 서비스　　헤어케어　　위생　　대기 시간의 단축　　헤어커트 시간의 단축　　에어워서 시스템

자료: 김 & 모보르뉴(2005), p.103

QB하우스는 헤어커트를 10분, 1000엔에 하는, 단시간·저가격 정책을 표방하는 체인 미용실로, 전철역, 기차역 등 고객이 들리기 쉬운 장소에 많이 출점해 있다. 〈도표 3-10〉이 나타내듯이 QB하우스는 일반 미용실이 제공하는 서비스의 대부분을 실시하지 않든가 매우 낮은 수준으로 제공한다.

그러나 시간과 가격 면에서는 다른 미용실에 비해 압도적 우위에 있다. 위생 측면에서도 차이를 나타낸다. 머리를 물로 감지 않고 공기로 감는 에어워서 시스템은 기존 미용실에는 존재하지 않는 혁신이라고 할 수 있다.

이처럼 전략 캔버스는 제품의 비교 속성(서비스, 장치, 기능 등)을 가로축에, 그것의 높낮이를 세로축에 놓고 브랜드 간의 차이를 가치곡선이라고 하는 꺾은선 그래프로 표시해 경쟁자와의 차이를 한눈에 알 수 있도록 한다.

또한 제품의 각 속성을 ① 증가시켜야 할 것, ② 추가해야 할 것, ③ 줄여야 할 것, ④ 제거해야 할 것 가운데 어느 하나를 선택해서 적용하도록 한다. 그러면 임팩트 있는 차별화가 가능해진다. 속성 전체를 개량하거나 무언가를 추가하는 것만으로는 비용만 소요되고 초점이 흐려진 전략이 되기 쉽다.

3.3 포지셔닝에서 가치제안으로

▌경쟁분석에만 몰두해서 자신을 잊어서는 안 된다

포지셔닝이란 경쟁 공간에서 자신의 위치를 정하는 것이며, 그것을 위해 경쟁 상대를 분석하는 작업은 불가결하다. 그러나 거기에만 몰두하면 경쟁자와의 상대적 관계로 자신을 규정하게 되고, 자신에게 내재되어 있는 자기다움을 잃어버리게 된다.

특히 새로운 경쟁축이나 카테고리를 제안하려고 할 때 경쟁분석은 도움이 되는 정보를 주지 못한다. 자기다움이나 아이덴티티는 자기 안에서 도출해낼 수밖에 없다.

특정 브랜드를 세상에 내보낸 후에는 매출과 이익을 내는 데 집중하게 되지만, 많은 사업 방향 가운데 하나를 선택한 것에는 어떤 '의도'가 있었을 것이다. 거기에 브랜드 아이덴티티의 기원이 있다.

게다가 그 브랜드가 시장에서 살아남은 것은 많은 경쟁브랜드 가운데 고객으로부터 선택받았기 때문이다. 그 브랜드에만 있는 가치야말로 자랑할 만한 아이덴티티이며, 그러한 가치를 창출해낸 자신의 능력을 자각할 필요가 있다.

자기분석에서는 다음과 같은 개념이 참고가 될 것이다.

미션: 달성하려는 역사적 사명·사회적 역할

비전: 미래, 실현하려는 꿈

핵심가치: 가치관, 선악이나 미추美醜에 대한 판단

철학: 비전이나 가치를 포괄하는 철학·사상

문화: 조직에서 공유되는 사고·행동양식

핵심역량: 독자적으로 가지는 능력·특기

도메인: 어디에서 활동하는지를 규정

이들 개념은 브랜드 또는 그 상위에 있는 기업이나 사업부문에 적용할 수 있다. 각 개념의 해설은 쓰는 자에 따라 달라지는데 조금씩 다른 의미로 사용될 수도 있다. 그러나 어찌되었든 이들 개념은 상호 관련되고 중복된다. 그러면 이에 대한 기업 사례를 보도록 하자.

▎네슬레 사례

글로벌 식품기업으로 유명한 네슬레는 네스카페, 매기, 부이토니, 킷캣, 페리에 등 다수의 브랜드를 보유하고 있다. 그 브랜드를 전부 포괄하는 기업 슬로건으로서 'Good Food, Good Life'를 내세우고 있다.

네슬레의 미션·핵심가치가 더 명확하게 드러나는 곳은 바로 심벌마크다(〈도표 3-11〉). 둥지(독일어로 네슬레Nestlé)에서 어미 새가 새끼에게 먹이를 주는 그림인데, 이 그림이 상징하는 것이 바로 아이를 향한 엄마의 애정이다. 네슬레 창업 당시의 미션은 아기에게 유제품을 제공해서 영양 상태를 개선하는 것이었다. 그러한 창업 미션은 웹사이트에 다음과 같이 게재되어 있다.

스위스 베베Vevey 지역에 영양부족 때문에 유아 사망률이 높다는 사실에 마음 아파하던 청년이 있었습니다. 바로 앙리 네슬레Henri Nestlé입니다. 그

〈도표 3-11〉 네슬레의 기업 심벌마크

Good Food, Good Life

자료제공 : 네슬레일본주식회사

는 '모유의 대체식품'을 개발하기 위한 연구를 거듭해 1867년 안전하고 영양가 높은 새로운 유아용 유제품을 개발하고 그것을 제조·판매하는 회사를 창업했습니다.

이후 네슬레는 같은 해에 설립된 앵글로 스위스 밀크 컴퍼니Anglo-Swiss Milk Company라는 회사와 합병해 현재의 네슬레가 되었다. 네슬레는 방대한 수의 식품·음료를 취급하지만 담배나 알코올류는 취급하지 않는다. 창업미션 때문에 사업영역이 제약받기 때문이다. 그러한 제약은 이익추구의 족쇄가 되지만, 그래서 핵심가치가 더 존중받는 것이다.

네슬레의 이러한 자세는 자사 사이트에 게재되어 있는 '경영에 관한 제원칙'에도 나타나 있다. 거기에는 영양이나 식품의 안전성뿐 아니라 네슬레의 사업활동으로 인권보호, 농업과 지역개발, 지속가능한 환경활동의 참여 등이 자세히 보고되어 있다.

미션, 핵심가치, 사업영역 등이 조직내부에 공유될수록 마케터는 주저 없이 브랜드전략을 세울 수 있다. 그리고 단기적으로는 의사결정이 빨라지고 불필요한 투자가 감소되며, 장기적으로는 고객이나 외부 관계자와 신뢰관계가 유지되고 경쟁우위성이 강화된다.

▎ 구글 사례

인터넷 검색서비스로 세계의 검색시장을 장악하고 있으며, 다양한 새로운 사업을 전개하고 있는 구글도 자사 홈페이지에 미션을 명시하고 있다. 그것은 '전 세계의 정보를 정리하고 전 세계 사람들이 접속해서 사용하도록 하는 것'이다.

〈도표 3-12〉 구글의 열 가지 사실

1. 사용자에게 초점을 맞추면 나머지는 따라온다.
2. 하나를 매우 잘하는 것이 가장 좋다.
3. 늦는 것보다 빠른 것이 좋다.
4. 인터넷에서도 민주주의는 기능한다.
5. 정보를 찾고 싶은 때는 컴퓨터 앞에 앉아 있을 때뿐만이 아니다.
6. 부정을 저지르지 않아도 돈을 벌 수 있다.
7. 세상에는 아직 정보가 넘쳐나고 있다.
8. 정보니즈는 모든 국경을 초월한다.
9. 양복이 없어도 진지하게 일할 수 있다.
10. 훌륭하다로는 부족하다.

자료: http://www.google.com/about.company/philosophy/.

이는 정보의 생산과 제공은 사용자가 하고 구글은 거기에 관여하지 않는다는 자신의 도메인을 한정짓는 의미도 있다. 구글이 전개하는 G메일이라는 메일 서비스나 구글맵 같은 지도 정보서비스도 그 원칙을 따른다.

크롬Chrome이라고 하는 웹브라우저, 휴대전화 OS인 안드로이드android의 공급도 검색을 포함한 그 외의 정보서비스를 더 쾌적하게 이용할 수 있는 환경을 마련하고, 거기에서 광고수입의 증대를 목적으로 한다(구글의 광고서비스는 7장에서 다루겠다). 일부 예외를 제외하고 광고수입에 집중하는 것도 이 회사의 도메인이라고 할 수 있다.

구글에는 '열 가지 사실'이라고 하는 철학이 있고, 이를 자사 사이트에 공개하고 있다(〈도표 3-12〉). 이 중에서 다섯 번째인 "정보를 찾고 싶은 때는 컴퓨터 앞에 앉아 있을 때만이 아니다"라는 항목은 새로운 서비스에 대한 비전이라고 할 수 있다. 아홉 번째 "양복을 안 입어도 열심히 일할 수 있다"라는 항목은 이 회사가 일하는 스타일과 문화를 말하고 있다. 기업의 메시지로서 이색적이라고 느껴지는 항목은, 네 번째 "인터넷에서도 민주주의는 기능한다", 여섯 번째 "부정한 방법을 쓰지 않아도 돈을 벌 수 있다"다.

이렇게 보면 구글은 기존 기업들의 비즈니스 스타일에 대해 이의를 제기하는 듯 보인다. 말만 번듯하게 하고 사실은 그 항목들을 제대로 준수하지 않는다는 비난을 받을 수도 있다. 그러나 단순히 흥미본위가 아니라 철저히 창업자의 이념에서 나온 선언이라면 구글의 그러한 자세는 고객의 뜨거운 지지를 받을 것이다.

이러한 구글의 철학은 창업자인 래리 페이지Laray Page와 세르게이 브린Sergey Brin이 스탠포드 대학의 대학원생이던 시절, 대학이라고 하는 자유로운 환경 속에서 구글을 설립한 것과 관련이 있다. 우리가 학창 시절에 자주 하던, 세상을 바꾸고 싶다는 뜨거운 논의가 이 회사 철학의 원형인지도 모르겠다.

▌포지셔닝은 결국 가치제안으로 향한다

포지셔닝이란 자사 브랜드의 아이덴티티를 경쟁 상대와의 관계에서 명확하게 하는 것이다. 그렇다고 경쟁 상대와의 관계에서만 아이덴티티를 찾는다면 '자기다움'이 타사에 의해 정해지게 된다. 자신 안에 무엇이 있는지를 잘 살펴보고 그 내력을 바탕으로 아이덴티티를 도출해내는 것이 필요하다.

가치제안은 글자 그대로 자사가 제공하는 가치를 고객이나 사회에 명확하게 제시하는 것이다. 최근 이 용어가 자주 사용되는 것은 기업이 제공하는 것은 제품 자체보다 그 근본에 있는 가치라는 인식이 확산되고 있기 때문이다.

포지셔닝은 자사 브랜드가 무엇이고 무엇이 아닌지를 지각·이미지·가치로 말하는 것이다. 새로운 축이나 카테고리를 통해 고객의 생활을 바꾸는 가치를 제안한다. 그와 더불어 이 브랜드야말로 그 일을 할 자격이 있다고 주장함으로써 포지셔닝은 완결된다.

<칼럼 2> 포지셔닝을 위한 데이터 해석

브랜드 포지셔닝을 위한 고객 조사에서는 일반적으로 여러 항목에서 서로 경쟁하는 브랜드가 평가된다. <도표 3-13>처럼 조사대상자가 평가항목 × 브랜드에 대해 0과 1로 응답하는 경우가 있는가 하면 5점 척도(또는 7점, 9점 척도 등)로 응답하는 경우도 있다.

<도표 3-13> 주성분분석

m 개의 변수 $x_1, x_2 \cdots, x_m$ 의 가중치에 따라 주성분 득점 $F_1, F_2 \cdots, F_m$ 을 만든다(일반적으로 m 개보다 적은 주성분을 선택).

$$F_1 = a_{11}x_1 + a_{12}x_2 + \cdots + a_{1m}x_m$$
$$F_2 = a_{21}x_1 + a_{22}x_2 + \cdots + a_{2m}x_m$$
$$\cdots \qquad \cdots$$
$$F_m = a_{m1}x_1 + a_{m2}x_2 + \cdots + a_{mm}x_m$$

어느 것이나 평가항목 × 브랜드 표에 평균값(응답이 0, 1일 경우는 비율)이 기재되면 그것으로 각 브랜드의 특징을 검토할 수 있다. 단, 평가항목의 수가 많으면 브랜드 간의 비교가 매우 복잡해지므로 평가항목(변수)을 조금 더 축약할 필요가 있다.

이에 대응하는 방법 중 하나가 주성분분석이다. 이것은 복수의 변수에 가중치를 두고 합성득점(= 주성분)을 만드는 방법이다(<도표 3-13>). 제1주성분의 가중치는 합성득점의 분산이 최대가 되도록 하고, 제2주성분은 분산이 두 번째로 큰 합성득점이다(이하 동일).

변수(여기서는 브랜드의 평가항목)가 m개 있다면 주성분은 보통 m개까지 구한다. 그러나 목적은 변수의 개수를 줄이고 정보를 압축하는 것이므로 상위 몇 개의 주성분만을 채용한다. 소수의 주성분이라도 변수의 분산이 많은 부분을 커버하면 문제는 없다.

주성분분석과 비슷해 보이지만 전혀 다른 방법이 인자분석이다. 인자분석은 주성분분석과는 반대의 개념이며 개개의 변수가 몇 개의 인자에 의해 정해진다.

〈도표 3-14〉 탐색적 인자분석

m 개의 변수 $x_1, x_2 \cdots, x_m$ 를 $n(< m)$ 개의 공통인자(잠재인자라고도 한다) $F_1, F_2 \cdots, F_n$ 로 설명한다. 공통인자로 설명할 수 없는 부분 $e_1, \cdots, e_m$ 을 독립인자라고 한다.

$$x_1 = b_{11}F_1 + b_{12}F_2 + \cdots + b_{1n}F_n + e_1$$
$$x_2 = b_{21}F_1 + b_{22}F_2 + \cdots + b_{2n}F_n + e_2$$
$$\cdots$$
$$x_m = b_{m1}F_1 + b_{m2}F_2 + \cdots + b_{mn}F_n + e_m$$

인자분석 중에서도 가장 보편적인 탐색적 인자분석은 인자는 모든 변수에 공통하고 있다고 생각한다(따라서 공통인자라고 한다). 각 인자와 변수의 관계를 나타내는 계수를 인자부하량이라고 한다(〈도표 3-14〉).

인자분석을 할 때 인자의 수를 미리 정하지 않으면 안 된다. 물론 인자의 수는 변수의 수보다 적게 설정된다. 각 변수는 그 인자들로 완전히 설명되는 것은 아니고 오차에 해당하는 독립인자가 존재한다.

인자부하량이 정해지면 인자득점을 추산할 수 있다. 포지셔닝 분석이라면 그에 따라 브랜드를 인자공간에 배치할 수 있다(단, 브랜드 수가 항목 수보다 많아서는 안 된다). 동일한 공간에서 인자부하량을 화살표 형태로 표기할 수도 있다(〈도표 3-4〉참조).

인자분석은 원래 심리학에서 다수의 지능테스트 항목 점수에서 보편적 지능의 인자를 구하거나 성격테스트 항목에서 성격의 인자를 구하는 데 사용되었다. 관측된 변수의 배후에 더 근본적인 잠재변수가 있다는 가정하에 적용되는 것이 보통이다.

주성분분석이나 인자분석의 상세한 설명은 다변량 분석이나 데이터 해석이라는 이름이 붙은 대부분의 서적에 등장한다. 브랜드 포지셔닝을 위해 인자분석을 활용하는 상세한 과정에 대해서는 타마대학교에서 마케팅을 가르치는 도요타 유키(豊田裕貴) 교수의 해설서가 참고가 될 것이다.[10]

---

10 豊田裕貴,『ブランドポジショニングの理論と実践』(講談社, 2013).

신제품 개발

마케팅전략의 기본이 되는 STP를 바탕으로 4P라고 하는 마케팅 믹스를 계획하고 실행한다. 이것이 코틀러 이후 많은 마케팅 전문서적이 채용하는 구조다. 이 책에서도 기본적으로는 그 구조를 바탕으로 4P에 대해 순차적으로 알아보도록 하겠다.

마케팅을 조금이라도 접한 사람이라면 이미 알고 있겠지만, 4P는 Product(제품), Price(가격), Promotion(판매촉진), Place(유통)의 머리글자를 딴 것이다. 그중에서도 제품은 마케팅 믹스의 핵심요소다.

신제품 개발은 보통 마케팅 부문보다 연구개발, 설계, 제조 등 기술계 부문이 중심이 되는 경우가 많다. 그러나 신제품이 시장에서 성공하기 위해서는 기술계 부문이 마케팅적 발상을 가지고, 마케팅 부문이 기술을 이해하면서 함께 협력할 필요가 있다.

여기서는 신제품 개발 과정을 진화론적인 관점에서 보고자 한다. 그리고 점진적인 신제품 개발과 획기적인 신제품 개발을 구별하고, 각각에 어떤 접근법이 적절한지에 대해 살펴보고, 마지막으로 최근 주목받고 있는 고객 참여 신제품 개발에 대해 살펴보도록 하겠다.

4.1 신제품 개발은 '진화'다

▌제품은 '주관적 속성의 묶음'이라는 견해

마케팅 사이언스에서는 제품을 **속성의 묶음**으로 보는 견해가 일반적이다. 그 근원에는 경제학자 켈빈 랭커스터Kelvin Lancaster가 있다. 그는 제품을 다수의 속성을 성분으로 하는 벡터vector로 보고, 제품의 효용은 각 속성에 대한 효용의 합산으로 정해진다고 주장한다.[1]

스마트폰은 카메라, 사이즈, 가격, 사용의 편리함 등 다수의 속성으로 이루어져 있다(〈도표 4-1〉). 고객은 제품의 각 속성이 어느 정도의 수준에 있으며 그 수준이 얼마만큼의 효용이 있는지를 안다면 전체 효용이 최대가 되는 제품을 선택할 것이다.

그런데 마케팅 사이언스에서는 심리학의 영향을 받아 제품속성이 주관적이라고 여긴다. 예를 들어 스마트폰은 카메라의 성능을 화소수 같은 객관적 수치로 나타내는데, 그것이 '카메라의 성능이 좋다'고 하는 주관적 속성으로 변환되어야만 제품의 구입으로 이어진다는 것이다.[2]

심리학에서 유명한 **다속성 태도모델**에서는 속성에 대한 신념(A사의 스마트폰 카메라는 어느 정도 성능이 좋은가)과 속성 중요도(카메라 기능은 스마트폰

---

1 ランカスター, 『消費者授需要-新しいアプローチ』(桑原秀史 訳, 千倉書房, 1989).
2 中西正雄, 「多属性分析とは?」, 中西正雄 編著 『消費者行動のニューフロンティア』(誠文堂新光社, 1984).

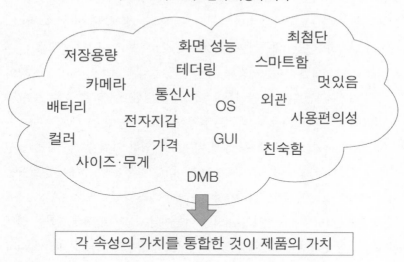

〈도표 4-1〉 스마트폰의 속성과 가치

저장용량
화면 성능
최첨단
테더링
스마트함
카메라
통신사
멋있음
배터리
OS
외관
전자지갑
사용편의성
컬러
GUI
친숙함
가격
사이즈·무게
DMB

각 속성의 가치를 통합한 것이 제품의 가치

에서 어느 정도 중요한가)의 가중치로 제품에 대한 태도가 결정된다. 신념과 중요도는 어디까지나 주관적인(따라서 개인차가 있다) 변수다.

이상과 같은 견해는 4.2에서 자세히 살펴볼 신제품 개발의 토대가 된다. 여기서 말하는 제품 개발이란 어떤 속성을 조합할 것인가라는 문제를 해결하는 것이다. 기술이나 비용의 제약을 고려하면서 타깃고객을 만족시키고 기쁘게 하는 조합을 만드는 것이 목표다.

▎제품은 '가치의 운송수단'

속성의 묶음인 제품은 다른 측면에서 보면 '가치의 운송수단'이라고 할 수 있다. 스마트폰에서 어떤 속성을 중시하는지는 그것을 어디에 사용할지, 어떤 니즈나 욕구를 만족시킬 것인지에 달려 있다. 이는 당연히 개인마다 다르다. 다시 말해 가치관의 차이에 대응하게 된다.

자동차에 사회적 지위를 상징하는 가치를 요구하는 고객은 가격보다는 고급 이미지의 브랜드, 보기에도 고급스러운 차를 구입할 것이다. 반면 단순한 이동 수단으로서의 가치만 요구하는 고객은 기본 기능이 충족되면 가격이나 연비가 저렴한 차를 선택할 것이다.

자동차라는 제품은 이동이라는 기본적 가치 외에 사회적 지위의 상징이나 질주의 쾌감 등 다양한 가치를 고객에게 전달한다. 그러한 가치가 고객의 잠재적 욕구와 일치할 때 제품은 성공한다고 볼 수 있다.

현실에서는 카테고리를 초월해서 자사와 동일한 가치를 제공하는 경쟁 상대가 존재할 가능성이 있다. 제조업과 서비스업은 산업 분류에서 보았을 때는 크게 다르지만, 제공하는 가치에는 공통되는 부분이 있을 수 있다. 예를 들어 자동차 회사와 렌터카 회사는 이동이라는 가치를 제공한다는 점에서 보면 공통된 가치를 제공한다고 할 수 있다. 자동차 회사와 렌터카 회사의 차이를 굳이 엄밀히 따진다면, 그 가치를 소유권을 주고 제공하는지 일시적인 이용권과 함께 제공하는지의 차이다. 그렇게 생각하면 양자에 본질적인 차이는 없다.

그런데 자동차 회사가 기존 방식대로 자동차만 만들어 판매한다면, 향후 또 다른 혁신으로 인해 이동이라는 가치가 자동차와는 다른 운송 수단으로 대체될 수도 있다. 물론 많은 자동차 회사들이 그러한 사실을 이미 인식하고 있을 것이라고 생각한다.

▍혁신으로서의 신제품 개발

신제품 개발은 제품속성의 새로운 조합(신결합)을 창출하는 것이다. '신(新)결합'이란 저명한 경제학자 조지프 슘페터Joseph A. Schumpeter가 혁신을 정의하는 데 사용한 용어다. 그에 따르면, 혁신은 무에서 유를 창출하는 것이라보다는 현재 있는 것을 새롭게 조합하는 것이다.[3]

혁신은 생산·유통시스템을 새롭게 하는 **과정혁신**과 제품 자체를 새롭게 하는 **제품혁신**으로 크게 나눌 수 있다. 과정혁신은 동일한 제품을 더 적은 자본이나 노동력으로 생산할 수 있도록 생산성을 향상시키는 것을 말한다.

제품혁신을 유발하는 것은 신제품 개발이다. 개발된 제품이 시장에 도입되고 고객에게 받아들여지면 매출이 증가하고 이익도 증가한다. 동시에 과정혁신을 통해 비용 절감이 가능해지면 신제품의 매력은 한층 더 높아진다.

경영의 신이라고 불리는 피터 드러커Peter F. Drucker는 혁신과 마케팅이 경영의 기본 기능이라고 말한다.[4] 혁신은 때로 사람들의 라이프스타일을 변화시키고 사회 양상을 바꾸기도 한다. 인터넷, 휴대전화가 보급되기 전과 후의 생활을 비교해보면 명백히 알 수 있다.

▌점진적 혁신과 획기적 혁신

제품혁신에는 점진적 혁신과 획기적 혁신이 있다. 점진적 혁신은 제품의 기술적 골격은 그대로 두고 개량을 해나가는 것이고, 획기적 혁신은 제품의 기술적 골격이 비연속적으로 바뀌는 것을 말한다.

획기적 제품혁신은 종종 업계의 구조나 고객 라이프스타일에 지대한 영향을 준다. 예를 들어 개인용 컴퓨터가 등장함으로써 컴퓨터 업계의 중심은 IBM에서 마이크로소프트나 인텔로 이동했고, 컴퓨터를 구매하는 고객도 대기업에서 중소기업, 일반 소비자로 확대되었다.

고객의 라이프스타일을 크게 바꾸었다는 관점에서 본다면 그 후에 발생한 인터넷의 영향은 더욱 막강했다고 할 수 있다. 구글은 전 세계인의 정보 수집 활동을 자신이 전부 도맡아서 할 기세로 성장하고 있고, 페이스북 같

---

3   シュンペーター,『経済発展の理論-企業者利潤・資本・信用・利子および景気の回復に関する一研究』(東畑精一 訳, 岩波書店, 1977).
4   ドラッカー,『ドラッカー著作集 現代の経営(上)・(下)』(上田惇生 訳, ダイヤモンド社, 2006).

은 SNS_{Social Network Service}는 인간관계의 중요한 요소로 자리 잡고 있다. 컴퓨터와 인터넷이 충분히 보급되어 있는 환경에서 애플이 도입한 휴대용 오디오 단말기 아이팟_{iPod}도 대성공을 거두었다. 그중에서도 아이팟을 위한 음악파일 전송 서비스인 아이튠스_{iTunes}는 음악산업의 구조를 바꿔버렸다고 해도 과언이 아니다.[5]

3.1에서 살펴본 포지셔닝과 관련시키면 점진적 혁신은 기존의 경쟁 공간 안에서 경쟁자보다 우월한 포지션을 획득하는 것이고, 획기적 혁신은 새로운 공간을 만드는 것이라고 할 수 있다. 후자는 아커가 말하는 카테고리 이노베이션과 유사하다.

드라이 맥주라고 하는 새로운 카테고리 창출에 성공한 아사히 슈퍼드라이는 장기간 변화하지 않던 맥주시장의 점유율 구조를 바꿨다. 또한 맥, 아이팟, 아이폰, 아이패드 등 애플이 개발한 제품은 사용자의 라이프스타일을 바꾸고 새로운 문화까지 창출했다.

▎신제품 개발은 진화론적 혁신이라는 주장

미국의 어느 조사에 의하면 신제품이 시장에 도입되어 당초의 목표를 달성할 확률은 60% 정도라고 한다.[6] 많은 기업이 열심히 고객 니즈를 찾고, 수없이 많은 아이디어를 내고, 시제품을 여러 번 테스트한 끝에 겨우 선택한 신제품을 시장에 투입하지만, 그래도 실패할 확률이 있다는 뜻이다.

시장은 개개의 기업이 그렇게 간단히 조정할 수 있는 장소가 아니다. 신제품이 성공할지의 여부는 그것이 시장에 도입된 뒤가 아니면 알 수 없다. 신중하게 준비된 신제품이 실패하는가 하면 예상하지 않았던 고객들에게

5　後藤直義·森川潤, 『アップル帝国の正体』(文芸春秋, 2013).

6　R. G. Cooper, S. J. Edgett & E. J. Kleinschmidt, "Benchmarking Best NPD Practices-1", *Research-technology Management*(Jan/Feb 2004), pp.31~43.

수용되어 결과적으로 성공하는 신제품도 있다.

이는 다윈의 진화론을 생각나게 한다. 다윈은 생물의 진화를 유전자의 **돌연변이**와 **자연도태**라는 두 가지 원리로 설명한다. 눈 같은 정밀한 기관조차 신이 디자인한 것이 아니라 돌연변이와 자연도태에 의해 형성되었다고 말한다.

진화경제학자인 리처드 넬슨Richard R. Nelson과 시드니 윈터Sidney G. Winter는 혁신도 다윈의 진화론과 동일한 원리로 발생한다고 주장한다.[7] 기업은 시장을 예측하기 어렵기 때문에 마치 돌연변이를 창출하듯이 혁신을 일으킨다. 그 뒤에 발생하는 시장에서의 경쟁이 자연도태에 해당한다는 것이다.

이 같은 진화론의 원리에 입각해, 사전 테스트를 거치지 않고 작은 변이를 추가한 신제품을 계속 시장에 투입해서 가능한 한 빨리 시장의 판단을 받으려는 전략이 있다. 신제품 개발과 시장도입 비용이 비교적 저렴한 식품·음료 등의 카테고리에서 이런 전략을 자주 볼 수 있다. 그러나 자동차같이 막대한 개발비용이 투입되는 제품은 그렇게 간단히 다양한 신제품을 시장에 내놓을 수 없다. 그런 경우는 변이를 일으켜 시장에 투입하는 진화론적 과정을 먼저 기업 내부 또는 개발자의 뇌 속에서 시뮬레이션한다. 이쪽이 전형적인 신제품 개발과정에 더 가깝다.

❙ 신제품 개발의 기본 과정

〈도표 4-2〉는 신제품 개발을 다룬 세 권의 전문 서적에 게재되어 있는 신제품 개발의 기본 과정을 비교해놓은 것이다. 각각 저자의 개성대로 서술된 것이므로 과정의 구성도 미묘하게 다르지만, 종합해서 보면 대략 ① 제품

---

7 ネルソンウィンター, 『経済変動の進化理論』(角南篤・田中辰雄・後藤晃 訳, 慶応義塾大学出版会, 2007).

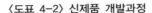

〈도표 4-2〉 신제품 개발과정

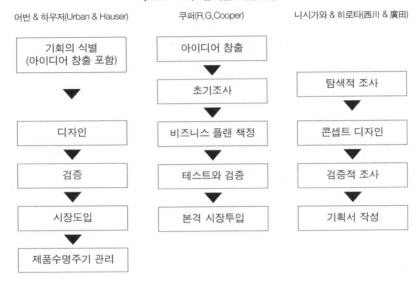

어번 & 하우저(Urban & Hauser)	쿠퍼(R.G.Cooper)	니시가와 & 히로타(西川 & 廣田)
기회의 식별 (아이디어 창출 포함)	아이디어 창출	
	초기조사	탐색적 조사
디자인	비즈니스 플랜 책정	콘셉트 디자인
검증	테스트와 검증	검증적 조사
시장도입	본격 시장투입	기획서 작성
제품수명주기 관리		

아이디어 창출, ② 제품 디자인, ③ 시장도입계획이라는 3단계로 분류된다.

제품 아이디어란 어떤 고객의 어떤 니즈에 대응할 것인지, 어떤 시즈 seeds(생활자의 감성을 중요시한 새로운 호감요소 – 옮긴이)를 어떻게 활용할 것인지 같은 문제를 해결하는 잠정적인 해법이며 종종 단편적일 때도 있다. 아이디어는 제품의 기능에서 소재, 패키지, 판매 방법에 이르기까지 다양한 부분에 관여한다.

창출된 다수의 아이디어는 ① 타깃고객의 니즈에 적합한가? ② 이용 가능한 자원으로 실현할 수 있는가? ③ 해당 브랜드의 마케팅목표나 전략에서 벗어나지 않는가? 등의 기준으로 심사를 한다. 합격선에 달하는 아이디어가 없으면 다시 아이디어 창출로 돌아간다.

최종적으로 선택된 아이디어를 바탕으로 대부분의 경우 제품 디자인을 하기 전에 **제품 콘셉트**를 설정한다. 이는 만들려는 제품이 무엇인가를 짧은 문장으로 표현한 것인데, 경우에 따라서는 제품의 외형이나 사용 장면을 그림으로 표현하기도 한다.

제품 콘셉트가 가치에 대해 말하고 있으면 제품의 가치제안이 되고, 다른 제품과의 차별화에 대해 말하고 있으면 포지셔닝이 되고, 특정 고객층을 지향하고 있으면 타깃정보가 된다. 신제품 개발에서 기본적인 또는 중요한 정보는 모두 콘셉트에 응축된다.

콘셉트가 설정되면 제품 디자인 단계로 진행한다. 그 과정에는 제품의 기능이나 형태, 패키지 디자인, 네이밍 등 많은 과정이 있다. 서비스업종의 경우 제공하는 사람이나 정보시스템의 동작이 디자인된다.

디자인이 확정되면 시장도입 마케팅전략을 책정한다. 여기에는 가격, 광고, 판매촉진, 홍보, 채널 등의 전략이 포함된다. 기업에 따라서는 마케팅전략 담당자가 제품 아이디어나 콘셉트 설정 단계에서부터 참여하는 경우도 있다.

애플의 창업자 스티브 잡스Steve Jobs의 전기에 따르면 그는 제품 개발 초기단계부터 광고크리에이터를 참여시켜 네이밍을 생각하도록 했다.[8] 어떤 때는 광고를 먼저 생각한 다음 제품 디자인을 구상한 적도 있다고 한다. 즉, 제품, 네이밍, 광고 등을 따로따로 고려하는 것이 아니라 전체적인 하나로 보는 것이다.

▮ 제품 콘셉트는 왜 필요한가?

신제품 개발과정에서 그 역할을 이해하기 어려운 것이 제품 콘셉트를 설정하는 일인지도 모르겠다. 제품 콘셉트란 그 제품이 무엇인지를 이해하기 쉽게 문장화한 것이다. 개발 아이디어부터 디자인까지의 과정에서 왜 콘셉

---

8 アイザックソン,『スティーブジョブズ』(井口耕二 訳, 講談社, 2011).

<도표 4-3> 제품 콘셉트의 역할

(1) 콘셉트가 모호한 경우

(2) 콘셉트가 명확한 경우

트라고 하는 추상적인 용어가 필요할까?

가장 큰 목적은 신제품 개발에 관계하는 모든 당사자, 즉 엔지니어나 디자이너, 마케터에게 자신들이 무엇을 만들려고 하는지 공통된 인식을 갖게 하려는 것이다. 각자의 방향이 일치하지 않으면 결과적으로 일관성 없는 제품이 나올 우려가 있기 때문이다(〈도표 4-3〉).

콘셉트를 바탕으로 한 제품 디자인의 일관성을 도쿄 대학의 개발경영연구센터 소장인 후지모토 다카히로藤本隆宏는 **제품통합성**product integrity이라고 부른다. 후지모토는 그에 대한 사례로 마쓰다의 스포츠카 로드스타를 들고 있다.[9]

로드스타의 개발 초기에 붙여진 키워드는 인마일체人馬一体였다. 이 표현은 매우 심플하고 인상적이며 확실한 이미지를 떠올리게 한다. 로드스타의 디자인, 기능, 장치는 이 키워드가 품고 있는 콘셉트에 맞춰 일관성 있게 구성되었다.

명확한 콘셉트가 있으면 제품의 구석구석까지 일관성을 실현하기 쉬워진다. 고객이 느낀 일관성은 그 제품을 사용하거나 광고·미디어 정보에 접촉함으로써 무의식 영역을 포함하는 기억에 각인될 것이다.

▌진화론적 과정으로서의 신제품 개발

제품 아이디어부터 디자인, 그리고 시장도입에 이르는 각 과정에는 각각 다음의 네 가지 단계가 반복된다.

---

9 藤本隆宏, 『生産マネジメント入門〈2〉 生産資源·技術管理編』(日本経済新聞出版社, 2001).

① 선결사항을 이어받는다(계승)

② 다수의 대체안을 창출한다(변이)

③ 각 대체안을 평가해 좁혀나간다(선택)

④ 최종안을 유지하고 다음으로 진행한다(복제)

괄호 속 단어는 진화론적 개념으로 표현한 것인데, 신제품 개발의 각 과정에서 계승-변이-선택-복제라는 과정이 반복된다고 해석할 수 있다(〈도표 4-4〉).

〈도표 4-4〉 신제품 개발의 진화론적 과정

첫 번째 단계인 제품 아이디어 창출에서는 현재 시장에 존재하는 자사 및 경쟁사의 제품을 원형으로 계승하고 거기에 다양한 변이를 추가해 새로운 제품 아이디어를 낸다. 거기에는 여러 아이디어가 조합된 것도 포함된다.

아이디어가 나왔으면 분산되어 있는 아이디어를 정리하고 좁히는 작업을 진행한다. 그런 다음 최종적으로 콘셉트로 정리한다. 콘셉트가 여러 개라면 콘셉트 테스트를 할 수도 있다. 문자나 그림으로 표현한 콘셉트 시트를 잠재고객에게 보여주고 평가받도록 한다.

선택된 콘셉트를 계승하고 다양한 변이를 더해 디자인 대체안을 마련해 테스트를 한다. 거기에는 완성품에 가까운 샘플을 만들어 고객에게 실제로 사용해 보도록 하는 HUTHome Use Test 등이 포함된다. 그리고 최종적으로 디자인을 채택한다.

시장도입 캠페인계획에서도 4단계 과정이 반복된다. 패키지, 네이밍, 광고 등을 개별적으로 테스트하기도 하지만, 경우에 따라서는 특정 지역에서 시험적으로 시장도입을 해보는 테스트 마케팅을 실시하기도 한다.

4.2 점진적으로 신제품 개발을 진행하다

▌제품속성의 '수준'을 어떻게 나타낼 것인가?

앞서 제품혁신에는 점진적 혁신과 획기적 혁신 두 가지가 있다고 말했다. 점진적 혁신은 속성 자체는 기존과 동일한 채로 두고 그 '수준'을 개선하는 것이고, 획기적 혁신은 해당 카테고리에 없던 '속성'을 창출하는 것이라고 할 수 있다.

그러면 점진적 혁신에서 속성의 수준을 어떻게 나타낼 것인지 생각해보자. 예를 들어 주관적 속성으로 보는 가격에는 '싸다', '비싸다', '매우 비싸다' 같은 수준이 있다. 이들 수준은 고객의 마음속에 애매모호하게 지각되므로 일반적으로 설문조사를 통해 측정한다.

고객의 행동을 예측하기 위해서는 이러한 주관적 속성을 파악하는 것이 중요하지만, 신제품을 개발하기 위해서는 객관적인 제품속성을 파악할 필요가 있다. 개발담당자는 가격은 얼마로 할 것인지, 무게는 몇 그램으로 할 것인지 등 구체적인 수치가 없으면 제품을 구상하는 것이 불가능하다.

이와 같이 제품 개발에서는 제품에 관한 객관적 특성과 주관적 속성이 함께 검토되기 때문에 이 책에서는 이해를 돕기 위해 제품속성에는 객관적인 것과 주관적인 것이 있다고 분류하겠다. 각각의 속성에는 다음과 같은 요소가 있다.

① **객관적 속성**: 브랜드명, 기능·성능, 가격, 유지(폐기)비용, 디자인, 서비스, 품질보증 등
② **주관적 속성**: 브랜드 이미지(지각, 연상), 제품 이미지, 지각품질, 편익, 심리적 비용 등

객관적 속성이란, 간단히 말해 제품에 대한 객관적 정보로 종종 수치로 표현된다. 브랜드명은 수치는 아니지만 해당 제품이 모 브랜드에 속해 있다는 객관적 정보를 나타낸다(객관적 정보지만 양적정보가 아니라 질적정보다).

한편 주관적 속성은 사람에 따라 지각되는 내용이 다르다. 브랜드명은 객관적 속성이지만, 그것을 어떻게 느끼는지, 무엇을 연상하는지는 제각각이므로 주관적 속성이 되기도 한다. 대부분의 주관적 속성은 객관성에 뿌리를 두고 있으며 양자는 결코 무관하게 존재하지 않는다.

〈도표 4-1〉에서 스마트폰의 속성을 보면 그림의 좌측에 있는 것이 객관적 속성, 우측에 있는 것이 주관적 속성이라고 볼 수 있다. 이들 속성은 서로 연관되어 있다. OS에 따라 내장되어 있는 기능이 다르고 사용법이나 이미지도 다르다.

한편 속성수준이 연속적인지 이산적인지에 따라서도 속성이 분류된다. 스마트폰의 가격이나 중량 등은 그 수준이 수치로 표시되어 **연속적 속성**이라고 할 수 있다. 그런데 OS는 iOS, Android, Windows의 세 수준, 테더링 tethering 기능은 유/무의 두 수준으로 구성되는 **이산적 속성**이다.

주관적 속성은 마케터가 그것을 어떻게 평가하는가에 따라 연속적이 되기도 하고 이산적이 되기도 한다. 예를 들어 '사용 편의성'이라는 주관적 속성을 10점 척도로 평가할 경우 연속적 속성으로 볼 수 있는데, '사용이 쉽다/사용이 불편하다'라는 두 척도로만 본다면 이산적 속성이 된다.

▌중요한 속성을 어떻게 알 수 있는가?

점진적인 신제품 개발은 기존의 제품속성 가운데 고객이 중요시하는 속성을 선택해서 그 수준을 더 매력적으로 만드는 것에 주력한다. 휴대전화의 골격은 그대로 두고 배터리 지속 시간이나 카메라 성능을 개선하는 것은 점진적 신제품 개발의 전형적인 예라고 할 수 있다.

타깃고객이 어떤 속성을 중요하게 여기는지 알기 위해 기업이 일상적으로 수행하는 고객조사나 정보수집을 이용할 수 있다. 예를 들어 고객만족도조사, 고객센터로 걸려오는 전화나 메일, 영업현장에서 올라오는 보고서 등에서 정보를 얻을 수 있다.

그보다 깊이 있는 정보를 얻기 위해 질적(정성)조사를 하기도 한다. 그룹 인터뷰focus group interview에서는 6~8명의 잠재고객을 한자리에 모아놓고 좌담회를 열고 순서대로 질문을 한다. 여기서는 참가자들끼리 서로 자극이 되어 활발하게 발언할 수 있도록 유도하는 것이 중요하다. 그런데 한편으로는 참가자가 다른 참가자에게 동조되거나 자신의 생각과는 달리 교과서적인 발언을 할 우려가 있다. 그 때문에 일대일로 질문하는 심층 인터뷰 depth interview를 실시하기도 한다. 이 방법은 시간이나 비용이 많이 들지만 한 사람 한 사람에게서 심도 깊은 이야기를 들을 수 있다는 장점이 있다.

인터뷰에 비해 과정이 어느 정도 구조화되어 있는 방법으로 레퍼토리 그리드Repertory Grid라는 방법이 있다. 원래는 평가 대상(이를테면 브랜드나 제품) 중 세 개를 무작위로 선택해 그중 두 가지에 공통하고 나머지 하나에는 없는 속성을 추출하는 과정을 반복하는 것이다(〈도표4-5〉(1)).

그 후 환경심리학자인 사누이 준이치로讚井純一郎가 이를 평가 그리드법이라고 하는 방법으로 발전시켰다.[10] 이 방법에서는 평가 대상을 좋아하는 것과 싫어하는 것으로 나누고, 각각의 그룹에서 무작위로 하나씩 선택해 하나에는 있고 다른 하나에는 없는 속성을 추출한다(〈도표 4-5〉(2)).

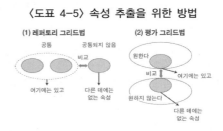

〈도표 4-5〉 속성 추출을 위한 방법

(1) 레퍼토리 그리드법

공통 / 공통되지 않음

비교

여기에는 있고 / 다른 데에는 없는 속성

(2) 평가 그리드법

원한다

비교

여기에는 있고

원하지 않는다

다른 데에는 없는 속성

10 日本建築学会編, 『よりよい環境創造のための環境心理調査法入門』(技法堂出版, 2000). pp.57~64.

▎ 제품에 대한 선호는 속성가치의 합산

고객이 중요시하는 속성과 그 수준을 알게 되면 그 각각의 속성·수준이 어느 정도 가치가 있는지를 측정한다. 이를 위해서는 먼저 제품에 대한 선호는 속성가치의 총합이라는 전제가 있어야 한다. 이를 **선형선호모델**이라고 한다.

선호란 특정 선택안을 다른 선택안보다 좋아하는 정도를 말한다(효용이라고도 한다). 고객은 여러 개의 선택안 가운데 가장 선호하는 것을 선택한다. 선형선호모델의 예로서 스마트폰에 대한 선호를 보자.

특정 선택안의 선호 = OS의 가치 + 통신사의 가치 + 각 기능의 가치 +
······ – 비용의 평가

OS란 스마트폰을 구동시키는 기본 시스템으로 iOS, Android, Windows 등이 있으며, 그에 따라 기기의 성능, 사용 편의성에 차이가 있다. 통신사는 이동통신 사업자를 가리키는 말로 그에 따라 전파 연결 상태나 서비스의 차이, 사람에 따라서는 브랜드 충성도가 다르기도 하다.

이러한 속성과 기능의 가치는 고객에게 플러스 가치가 되기도 하고 마이너스 가치가 되기도 한다. 비용은 본체 가격뿐 아니라 일상의 사용비용을 포함한다. 일반적으로 비용이 높을수록 선호도는 낮아지기 때문에 그 가치는 마이너스로 표시한다.

한편 객관적 제품속성이라도 그 가치가 주관적으로 평가될 수 있다. 예를 들어 특정 스마트폰의 DMB(지상파 디지털 방송) 기능은 객관적 속성이지만, 그 기능에 어느 정도의 가치를 부여하는지는 개인차가 있다.

선형선호모델은 스마트폰 구입을 검토하고 있는 고객은 제품을 구성하는 속성들의 가치를 합산하여 전체 가치가 최대가 되는 제품을 선택한다고 본다. 고객이 실제로 그런 계산을 하고 있다고 생각하지는 않지만, 그렇게 가정해야 고객의 행동을 잘 예측할 수가 있다.

물론 선형모델로는 고객의 선택을 예측하지 못할 수도 있다. 예를 들어 어느 고객은 가장 먼저 OS를 선택하고 그 부분에서 탈락한, 다른 OS를 탑재한 스마트폰은 어떤 매력적인 속성이 있어도 일절 고려하지 않을지도 모른다.[11] 이 같은 선택방식을 **비보상형 결정**non compensatory decision이라고 한다.

▌속성가치를 고객에게서 듣는다

각 속성의 가치를 측정하기 위해 가장 자주 이용되는 것이 고객에게 직접 물어보는 방법이다. 전형적인 예는

Q1. 당신은 스마트폰 구입 시 OS를 어느 정도 중요하게 생각합니까?

라는 질문을 하고 5점이나 7점 척도로 평가하도록 하는 것이다(매우 중요-약간 중요-보통-별로 중요하지 않음-전혀 중요하지 않음).

속성이 '전자지갑 기능의 유무'와 같이 두 개의 수준만 있을 경우는 상관없지만, 다수의 수준을 가지는 경우는 수준 간의 가치의 차이도 파악할 필요가 있다. 예를 들어 스마트폰의 OS에 대해 다음과 같은 질문을 해서 각각 척도로 평가한다.

Q2. 당신은 다음 OS가 각각 어느 정도로 매력적이라고 생각합니까?
(1) iOS

---

11 J. W. Payne, J. R. Bettman & E. J. Johnson, *The Adaptive Decision Maker* (Cambridge University Press, 1993).

(2) Android

(3) Windows

Q1에서 획득한 점수는 속성의 중요도, Q2에서 획득한 점수는 속성의 개별수준에 대한 가치(매력도)가 되고, 그 둘을 곱한 값이 해당 속성의 가치 또는 효용이 된다(예를 들어 OS중요도가 5점, iOS에 대한 매력도가 4점이라면 iOS의 가치는, 5 × 4 = 20점이 된다).

앞서 선형선호모델에서 제품에 대한 선호는 그것을 구성하는 속성의 가치를 합산한 것이라고 말했다. 그러면 조금 전에 계산한 iOS의 가치에 통신사 가치 및 그 외 각 기능의 가치를 더한 다음 비용가치를 뺀다. 동일한 계산을 다른 제품에도 적용해서 그중 가치의 합계가 가장 큰 제품을 고객이 선택한다고 예측할 수 있다.

이러한 방법이 정확하지 않다는 비판도 있다. 그 이유 중 하나는 고객은 자신이 각 속성을 어느 정도 중시하여 선택하는지를 정확하게 인식하지 못한다는 것이다. 또한 조사대상자가 속성이나 그 가치에 대해 진실을 말하지 않고 형식적으로 응답할 가능성도 있다.

▌선택결과에서 속성가치를 추정하는 컨조인트분석

속성가치에 대한 고객의 응답을 신뢰할 수 없다고 생각할 때 **컨조인트분석**conjoint analysis을 사용한다. 컨조인트분석은 속성수준을 조합해서 **제품 프로파일**이라는 것을 만들고 그에 대한 선호를 고객에게서 듣는다.

제품 프로파일의 예는 〈도표 4-6〉에 표기되어 있다. 이 중에는 실제 존재하지 않는 속성수준의 조합도 포함되어 있지만, 많이 이상하지 않다면 그대로 조사를 진행한다. 현실에는 없어도 잠재니즈에 있는 가치일지도 모

**〈도표 4-6〉 스마트폰의
제품 프로파일(가상 사례)**

iOS (iPhone) 통신사: A 디스플레이: Retina 카메라: 800만 화소수 전자지갑: 없음 DMB: 없음	Android 통신사: B 디스플레이: TFT액정 카메라: 1630만 화소 전자지갑: 없음 DMB: 있음
iOS (iPhone) 통신사: C 디스플레이: TFT액정 카메라: 1210만 화소 전자지갑: 없음 DMB: 없음	Android 통신사: A 디스플레이: Retina 카메라: 1210만 화소 전자지갑: 있음 DMB: 있음

**〈도표 4-7〉 스마트폰의 속성가치
(가상 사례)**

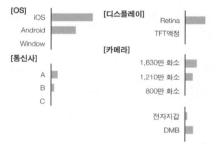

세 가지 속성이 있을 경우는 세 번째 속성의 가치를
0으로 고정(그러나 가치가 없다는 의미는 아님)

르기 때문이다.

조사대상자는 제시된 제품 프로파일에서 가장 구입하고 싶은 것을 하나 선택하거나 순위를 정한다. 프로파일이 많을수록 고객에게 좋은 것은 아니며 일장일단이 있다. 이 프로파일에서는 아이폰을 갖고 싶은데 DMB 기능을 필요로 하는 사람이라면 선택에 고민할 것이다.

컨조인트분석의 의도는 바로 여기에 있다. 한쪽을 선택하면 어떤 속성은 만족하지만 다른 속성은 포기해야 하는 상황(이를 트레이드 오프trade-off라고 한다), 이러한 상황에서야말로 고객이 어떤 속성을 어느 정도 중시하고 있는지가 선명해진다.

이렇게 해서 얻은 고객의 선택(또는 순위)결과에서 속성수준의 가치를 추정할 수 있다. 그 예는 〈도표 4-7〉과 같다. 해석해보면 이 고객은 OS는 iOS를 강하게 선호하고 레티나 디스플레이Retina Display를 좋아한다. 카메라 화소수는 높은 것이 좋다고 생각하지만 다른 속성만큼 중요시하지는 않고, 통신사 선호에도 큰 차이는 없다.

▌제품의 개선책을 시뮬레이션 해보다

현재 타깃고객이 〈도표 4-7〉과 같은 선호도를 보이고 있다면 통신사 A 사는 어떤 신제품을 출시하는 것이 좋을까? A사는 지금 안드로이드 OS의 스마트폰만 판매하고 있다고 가정하자. 여기에는 DMB나 전자지갑 기능도 포함되어 있다(〈도표 4-8〉 사례1의 선택안2).

경쟁사 B사는 iOS 스마트폰이다. DMB나 전자지갑 기능은 포함되어 있지 않으나 레티나 디스플레이를 갖추고 있다(사례1의 선택안1). 이 고객은 〈도표 4-7〉의 선호도에 따라 선택안 1을 선택할 것이다.

A사가 이 고객을 획득하기 위한 방법 중 하나는 iOS를 채용하는 것이다. 만약 통신사 A사가 B사보다 조금 더 선호되고 있다고 하면, 이때 DMB나 전자지갑 대신 레티나 디스플레이를 장착하면 종합적으로 선택안1보다 조금 더 선호될 수 있다.

더 효과적인 것은 OS는 안드로이드 그대로 두고 DMB나 전자지갑 기능을 갖추고 레티나 디스플레이를 채용하는 것이다. 그러면 선택안2가 선택안1보다 선호될 확률이 훨씬 높아진다(〈도표 4-8〉의 사례2).

실제 속성수준의 조합은 기술이나 비용 등의 제약도 있기 때문에 이렇듯 간단히 결정되지 못할 수도 있다. 게다가 고객에 따라 속성의 선호가 다르기 때문에 타깃이 누구인가에 따라 바람직한 속성수준의 조합이 바뀐다는 사실에 주의해야 한다.

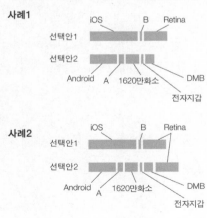

〈도표 4-8〉 스마트폰의 제품선택(예시)

사례1

선택안1 — iOS B Retina

선택안2 — Android A 1620만화소 DMB 전자지갑

사례2

선택안1 — iOS B Retina

선택안2 — Android A 1620만화소 DMB 전자지갑

▌컨조인트분석에도 한계가 있다

컨조인트분석은 매우 효과적인 방법이지만 한계도 있다. 멋있다, 사용이 편리하다 등의 주관적 속성을 다루기 곤란하다는 것이다. 예를 들어 매우 사용하기 불편한 아이폰과 멋있어 보이는 안드로이드 폰 중 어떤 것을 선택할 것인지 물어도 많은 고객은 대답할 수 없을 것이다.

이러한 속성을 다루기 위해서는 구체적으로 어떻게 멋있는지 외형 디자인을 보여주거나 사용 편리성의 근거가 되는 기능을 표시하거나 해서 질문을 더 구체적으로 나타낼 필요가 있다. 제품 개발자에게도 응답자가 구체적으로 어떤 형태를 멋있다고 보는지 알 수 없는 정보는 별 도움이 되지 않는다.

또한 제품의 외형만 봐도 브랜드를 알 수 있는 경우 제품의 외형과 브랜드를 독립된 속성으로 보기는 어렵다. 아이폰에 안드로이드 OS를 조합한 경우 조사대상자는 있을 수 없는 상황이라고 느낄지도 모른다.

원래 외형이라는 속성은 요소를 분해하기 어려운 것이 보통이다. 예를 들어 어느 남성의 복장이 멋있는지 아닌지에 대해 재킷, 바지, 구두 등으로 나누어 평가하고 각각을 합산해서 판정할 수 있을까? 개개의 부분이 아무리 좋아도 코디네이션이 나쁘면 아무 의미가 없다.

컨조인트분석은 속성 간의 트레이드 오프가 전제가 되지만, 실제 선택에서 앞서 말한 비보상형 결정이 있는 경우는 트레이드 오프가 허용되지 않는다. 좀 전의 예에서는 통신사 A사가 안드로이드 OS를 그대로 두고 디스플레이를 개선하면 선택될 확률이 올라가는 것으로 되었지만, 트레이드 오프가 전제되지 않는 상황에서는 개선을 한다고 해도 선택 확률이 올라가지 않을 수 있다.

┃ 컨조인트분석의 유효성을 높이기 위해

컨조인트분석은 점진적인 신제품 개발에는 유효하지만, 획기적인 신제품 개발에 응용하기는 쉽지 않다. 카메라의 화소수를 향상시켰다고 하면 지금까지의 선호도에서 이 가치를 판단할 수 있지만, 이전에 전혀 없던 기능이 생겨난 경우에는 조사대상자가 그 가치를 정확하게 평가하지 못할 수도 있기 때문이다.

획기적인 신제품을 잠재고객에게 평가하도록 하기 위해서는 그것을 사용했을 때 어떤 느낌이 들지를 조사대상자에게 비유로 말하게 하거나 자신이 사용하는 장면을 상상하는 **멘탈 시뮬레이션**mental simulation을 해보도록 하는 것이 중요하다. 그에 따라 고객이 실제로 구매할지 구매하지 않을지에 대한 예측 정도가 개선된다고 알려져 있다.[12]

또한 신제품이 아직 존재하지 않는 경우는 컴퓨터그래픽 등을 이용해 생생하게 표현할 수도 있다. 실제 구매에는 미디어나 입소문의 영향도 무시할 수 없으므로 그러한 정보를 실험적으로 흘려보는 것도 고려해 볼 수 있다.[13]

┃ 구입 전과 후, 고객의 평가는 바뀐다

선형모델대로라면 장치나 기능에 마이너스 가치가 없다면 비용이 허락하는 한 얼마든지 부가하는 것이 좋다고 할 수 있다. 즉, 있어서 나쁠 것은 없으므로 일단은 붙여두자는 쪽으로 가게 된다. 가격이 동일하다면 기능이 많은 제품일수록 고객의 눈에 매력적으로 비칠 것이라는 이유 때문이다.

그런데 실제로 그 제품을 사용하게 되면 너무 많은 장치가 있어서 오히

---

12 S. Hoeffle, "Measuring Preferences for Really New Products", *Journal of Marketing Research*, 30(November, 2003), pp.406~420.

13 G. L. Urban et al., "Information Acceleration: Validation and Lessons from the Field", *Journal of Marketing Research*, Vol. 34, No. 1(1997), pp.143~153.

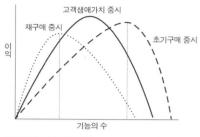

〈도표 4-9〉 기능의 수와 이익의 관계

고객생애가치 중시
재구매 중시
초기구매 중시
이익
기능의 수

자료: Thompson, Hamilton & Rust(2005).

려 사용하기 불편한 경우가 종종 있다. 문제는 고객이 제품을 처음 구입할 때는 그것을 인식하지 못한다는 점이다. 사용경험이 없는 고객일수록 필요 이상의 장치·기능을 갖춘 제품을 선호하는 경향이 있다.

이에 대해 미국의 마케팅 연구자 데보라 톰슨Debora V. Thompson, 레베카 해밀턴Rebecca W. Hamilton, 롤런드 러스트Roland T. Rust 세 명은 인터넷 애플리케이션, 휴대용 오디오플레이어를 대상으로 실험을 했다.[14] 그 결과 사용 전에는 기능이 많을수록 선호하지만 사용 후에는 기능이 많으면 사용편의성이 좋지 않고 만족도가 떨어진다는 사실을 밝혀냈다.

제품 사용 후의 만족도가 낮으면 재구입할 가능성도 낮아진다. 따라서 기능의 수와 기업 이익과의 관계는 〈도표 4-9〉와 같이 된다. 기업이 현재의 이익뿐 아니라 장래에 획득할 이익도 고려한 고객생애가치를 추구한다면, 기능의 수를 적정한 수준으로 하는 것이 바람직하다.

▎제품 콘셉트와 기능의 균형

해당 제품의 기능 수준이 적절한지를 평가하기 위해서는 제품 콘셉트와 균형을 이루는지 살펴보는 것이 중요하다. 콘셉트가 높은 성능을 제시하고 있다면 기능수준도 높은 것이 자연스럽기 때문이다.

---

14 D. V. Thompson, R. W. Hamilton & R. T. Rust, "Feature Fatigue: When Product Capabilities Become Too Much of a Good Thing", *Journal of Marketing Research*, 42(November, 2005), pp. 431~442.

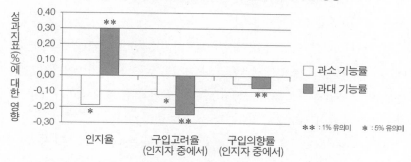

〈도표 4-10〉 과대(과소)기능이 고객행동에 미치는 영향

성과지표(%)에 대한 영향

0.40
0.30
0.20
0.10
0.00
-0.10
-0.20
-0.30

인지율　　　구입고려율　　　구입의향률
　　　　　(인지자 중에서)　(인지자 중에서)

□ 과소 기능률
■ 과대 기능률

＊＊ : 1% 유의미　＊ : 5% 유의미

자동차의 콘셉트에서 본 과소·과대 기능율이 1포인트 상승할
때 성과지표는 몇 포인트 변화할까?
자료 : 미즈노(水野) 외(2013), 일부 정보를 추가함

필자가 참여했던 연구 가운데 이러한 관점에서 수행된 연구가 있어서 소
개하겠다.[15] 일본에서 판매되고 있는 승용차를 대상으로 각 차종의 콘셉트
를 고객의 지각 맵에 포지셔닝한다. 그리고 지각 맵과 각 기능수준의 관계
를 모델화해서 콘셉트가 말하는 기능수준과 실제의 기능수준의 차이를 측
정한다.

실제의 기능수준이 콘셉트보다 높을(낮을) 경우 기능이 과대(과소)라고
보며, 그것이 전체 기능에 점하는 비율을 과대(과소) 기능률이라고 한다. 이
러한 결과치가 잠재고객에게 어떤 영향을 주었는지는 〈도표 4-10〉에 나타
나 있다.

도표에 따르면 어떤 자동차의 과소 기능률이 높으면 잠재고객이 그 자동
차를 인지할 확률(인지율), 구입을 고려할 확률(구입고려율)이 내려간다. 기

15 水野誠·桑島由芙·東秀忠·貴志奈央子, 「装備の充実は消費者選好を高めるの
か? 乗用車をめぐる知覚ポジショニング, 技術装備, 購買態度の関係分析」, ≪
東京大学ものづくり経営研究センターディスカッションペーパー≫,
No.436(2013).

능이 과소한 자동차는 임팩트가 약하고 잠재고객에게 별로 인식되지 않는 것은 당연한 결과라고 할 수 있다.

한편 과대 기능률이 높으면 어떻게 될까? 그 경우 인지율이 올라간다. 기대보다 기능수준이 높으면 임팩트가 강한 것은 당연하다. 기능이 과대하다는 것은 제조업체가 힘을 기울이고 있다는 증거이며, 그래서 마케팅 활동을 활발하게 했기 때문에 인지율이 높을 수도 있다.

그런데 놀라운 사실은 이렇게 기능이 기대보다 과대한 자동차 또한 구입고려율이나 구입의향률이 떨어진다는 점이다. 즉, 기능이 콘셉트와의 균형을 깨고 과대할 경우 인지율은 높지만 그다지 갖고 싶지 않은 자동차가 된다는 것이다. 이러한 사실은 기능은 콘셉트에 따라 적정한 수준으로 갖춰져야 할 필요가 있다는 것을 보여준다.

4.3 획기적인 신제품을 개발하다

▎새로운 속성 또는 카테고리의 창출

획기적인 신제품 개발은 기존 속성에 새로운 수준을 추가할 수도 있고, 다른 속성을 부가하거나 기존 속성을 제거하는 것으로도 실현될 수 있다. 아니면 지금까지의 제품과는 속성의 체계가 전혀 다른 새로운 카테고리를 창출(카테고리 이노베이션)할 수도 있다.

예를 들어 아이폰은 기존의 휴대전화에 있던 속성을 개선했다고 하기에는 너무나도 획기적이다. 그 형태나 기능은 컴퓨터를 초소형화했다고도 할 수 있지만, 그 조작은 컴퓨터와 다른 독자적인 것으로 결국 스마트폰이라는 새로운 카테고리를 창출했다고밖에 볼 수 없다.

그러면 3D텔레비전은 어떤가? TV에 3D라고 하는 새로운 속성이 추가된 것은 확실하지만, 그것은 여전히 스탠드나 벽걸이 형태의 TV이며, 사용법 또한 기존의 카테고리에서 벗어나지 않았다. 따라서 획기적인 신제품이라고 불리지 않는다.

신제품이 점진적인가 획기적인가는 상대적인 문제이며 그 경계도 모호하다. 그러한 사실을 감안해 고객이 지금까지 본 적이 없는 속성을 추가하여 새로운 카테고리 창출로 이어지는 신제품을 어떻게 개발할 것인지 지금부터 고찰해보도록 하자.

▌ 행동관찰로 '숨겨진' 중요 속성을 발견

점진적인 신제품 개발은 고객이 중요하게 여기고 경쟁에서 차별화가 가능할 것 같은 속성을 발견해 우위에 서는 것을 지향한다. 반면 획기적인 신제품 개발에서는 고객도 경쟁자도 그 중요성(또는 그 존재조차)을 깨닫지 못하고 사실상 무시되고 있는 속성을 (재)발견하는 것이 중요하다.

이를 위한 방법으로 최근 주목받고 있는 것이 **행동관찰**, 또는 **에스노그래피**ethnographie라는 것이다. 명칭에서 알 수 있듯 원래는 인류학에서 발달한 방법인데, 일상적으로 간과해버리는 동작에서 고객이 무의식중에 직면해 있는 문제를 찾는 방법이다.

행동관찰은 마케터 이상으로 디자이너에게도 중요시되어 왔다. 행동관찰을 실천해온 대표적 기업이 세계적으로 유명한 디자인 회사 IDEO다. IDEO의 접근법은 **디자인 사고**design thinking라는 명칭으로 일반화되어 산업계나 학계에 전파되고 있다.

IDEO 디자인의 전형적인 예로서 유아용 칫솔을 소개하겠다.[16] 유아용 칫솔이라고 하면 작고 귀여운 디자인만을 생각하기 쉬운데, IDEO는 실제

---

16 ケリー・リットマン, 『発想する会社! 世界最高のデザインファームに学ぶイノベーションの技法』(鈴木主税・秀岡尚子 訳, 早川書房, 2002).

로 유아의 칫솔질 자세를 관찰한 결과 아이들이 칫솔을 손바닥으로 잡고 사용한다는 사실을 알게 되었다. 유아는 악력이 약해 손바닥 전체를 이용해 칫솔을 쥐고 있었던 것이다.

IDEO는 악력이 약한 유아도 잡기 쉽도록 손잡이가 두껍고 부드러운 칫솔을 디자인했다. 칫솔 손잡이는 모든 칫솔에 있는 속성이다. 제품 간에 거의 차이가 없고 간과되었던 이 속성을 재발견하고 과거에는 없던 독특한 수준을 부가한 것이다.

그러면 어떻게 하면 행동관찰에서 의미 있는 발견을 할 수 있을까? IDEO의 창업자 톰 켈리Tom Kelley는 '뷔자데'라고 하는 관점을 제안한다.[17] 이것은 데자뷔deja vu라는 단어를 거꾸로 읽은 것으로, 즉 역발상을 의미한다.

데자뷔란 기시감, 다시 말해 실제로는 처음 본 풍경인데 '전에 본적이 있다'고 느끼는 심리다. 뷔자데는 그 반대로 언제나 보는 풍경을 '처음 본다'고 느끼는 것이다. 보통은 당연하다고 간과하고 있던 것을 낯설게 보고 거기서 문제를 발견한다는 뜻이다.

▌고객과의 일체화를 통해 인사이트를 발견하다

행동관찰뿐 아니라 심층 인터뷰 등 질적 조사에서 중요한 사항 가운데 하나는 대상인 고객과 가능한 한 일체화해서 의식과 무의식을 전체적으로 이해할 수 있도록 하는 것이다. 이를 통해 **고객 인사이트**를 발견할 수 있다.

어느 여성 마케터는 '인사이트를 찾아내기 위해서는 무당이 되어야 한다'고 말한다.[18] 무당에게 죽은 자의 혼이 빙의하듯 자신이 고객에게 빙의되어

---

17 ケリー・リットマン, 『イノベーションの達人! 発想する会社を作るの人材』 (鈴木主税 訳, 早川書房, 2006).
18 水野誠・生稲史彦, 「消費者インサイトの獲得あるクリエイティブエージェンシーの事例」, 『赤門マネジメントレビュー』, 10巻 6号(2011), pp.441~461.

야 한다는 것이다.

이는 암묵지라는 개념을 처음으로 사용한 마이클 폴라니Michael Polany가 말한, 대상 안에 '자리 잡다dwell in'라는 표현과 동일한 의미라고 할 수 있다.[19] 그렇게 함으로써 제품의 디자인이나 광고 메시지에 타깃고객이 어떻게 반응할지 마케터가 머릿속에서 시뮬레이션해 볼 수 있다.

일본 마케팅학회의 초대회장 이시이 준조石井淳藏는 고객 인사이트란 '생활 속의 소비자 지혜(독자적인 과제와 그 해결방법의 세트)'라고 정의한다.[20] 앞서 살펴본 유아용 칫솔을 예로 들면, 유아는 칫솔을 손바닥으로 쥐는 것으로 악력이 부족한 문제를 스스로 해결하고 있었던 것이다.

그러한 문제를 알아채고 더욱 스마트한 해결방법을 제안하는 것이 마케터나 제품 디자이너의 역할이다. 그러한 문제는 점진적인 신제품 개발로 해결되는 경우도 있으나 획기적인 신제품이 나와야 해결되는 경우도 있다.

▌소수의 고객에게서 얻는 인사이트의 중요성

고객 인사이트를 발견하고자 할 때 소수의 사람을 심도 있게 관찰하고 인터뷰하는 조사방법을 자주 사용한다. 그 이유 가운데 하나는 그러한 조사에서는 상대의 '얼굴이 보이기 때문'에 대상자에 더 공감하기 쉽고 그 때문에 잠재니즈를 더 잘 이해할 수 있게 된다.

그와 관련한 흥미로운 실험을 보자. 아프리카의 굶주리는 아이들을 구하기 위해 기부를 요청할 때 한 그룹에는 그와 관련한 통계 숫자를 보여주고, 다른 그룹에는 단 한 명의 굶주린 아이 사진을 보여주었다. 그러자 전자보다 후자의 그룹에서 기부금액이 현저하게 많이 나왔다.[21]

---

19 ポラニー, 『暗黙知の次元』(高橋勇夫 訳, 筑摩書房, 2003).
20 石井淳藏, 『ビジネスインサイト-創造の知とは何か』(岩波書店, 2009).
21 D. A. Small, G. Loewenstein & P. Solvic, "Sympathy and Callousness: The Impact

합리적으로 생각하면 통계 숫자가 기아의 심각성을 더 잘 전달한다고 볼 수 있다. 하지만 그보다는 단 한 명의 아이 사진이 인간의 감정을 움직인 것이다. 본래 이 연구는 인간의 판단이 일으키는 오류에 경종을 울리기 위한 것이었다. 그러나 바꿔 말하면, 통계적 수치보다는 정서적 자극이 인간의 마음을 움직인다는 의미로도 해석할 수 있다.

마케터가 소수의 고객을 관찰하고 대화를 나누면서 그들에게 공감한다는 것은 고객을 깊이 이해한다는 의미이며, 그런 점에서 오히려 바람직하다고 할 수 있다.

물론 소수의 고객에게서 얻는 인사이트는 소수의 법칙(2.3참조)이라고 하는 정보의 기울기를 포함하고 있을 우려가 있다. 그러나 획기적인 신제품 개발이 목적이라면 다수의 고객을 대표하는 정보가 반드시 필요한 것은 아니다. 그러면 필요한 정보가 무엇인지 지금부터 알아보도록 하자.

▌ 페르소나를 통해 고객과 대화

타깃고객을 이해하기 위해 특정 개인을 대상으로 작성한 프로파일, 즉 **페르소나**persona를 활용하는 방법이 있다. 페르소나란 가면을 가리키는 말로, 실제의 자신과는 다른 사회적 모습을 의미한다. 신제품을 개발하기 위해 페르소나를 설정하는 것을 페르소나법이라고 한다.

페르소나법은 소프트웨어 개발에 이용되면서 유명해졌는데,[22] 필자의 경험으로는 마케팅에서도 꽤 오래전부터 비슷한 방법을 사용해왔다. 전략을 세우는 데 있어서 중요한 것은 타깃의 얼굴이 보이도록 하는 것이기 때

---

of Deliberative Thought on Donations to Identifiable and Statistical Victims",
Organizational Behavior and Human Decision Processes, 102(2007), pp.143~153.
22 쿠퍼・라이만・크로닌, 『About Face 3: インタラクションデザインの極意』(長尾高弘 訳, アスキーメディアワークス, 2008).

문이다.

페르소나법에서는 가상으로 설
정한 몇 명의 전형적인 고객에 대
해 〈도표 4-11〉의 사례와 같이 상
세한 프로파일을 작성한다. '현실
에는 존재하지 않지만 존재해도
이상하지 않을 것 같은 가상의 인
격 = 페르소나'를 만든다. 이미 언

〈도표 4-11〉 페르소나의 가상 사례

성별: 남성
연령: 38세
거주지: 스미다구, 임대 아파트
출신지: 니가타 현
직업: 아트디렉터
학력: 다마 미술대학 졸업
수입: 연 1200만 엔
PC: 직장에서는 MacPro, 그 외에는 아이패드(iPad)
자동차: BMW Mini
여가: 서핑과 사찰 탐방
애독서: 인문서

급한 대로 구체성을 가진 개인을 그려보면 고객에 대한 이해가 깊어질 수
있다.

페르소나를 그리기 위해서는 인터뷰나 행동관찰 외에도 다양한 지식이
동원된다. 조사대상자의 프로파일을 그대로 투영하는 것이 아니라 여러 명
의 프로파일을 혼합하거나 창작을 더하거나 한다. 중요한 것은 그것이 한
사람의 인격체로서 일관성과 현실감을 가지고 있어야 한다는 점이다.

페르소나는 매우 세부적인 특징을 가지므로 실제 그에 해당하는 고객이
그렇게 많지 않다고 비판받는 경우가 있다. 그러나 페르소나는 '있을 법한'
개인이지 '실제로 있는' 사람일 필요는 없다. 또한 신제품의 실제 타깃이 모
두 페르소나대로일 필요도 없다.

마케터나 제품 디자이너는 페르소나가 등장하는 스토리를 만들거나 그
속에 들어가 가상 대화를 나누거나 한다. 다수의 페르소나를 설정한 경우
에는 각각의 역할을 연기하기도 한다. 이는 페르소나 안에 '자리 잡기' 위해
자주 실행하는 과정 중 하나다.

▎익스트림 유저에 주목

고객 인사이트를 탐색하는 소수의 대상자로서 종종 주목받는 것이 익스

트림 유저extreme user다. 이는 잠재고객의 평균치에서 멀리 떨어진, 일반적 조사에서는 '예외'로 여겨지는 사람들을 가리킨다.

고객의 보편적인 이야기를 듣고 싶은 경우 '예외'는 대상에서 제외하는 것이 당연하다. 그러나 신제품 개발을 위해 잠재니즈를 발견하고 싶은 경우에는 예외인 익스트림 유저와 대화하면 도움이 되는 정보를 얻을 가능성이 높다.

익스트림 유저에는 ① 해당 제품과 관련해 탁월한 능력을 가진 사람들(스포츠용품의 경우 초일류 운동선수), ② 해당 제품에 유별난 열정을 가진 사람들(마니아), ③ 해당 제품과 관련해 특별한 경험이나 기호를 가지는 사람들(여성용 제품의 경우 여장을 즐기는 남성)이 포함된다.

이들은 일반 고객을 훨씬 초월한 높은 요구수준으로 제품을 접하고 있으므로 일반 고객이 인식하지 못하는 잠재적 니즈를 인식하고 있을 가능성이 있다. 익스트림 유저는 2.3에서 설명한 소비자의 나무의 정점에 있는 고객 중 하나라고 할 수 있다.

▮ 개발자의 니즈와 초고객주의

획기적인 신제품이라고 모두가 인정하는 것이 아이팟 출현 전에 한 시대를 풍미한 소니의 휴대용 스테레오 카세트 플레이어, 워크맨이다. 아이팟을 세상에 내놓은 스티브 잡스는 워크맨을 탄생시킨 소니와 그 경영자를 존경한다고 말한 적이 있다.[23]

'걸으면서 음악을 듣고 싶다'는 고객 니즈는 지금은 일반적이지만, 워크맨이 출현하기 전에 그것을 인식한 사람은 거의 없었다. 아니, 알았다고 해도 무리라고 치부해버렸을 것이다.

---

23 森健二·盛田昭夫, 「グローバルリーダーはいかにして生まれたか」, ≪DIAMONDハーバードビジネスレビュー≫, 11月号(2012).

워크맨은 당시 소니의 명예회장이었던 이부카 마사루井深大가 비행기 안에서도 깨끗한 소리로 음악을 들을 수 있는 기계를 개인적으로 원하던 것에서 시작되었다.[24] 스티브 잡스도 자신이 원하는 제품이야말로 시장이 원하는 제품이라고 생각해 신제품 개발을 위한 마케팅 리서치에 부정적이었다.

그렇다고 해도 개발자가 원하는 것을 만들면 성공한다는 결론을 내리기는 어려울 것이다. 그렇게 된다는 보장이 전혀 없기 때문이다. 자신이 원하는 것을 개발해 시장에 투입했지만 실패로 끝난 예는 수없이 많다. 자신이 원하는 것과 고객이 원하는 것, 이 둘을 어떻게 하면 일치시킬 수 있을지가 중요하다.

그 힌트가 되는 것이 가타히라 호타카가 제안한 **초고객주의**라는 사고다.[25] 그 주요 골자는 한마디로 '고객 입장에서 고객을 뛰어넘는 것'을 말한다. 고객에게 내재해 있으면서 고객을 초월해 고객이 아직 인식하지 못하는 니즈나 욕구를 도출하고 결과적으로 고객의 세계를 확대하는 것이다. 그런 의미에서 지금부터 살펴볼 공동창조는 초고객주의를 실현하는 데 도움을 주는 작업이라고 할 수 있겠다.

4.4 공동창조가 성공의 열쇠

I 공동창조를 위한 일반적 방법: 브레인스토밍

신제품 개발은 종종 다수의 구성원으로 이루어진 팀 차원에서 추진된다. 경험, 전문, 소속이 다른 구성원들이 상호작용하면서 새로운 아이디어를 도출하길 기대하기 때문이다. 이질적 주체가 협동해 무언가를 창출하는 것

---

24 大下英治, 『ソニー勝利の法則~小説「井深大と盛田昭夫」~』(光文社, 1998).
25 片平秀貴·吉川一郎·阿部誠, 『超顧客主義』(東洋経済新報社, 2003).

을 **공동창조**co-creation라고 한다.

다수의 구성원이 공동창조를 위해 아이디어를 제시하고 합의를 형성하는 방법으로 가장 유명한 것이 브레인스토밍brain storming이다. 참가자가 깨달은 사실이나 아이디어를 자유롭게 제시하고 이를 걸러내지 않고 모두가 볼 수 있도록 메모를 하거나 종이에 써서 벽에 붙이는 식의 과정을 반복한다.

브레인스토밍은 자유롭게 발언하는 것이 목적이므로 결코 타인의 아이디어를 비판하거나 무시해서는 안 된다. 또한 어떤 아이디어도 부담 없이 제시하도록 독려해야 한다. 특정 인물만 발언하는 것을 막고 가능한 많은 구성원의 의견을 흡수하는 것이 좋다.

그리고 여기서는 다른 사람이 낸 아이디어에 자신의 생각을 첨가해 그 아이디어를 확장시키는 활동도 환영받는다. 아이디어의 오리지널리티에 연연하는 것은 나쁘지 않으나, 최종적으로 좋은 아이디어를 창출하기 위해서는 제시된 아이디어를 통합하고 성장시키는 것이 중요하다.

아이디어 제시가 끝나면 이를 정리하는 단계로 들어간다. 비슷한 아이디어나 관련 있는 아이디어들을 모으고 과제 해결에 도움이 되지 않는 아이디어나 비현실적인 아이디어는 탈락시켜가면서 취합·수정·보완 작업을 거쳐 최종적으로 통합된 아이디어를 창출해낸다.

▌일본에서 개발된 KJ법

브레인스토밍과 함께 일본 비즈니스 현장에서 오랫동안 활용되어온 것이 KJ법이다. 그 명칭은 창시자인 가와기타 지로川喜田二郎의 이니셜을 딴 것이다. 원래는 문화인류학자인 그가 현지 조사한 결과를 정리해서 고찰하기 위해 개발한 방법이다.[26]

---

26 川喜田二郎, 『発想法-創造性開発のために』(中央公論社, 1967).

KJ법의 특징은 하나의 카드에 하나의 사실이나 아이디어를 기록하고 그것을 유의성이나 관련성에 따라 나열한다. 그리고 그것을 몇 개의 그룹으로 묶어 재배치한다 (〈도표 4-12〉).

KJ법은 본래 막대한 정보를 정리하고 효율적으로 분류하기 위해 개발되었지만, 비즈니스 현장에서는 구성원의 창의성을 개발하기

〈도표 4-12〉 KJ법

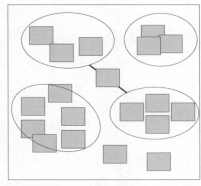

사실이나 아이디어를 카드에 기입하고 유의성·관련성에 따라 공간적으로 배치한 다음 의미 있는 것들끼리 묶는다.

위한 일환으로 실시되는 경우가 많다. 또한 브레인스토밍과 함께 실시되므로 그 경계가 모호할 수도 있다.

사실이나 아이디어를 요소로 분해하고 그것을 다양한 방법으로 재결합하여 새로운 아이디어를 창출하는 방법은 현재 주로 사용되고 있는 아이디어 발상법의 공통된 특징이다. 이는 앞서 말한 슘페터의 '신결합'을 위한 연습이라고 할 수 있을지도 모르겠다.

▌집단지혜의 배후에 집단사고의 위험이 숨어 있다

브레인스토밍이나 KJ법 같은 방법으로 정말 좋은 아이디어를 얻을 수 있는지 의문을 가지는 사람도 있다. 그러나 그룹으로 공동작업을 하면 구성원의 참가 의욕을 유발하는 효과가 있고, 의욕이 증가하다 보면 좋은 아이디어가 창출되고, 그 실행도 순조롭게 진행될 가능성이 높아진다.

많은 사람이 모여 새로운 지식을 창출하는 것을 **집단지혜**crowd of wisdom 라고 한다. 브레인스토밍이나 KJ법은 집단지혜의 고전적인 방법이라고 할 수 있다. 구성원이 오프라인으로 모이지 않고 전자게시판 같은 시스템을

이용해 시간이나 공간의 제약 없이 아이디어를 제시하는 방법도 있다.[27]

집단지혜와 비슷하지만 다른 개념으로 집단사고groupthink가 있다. 이는 집단적으로 의사결정을 하는 것으로, 각 개인은 무책임해지고 목소리 큰 사람이나 다수파에 동조해 버리는 경향을 말한다. 집단지혜와 집단사고는 종이 한 장 차이이기 때문에 집단사고로 전락하지 않도록 항상 주의할 필요가 있다.

▌고객과의 공동창조를 통한 혁신

미국의 미시건 대학 밴캣 라마스와미Venkat Ramaswamy 교수는 기업이 자사의 신제품 개발과정에 고객을 참여시키는 것도 공동창조의 방식 가운데 하나라고 주장한다.[28] 그 예로 스타벅스의 '마이 스타벅스 아이디어My Starbucks Idea'라고 하는 고객 커뮤니티사이트를 들고 있다. 스타벅스는 그 사이트에 올라오는 고객 아이디어를 취사선택해서 실행에 옮기고 있다.

일본에도 유사한 기업이 있다. 생활용품 브랜드 무인양품無印良品은 고객 커뮤니티에서 제안한 제품 아이디어 중 유망한 것을 선정해, 프로 디자이너가 참여해서 디자인하고 그것을 다시 커뮤니티에 피드백해서 평가를 받아 결과가 좋으면 제품화하는 시스템을 운영하고 있다.

호세이法政 대학 니시가와 히데히코西川英彦 교수의 연구에 따르면, 무인양품이 고객과 공동으로 개발한 제품의 매출이나 이익이 회사 자체적으로 개발한 제품의 매출이나 이익보다 훨씬 높게 나타났다.[29] 즉, 고객 커뮤니티

---

27 O.Toubia, "Idea Genration, Creativity and Incentives", *Marketing Science*, Vol. 25, No. 5(2006), pp.411~425.

28 ラマスワミ, グイヤール『生き残る企業のコ・クリエーション戦略 ビジネスを成長させる共同創造とは何か』(尾崎正弘・田畑万 監修・山田美明 訳, 徳間書店, 2011).

29 H. Nishikawa, M.Schreier & S. Ogawa, "User-Generated versus Designer-

에서 창출된 제품 아이디어가 광범위한 고객의 잠재니즈를 더 적확하게 도출해낸 것이다.

한편 고객과의 공동창조를 통한 신제품 개발이 고객조사를 바탕으로 한 신제품 개발과 근본적으로 다르다는 것을 인식할 필요가 있다. 고객과의 공동창조가 효과적인 것은 당면해 있는 문제를 해결하기 위한 제품을 개발하는 데, 함께 고민하는 고객이 참여해주기 때문이다.

반면 고객조사에서 고객에게 어떤 제품을 원하는지 질문하면, 대부분의 조사대상자들은 당황스러워한다. 그들 입장에서는 한 번도 생각해 보지 않은 질문이기 때문이다. 스티브 잡스가 말한 것처럼 고객은 자신이 원하는 것에 대해 답할 수 없다고 하는 견해는 그런 의미에서 옳다고 본다.

▎사용자 혁신이 초래하는 새로운 경제

경제의 발전이나 성숙화에 따라 제품 아이디어에 의욕이나 기술을 가진 고객이 점점 늘어나고 있다. 제품기획이나 개발에 관계해본 경험자가 증가한 것이 원인 중 하나일 수도 있다. 실제 선진국에서는 스스로 기존 제품을 개량하거나 취미로 신제품을 만들거나 하는 사람들이 증가하고 있다.

고베 대학의 오가와 스스무小川進 연구팀이 일본, 미국, 영국에서의 **사용자 혁신**user innovation(기업과 고객이 함께 제품을 개발하는 일 ― 옮긴이) 경험자 비율을 비교한 결과 3개국 모두 인구의 4~6%정도 된다고 밝혔다. 그 과정에서 기업이 지출한 비용은 전체 기업의 연구개발비와 대비했을 때 일본은 13%, 미국은 33%, 영국은 144%다.[30] 그들의 존재감이 얼마나 강력한지

Generated Products: A Performance Assessment at Muji", *International Journal of Research in Marketing*, 30(2013), pp.160~167.

30 小川進, 『ユーザーイノベーション: 消費者から始まるものづくりの未来』(東洋経済新聞社, 2013).

알 수 있다.

사용자 혁신에 대한 연구는 미국 MIT의 에릭 폰 히펠Eric Von Hippel 교수가 생산재 영역에서 이에 대한 개념을 정립하면서부터 시작되었다. 일본에서는 2000년대 초 게이오 대학의 하마오카 유타카浜岡豊 교수가 스스로 혁신을 실행하는 사람들을 액티브 컨슈머active consumer라고 정의하고 그 중요성을 지적하고 있다.[31]

적지 않은 기업이 고객과 공동창조를 진행하고 있다. 사용자 혁신이 개인적인 문제해결에서 사업화로 발전하기 위해서는 기업과의 연계는 빼놓을 수 없다. 기업과 고객의 관계는 지금 새로운 차원으로 진화해가고 있다.

〈칼럼 3〉 소비자선택모델

마케팅 사이언스의 주요모델 가운데, 계량경제학 등에서 활용되는 이산적 선택모델(discrete choice model)이라는 것이 있다. 간단히 나타내면 전형적으로는 〈도표 4-13〉과 같이 된다. 전체 선택안의 속성을 알고 속성의 중요도가 정해지면 각 선택안에 대한 선택확률을 계산할 수 있다.

선택안의 객관적 속성은 제품사양에 적혀 있다. 주관적 속성은 고객조사를 통해 측정한다. 속성의 중요도는 이러한 객관적·주관적 속성데이터와 고객의 과거 구매데이터에서 측정한다. 컨조인트분석은 이들 데이터를 가상으로 설정해서 분석하는 방법이다.

속성데이터와 속성의 중요도를 알면 어느 개인이 무엇을 선택할지 확률적으

---

31 浜岡豊, 『アクティブコンシューマ 創造しコミュニケートする能動的な消費者行動モデルの開発に向けて』日本学術振興会·未来市場開拓プロジェクト「電子化と市場経済」(ディスカッションペーパー, 2001).

로 예측할 수 있다. 속성이 주관적일 경우 속성의 값은 개인에 따라 다르고, 따라서 그 중요도도 개인에 따라 다를 가능성이 있다.

마케팅에서 개인의 선택확률을 예측하는 이유는 우선 시장세분화를 유연하게 하기 위해서다. 설정된 세분시장에 맞춰 거기에 속해 있는 고객의 선택확률 예측치를 집계하면 그 세분시장에서의 시장 점유율을 계산할 수 있다.

또 하나의 이유는 고객 한 사람 한 사람에게 개별 마케팅을 적용하기 위해서다. 7.3에서 설명할 인터넷광고나 9.4에서 살펴볼 판매촉진 등에서는 고객 개개인에 맞춘 마케팅이 실행되고 있다.

표준적인 선택모델의 예측력이 떨어지는 것은 4.2에서 설명한 것처럼 고객이 비보상형 결정을 하는 경우나 다른 선택안과 비교하면서 해당 선택안에 대한 선호가 바뀌는 경우가 있기 때문이다. 적용하려는 현상에 그 같은 경우가 없는지 확인해둘 필요가 있다.

〈도표 4-13〉 선택모델의 수식

선택안 i (= 1, 2, $\cdots$, I)의 선호 V_i는 다음과 같이 나타난다고 본다 :

$$V_i = a_1 X_{i1} + a_2 X_{i2} + \cdots + a_J X_{iJ}$$

여기에서

X_{ij} : 선택안 i가 속성 j에 대해 갖는 값

a_j : 속성 j의 가중치

어느 가정 하에서 선택안 i가 선택안의 집합 $C = \{1, 2, \cdots, I\}$에서 선택될 확률은 다음과 같다. 이것을 다항로짓모델이라고 한다.

$$P(i \mid C) = \frac{\exp V_i}{\exp V_1 + \cdots + \exp V_I}$$

여기에서 exp ( )는 지수관수이다. 비슷한 모델로 다항모델이 있는데, 그 선택확률을 구하는 방법은 위의 식에 비해 복잡하므로 여기서는 생략한다.

CHAPTER 5

신제품 보급

앞에서도 언급했지만 시장에 출시된 대부분의 신제품이 매출이나 이익 목표를 달성하지 못하고 사라져버린다. 따라서 마케터는 신제품이 시장에 어느 정도 보급될지 사전에 가능한 한 정확하게 예측하기를 원한다. 그에 따라 불필요한 투자나 기회손실을 피할 수 있기 때문이다.

신제품이 기대만큼 보급되지 않을 것으로 예측될 경우 마케팅 믹스를 수정하든지 철회를 결정해야 한다. 반대로 기대 이상으로 호응을 얻을 것으로 예상되면 마케팅 비용을 더욱 투입하는 것이 합리적이다. 완벽한 예측은 불가능하더라도 이러한 의사결정을 하기 위해서는 정보가 필요하다.

실질적으로 예측하기 어렵더라도 신제품이 어떻게 보급되어 가는지(또는 보급되지 않는지) 그 메커니즘을 이해하는 것은 신제품 마케팅전략을 세우는 데 도움이 된다. 이때 특히 중요한 것 중 하나가 누구를 타깃으로 하는가이다.

신제품 보급을 모델화하는 것은 마케팅 사이언스에서 가장 연구가 활발한 분야 중 하나다. 이 장에서는 우선 보급에 관한 기초 개념을 정리한 다음 잘 알려진 보급모델을 몇 가지 소개하고 그것을 통해 알 수 있는 것, 알 수 없는 것을 알아보도록 하겠다.

5.1 보급이란 무엇인가?

▎일본의 내구재 보급현황

〈도표 5-1〉의 (1)에는 일본에서 과거 3C(car, color TV, cooler)라고 불리던 내구재의 보급률이 표시되어 있다. 컬러TV는 거의 100% 보급되었는데, 자동차나 에어컨은 100%에 미치지 못하는 곳에서 변동 없이 머물고 있다. 3C는 모두 선명한 S자형 곡선을 그리면서 보급되고 있다.

〈도표 5-1〉의 (2)는 온수비데, 컴퓨터, 팩스의 보급률 추이를 나타낸다. 온수비데, 컴퓨터의 보급률은 성장이 둔화되고는 있지만 아직 보합상태에는 이르지 않았다. 그러나 팩스는 60%에서 멈춘 것으로 보인다. 이들도 전부 어느 정도 S자형 곡선을 그리고 있다.

〈도표 5-1〉의 (3)은 최근 보급이 진행되고 있는 내구재의 보급률이다. 슬림형 컬러TV는 순식간에 보급이 이루어져 지금은 거의 100%에 가까운 가구에 침투해 있다. 그에 비해 광디스크 플레이어 레코더나 디지털 카메라는 보급 속도가 늦어 겨우 80%에 이르고 있다. 여기에도 보급 곡선은 S자형을 그리고 있다.

그런데 (2)와 (3)은 제품이 시장에 도입된 시기의 초기 데이터가 없다. 최근 신제품의 보급 속도가 빨라져 조사하는 시기를 놓쳐 버린 것이다.

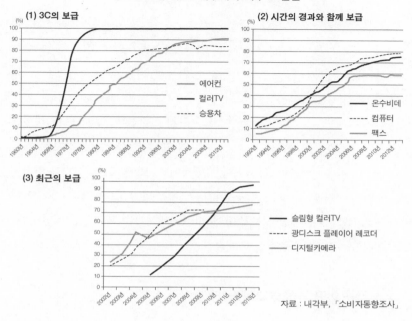

〈도표 5-1〉 주요 내구재의 가구 보급률

(1) 3C의 보급
- 에어컨
- 컬러TV
- 승용차

(2) 시간의 경과와 함께 보급
- 온수비데
- 컴퓨터
- 팩스

(3) 최근의 보급
- 슬림형 컬러TV
- 광디스크 플레이어 레코더
- 디지털카메라

자료 : 내각부, 「소비자동향조사」

▮ 보급률 데이터의 구조

신제품 보급이란 신제품이 구입(신규구입, 시험구매)된 정도를 말한다. 보급률은 누적 구매율이며, 이는 구입 경험률(지금까지 구매한 적이 있는 개인·가구의 비율)이기도 하다.

보급률은 보통 〈도표 5-1〉처럼 제품 카테고리 차원에서 계산된다. 그러나 브랜드나 그보다 세부적인 품목 차원에서도 볼 수 있다. 마케터에게는 그러한 차원의 보급률도 중요하다.

보급률은 〈도표 5-2〉처럼 기간별 누적 구입자를 전체 인원수(가구 수)로 나눈 것이다. 가구에서 공동으로 사용하는 내구재(이를테면 가정용 전화기)는 가구 단위로, 개인이 사용하는 내구재(이를테면 휴대전화)는 개인 단위로

〈도표 5-2〉보급률 데이터의 구조

시간	신규구입자 수	누적구입자 수	보급률
1	$n(1)$	$N(1)= n(1)$	$F(1)= N(1)/m$
2	$n(2)$	$N(2)= n(1)+N(1)$	$F(2)= N(2)/m$
⋮	⋮	⋮	⋮
n	$n(t)$	$N(t)= n(t)+N(t-1)$	$F(t)= N(t)/m$
⋮	⋮	⋮	⋮
T	$n(T)$	$N(T)= n(t)+N(T-1)$	$F(T)= N(T)/m$

m : 잠재적 구입자의 총수

이 같은 방법으로 계산하면 보급률은 올라가는 일은 있어도 내려가는 일은 없다. 그러나 〈도표 5-1〉을 보면 보급률이 약간 내려가기도 하는데, 그 이유 중 하나는 매년 다른 가구를 대상으로 표본 조사를 실시하기 때문에 오차가 발생한 것이다. 또한 조사대상자에 따라서는 구입 후 사용하지 않는 제품을 버리기 때문에 보급률이 내려가기도 한다. 따라서 실제 관측되는 보급률 데이터는 내려가는 경우도 있지만, 보급모델에서는 그러한 가능성은 배제한다.

▌보급은 어떤 곡선을 그리는가?

〈도표 5-3〉S자형의 보급곡선

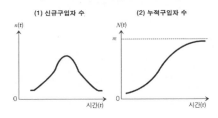

(1) 신규구입자 수   (2) 누적구입자 수

〈도표 5-4〉수정지수 곡선형의 보급곡선

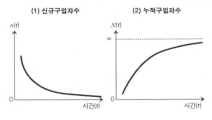

(1) 신규구입자수   (2) 누적구입자수

〈도표 5-1〉이 나타내듯이 대부분의 경우 보급률 추이는 S자형 곡선을 그린다. 즉, 신제품을 도입한 후 신규구입이 천천히 진행되고 이후 증가하기 시작해 최고점에 이른 후 서서히 감소하다가 0에 가까워진다. 그 결과 보급률(누적구입률)은 어느 상한선에 머물게 된다(〈도표 5-3〉).

그러나 이러한 패턴을 따르지 않는 경우도 있다. 〈도표 5-4〉의 수정지수 곡선을 보면 신규구입자는 신제품이 도입되는 시점에 가장 많고 시간이 갈수록 떨어진다. 이 같은 보급 패턴은 개봉 전 평점이 높은 영화의 관객 수, 음악 CD의 판매량, 인터넷 서비스의 가입률 등에서 볼 수 있다. 또는 조사를 늦게 시작해 신규구입자가 상당히 증가한 시기가 되어서야 그 수를 취합했기 때문에 보급곡선이 수정지수 곡선이 된 경우도 있다.

▎ 제품수명주기와 다른 점

보급곡선과 비슷하지만 다른 의미를 가지는 제품수명주기Product Life Cycle(PLC)가 있다. PLC는 특정 제품 카테고리에서 시장규모의 시간적 추이를 그린 것으로, 신규구입자뿐 아니라 반복구입자의 매출도 포함한다. 따라서 PLC는 상승만 있는 것이 아니라 하락도 있다(〈도표 5-5〉 참조).

PLC의 초기는 **도입기**로 거의 성장하지 않는 상태가 지속된다. 그러던 어느 시점에서 시장은 **성장기**로 들어서서 이륙하기 시작한다. 그리고 또 어느 시점에서 성장이 그치고(이때 시장규모가 일시적으로 감소한다고 알려져 있다) **성숙기**로 들어간다.

PLC를 역사적으로 연구해온 미국의 마케팅 연구자 피터 골더Peter Golder 와 제라드 텔리스Gerard Tellis에 따르면, 성장기는 경우에 따라 차이는 있지만 평균 8년 정도라고 한다.[1] 게다가 그 평균 기간은 시대가 지나도 변하지 않는다는 것이다. 성장기가 끝나기 직전의 보

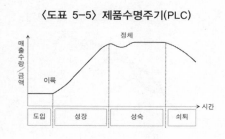

〈도표 5-5〉 제품수명주기(PLC)

---

1 P. N. Golder & G. J. Tellis, "Growing, Gone: Cascades, Diffusion, and Turning Points in the Product Life Cycle", *Marketing Science* Vol. 23, No. 2(Spring, 2004), pp.207~218.

급률은 평균 35%정도가 된다.

　PLC가 보급곡선과 다른 점은 성숙기에서 이야기가 끝나는 것이 아니라 **쇠퇴기**로 들어설 가능성이 있다는 것이다. 그 주된 원인 중 하나는 혁신으로 인해 해당 제품 카테고리를 대체하는 다른 카테고리가 출현한 것을 들 수 있다. 흑백TV를 대체한 컬러TV, 아날로그 레코드를 대체한 CD가 그러한 예다.

　또한 기존 카테고리에서 새로운 제품 카테고리가 파생되어 세대교체가 일어나는 경우도 있다. 그때는 새로운 PLC가 기존의 PLC를 초월해 성장하는 것으로 간주한다(〈도표 5-6〉). 이는 생물 세계에서 개체에는 수명이 있는 반면 종㈜은 지속되고, 장기적으로는 종이 진화해가는 것과 비슷하다.

　많은 마케팅 전문 서적이 PLC의 단계에 따라 유효한 전략이 바뀐다고 서술한다. 예를 들어, 성장기에는 가격을 낮게 설정해야 하지만 성숙기에는 오히려 높게 설정해서 브랜드의 차별화를 도모해야 한다는 이야기도 있다. 그러나 이 같은 전략의 유형화가 모든 경우에 적용된다고 생각하는 것은 위험하다.

　PLC를 숙명론으로 보면 성장기에서 성숙기로 넘어가면 그 카테고리에는 두 번 다시 성장기가 없다고 생각할 수 있다. 그러나 〈도표 5-6〉이 나타내듯이 카테고리의 세대교체나 진화의 가능성을 생각하면 그 같은 관점은 전략의 폭을 좁혀버린다.

〈도표 5-6〉 제품 카테고리의 세대교체

5.2 유명한 로저스모델

Ⅰ 로저스는 정규분포에 따라 구입자를 분류한다

혁신의 확산연구를 이끈 선구자는 미국의 사회학자 에버렛 로저스Everett Rogers일 것이다. 로저스는 의료기술이나 농법 등 폭넓은 분야에서 혁신이 확산되는 과정을 연구했다. 그가 제안한 구입자분류는 마케팅 종사자라면 모르는 사람이 없을 정도로 유명하다.[2]

5.1에서 보급률은 S자 곡선을 그리는 경우가 많다고 했는데 로저스도 동일하게 생각했다. 그는 구입자의 혁신성(= 신규구입 시기)은 **정규분포**를 보인다고 생각했다. 정규분포는 〈도표 5-3〉의 (1)같이 좌우대칭을 이루고 있으며 그 누적분포는 S자형 곡선이 된다.

정규분포에는 평균 플러스(+) 마이너스(−) 표준편차 범위에 전체의 약 68%가 속하고, 평균 '± 2 × 표준편차' 범위에 전체의 약 95%가 속하는 성질이 있다. 로저스는 이 성질을 이용해 구입자를 〈도표 5-7〉과 같이 다섯 가지 타입으로 분류했다.

여기에서 주의할 것은 로저스는 정규분포의 성질을 이용해 구입자를 분류했지만, 그것이 구입자의 차이를 가장 잘 나타낸 분류는 아니라는 점이다. 대부분의 마케터가 로저스의 분류를 이용하는데, 다른 분류법을 시도해보는 것도 좋다.

Ⅰ 혁신자보다 초기수용자가 중요하다는 주장

로저스의 주장은 이렇다. 그는 신제품 보급에 영향을 미치는 것은 혁신자가 아니라 초기수용자라고 한다. 물론 혁신자가 구입하지 않으면 보급은

---

2 ロジャーズ, 『イノベーションの普及』(三藤利雄 訳, 翔泳社, 2007).

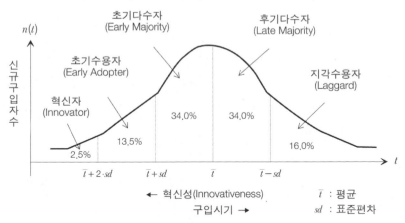

〈도표 5-7〉 로저스의 구입자분류

← 혁신성(Innovativeness)
구입시기 →

$\bar{t}$: 평균
sd : 표준편차

시작되지 않기 때문에 혁신자는 보급의 문지기 역할을 한다. 그러나 그 이후 제품 보급에 열쇠를 쥐고 있는 자는 초기수용자다.

혁신자는 그 분야에서 고도의 지식을 가지고 있고, 일반 사람들과의 커뮤니케이션보다 비슷한 사람과의 커뮤니케이션을 더 좋아한다. 이른바 마니아들로서 일반 사람들에 대한 영향력은 그다지 크지 않다.

혁신자는 새로운 기술이 투입된 신제품이라면 무엇이든 시도해보려는 성향을 가지고 있다. 따라서 그들이 구입한다고 해서 그 신제품이 성공한다고 할 수 없다. 다만 그들 정도는 아니지만 어느 정도 전문지식이 있는 초기수용자는 혁신자의 행동을 모방할 가능성이 높다.

초기수용자의 선호는 시장의 다수파의 선호와 크게 다르지 않다. 따라서 초기수용자가 만족한 신제품은 초기다수자도 만족할 가능성이 높고, 초기수용자의 입소문은 큰 영향력을 가지게 된다.

▎초기수용자와 초기다수자 사이에 캐즘이 있다는 주장

초기수용자와 초기다수자 사이에 일시적 단절, 즉 캐즘chasm이 있다는 주장도 있다. 이를 주장한 사람은 실리콘밸리의 컨설턴트 제프리 무어 Geoffrey A. Moore다.[3] 그는 시장을 혁신자와 초기수용자로 형성되는 **초기시장**과 그 나머지로 형성되는 **주류시장**으로 나누어 보았다.

그가 연구의 주요 대상으로 삼은 것은 기업용 하이테크제품(소프트웨어 등)이다. 여기서 혁신자는 전문가인 엔지니어나 연구자고, 초기수용자는 신규 기업의 경영자나 구입담당자다. 그들은 시장에서 다수를 점하는 일반 법인고객에 비해 서로의 거리가 비교적 가깝다.

기업용 소프트웨어 신제품은 우선 초기시장에서 성공하는 것을 목표로 하지만, 더 큰 성공을 거두기 위해서는 기존 기업이 많은 주류시장에서 성공하지 않으면 안 된다. 그러나 그 중간에는 큰 단절이 있다는 것이 무어의 캐즘론이다.

이것은 로저스의 구입자분류를 무어가 자신의 경험에 비춰 수정한 것이다. 아무리 유명한 로저스의 논리라고 해도 시장이나 시대에 맞춰 수정되는 것은 당연하다. 마찬가지로 무어의 캐즘론도 자신이 직면한 시장의 실태에 맞는지를 확인하고 필요하다면 수정해야 한다.

▎보급의 상한이라고 하는 문제

로저스나 무어의 논리에서 보면 보급은 혁신자나 초기수용자에서 멈춰버릴 가능성이 있다. 이는 여기까지가 보급의 상한이라고 미리 정해놓은 것이 아니라 어떠한 이유에서 보급의 지속에 실패해 더 이상 전진하지 못하는 경우라고 생각해야 한다.

---

3 ムーア, 『キャズム』(川又政治 訳, 翔泳社, 2002).

그러면 보급이 순조롭게 진행된다면 어디까지 보급된다고 생각하면 좋을까? 만약 보급의 상한이 정해져 있지 않다면 로저스처럼 구입자를 비율로 분류할 수 없다.

〈도표 5-1〉 (1)의 컬러TV의 경우 보급의 상한은 전체 가구라고 생각해도 문제는 없어 보인다. 그러나 〈도표 5-1〉 (2) 팩스의 경우 보급의 상한이 전체 가구의 60%인지, 아니면 보급의 상한은 더 높은데 보급이 도중에 멈춰버렸는지 그 판단이 쉽지가 않다. 이런 문제가 지금까지 표면화되지 않은 것은 보급에 성공한 경우만 분석했기 때문이다.

5.3 로지스틱 곡선에서 배스모델로

▎가장 유명한 S자형 곡선: 로지스틱모델

신제품의 보급곡선 대부분은 S자형 곡선을 그린다. 이 같은 곡선을 도출하는 수식으로 가장 유명한 것이 로지스틱모델logistic model이다. 이는 본래 미분방정식이라고 하는 수학모델로 설명되지만 여기서는 그러한 설명은 생략하고 기본 개념만 보도록 하자.

보급의 상한이 미리 정해져 있고, 신제품을 언젠가 구입할 가능성이 있는 사람을 잠재구입자라고 한다. 신제품이 도입된 뒤 잠재구입자는 해당 신제품을 이미 구입한 사람(누적구입자)과 아직 구입하지 않은 사람(미구입자) 두 부류로 나뉜다.

신제품의 미구입자에서 매분기마다 일정한 비율로 신규구입자가 나온다고 가정하자. 미구입자에서 신규구입자로 전환할 확률이 그 시점에서의 누적구입자 수에 비례해 정해질 때 누적구입률(보급률)은 로지스틱모델을 따르게 된다(〈도표 5-8〉).

예를 들어 스마트폰은 아직 보급의 여지가 있다. 스마트폰 미사용자는 스마트폰을 사용하는 친구가 많아지거나 전철 안에서 스마트폰을 사용하는 사람들을 볼 때마다 자신도 스마트폰으로 바꾸려는 생각을 하게 된다. 즉, 보급이 진행될수록 미구입자에게 구입을 종용하는 압력이 강해지는 것이다.

이 같은 메커니즘이 보급곡선을 S자형으로 만든다(〈도표 5-9〉). 보급이 진행될수록 미구입자가 구입자로 전환해 S자 곡선의 왼쪽 부

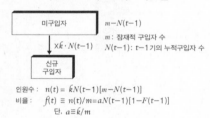

〈도표 5-8〉 로지스틱모델

$m-N(t-1)$
m : 잠재적 구입자 수
$N(t-1)$: $t-1$기의 누적구입자 수

인원수 : $n(t) = kN(t-1)[m-N(t-1)]$
비율 : $f(t) \equiv n(t)/m = aN(t-1)[1-F(t-1)]$
단, $a \equiv k/m$

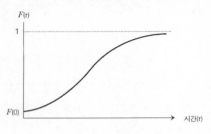

〈도표 5-9〉 보급률의 로지스틱곡선

분이 나타내듯이 보급이 가속화된다. 그러나 보급이 가속화될수록 미구입자는 감소되어 가고, 그러면 신규구입자도 감소할 수밖에 없다. 그 결과 S자 곡선의 오른쪽 부분이 나타내듯이 보급은 감속한다.

보급데이터에 어떻게 로지스틱모델을 적용하면 될까? 보급의 상한을 알면 그것을 분모로 해서 보급률을 계산할 수 있다. 〈칼럼 3〉에서 설명했듯이 그때 로지스틱모델은 선형모델로 변형될 수 있기 때문에 회귀분석 같은 범용적인 통계법을 적용할 수 있다.

▎보급모델의 금자탑: 배스모델

마케팅 사이언스에서 가장 유명한 모델 중 하나가 배스모델Bass model이다. 1969년 미국의 마케팅 연구자 프랭크 배스Frank Bass가 이 모델에 관한 논문을 발표한 이후[4] 수많은 실증연구나 모델 확장이 진행되어왔다. 배스모

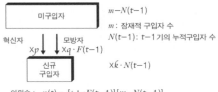

〈도표 5-10〉 배스모델

미구입자

혁신자   모방자
xp $xq \cdot F(t-1)$

신규
구입자

$m - N(t-1)$
m : 잠재적 구입자 수
$N(t-1)$: $t-1$기의 누적구입자 수

$xk \cdot N(t-1)$

인원수: $n(t) = [p+qF(t-1)][m-N(t-1)]$
비율: $f(t) \equiv n(t)/m = [p+qF(t)][1-F(t)]$

델을 도식화하면 〈도표 5-10〉
과 같다.

배스모델은 로지스틱모델과
달리 미구입자가 신제품 구입
에 이르는 길을 두 가지로 제
시한다. 하나는 로지스틱모델
과 거의 동일하게 보급률이 올
라갈수록 미구입자가 신규구입자로 전환될 가능성이 높다는 것이다. 이때
미구입자는 타인의 영향을 받는다는 점에서 모방자라고 할 수 있다.

또 하나는 배스모델이 새롭게 제시하는 것으로, 미구입자 가운데서 반드
시 일정 비율로 신규구입자가 나온다는 것이다. 이때 미구입자는 타인의
영향을 받지 않고(단, 광고 등의 영향은 제외하고) 구입한다는 의미에서 혁신
자라고 할 수 있다.

▌배스모델에서 보급곡선은 어떻게 변화할까?

배스모델에서는 어느 시점의 미구입자에서 혁신자가 나오는 비율을 p,
모방자가 나오는 비율을 q×보급률이라고 규정한다. 보급곡선의 형태는
이 p와 q의 계수에 따라 변한다. p를 혁신계수(외부요인), q를 모방계수(내
부요인)라고 부른다.

〈도표 5-11〉의 (1)은 q를 0.4로 고정하고 p만 움직일 때 보급곡선이 어
떻게 변하는지를 나타낸 것이다. 도표에서 알 수 있듯이 p가 작으면 S자형
곡선이 되지만(p가 0일 때 로지스틱모델과 동일해진다), p가 커지면 수정지수
곡선에 가까워진다.

---

4   F. M. Bass, "A New Product Growth Model for Consumer Durables", *Manage
    ment Science*, 15(1969), pp.215~227.

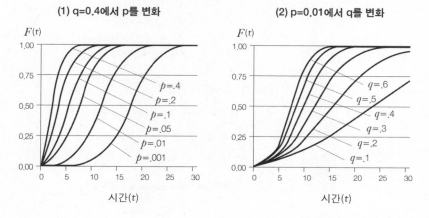

〈도표 5-11〉 배스모델에서 p, q의 영향

(1) q=0.4에서 p를 변화

$F(t)$

p=.4
p=.2
p=.1
p=.05
p=.01
p=.001

시간(t)

(2) p=0.01에서 q를 변화

$F(t)$

q=.6
q=.5
q=.4
q=.3
q=.2
q=.1

시간(t)

p를 0.01로 고정하고 q만 움직인 경우에 보급곡선이 어떻게 변화하는가를 보는 것이 〈도표 5-11〉의 (2)다. 이 경우 q가 클수록 S자형 곡선에서 보급률의 상승속도가 빨라진다. 한편 p = 0.01, q = 0.4라는 값은 배스모델의 과거 연구에서 비교적 많이 관찰된 값이다.[5]

▌로저스모델과 배스모델에서는 혁신자의 정의가 다르다

배스모델에서 각 시점의 신규구입자는 혁신자나 모방자 중 어느 한쪽이 된다(〈도표 5-12〉). 신제품 도입 초기에는 보급률이 0이므로 혁신자만 있으나, 보급이 시작되면 모방자의 비율이 증가하고 혁신자의 비율은 감소한다.

여기서 특이한 점은 보급이 상당히 진행되었다 해도 미구입자가 남아 있는 한 혁신자는 반드시 존재한다는 것이다. 이 점이 로저스가 구입자 분류에서 정의한 '혁신자'와 다른 점이다. 로저스의 정의에서 혁신자는 구입 시기가 어느 정도 빠른지로 결정된다.

5 吉川一郎·守口剛·阿部誠, 『マーケティングサイエンス入門: 市場対応の科学的マネジメント』(有斐閣, 2003).

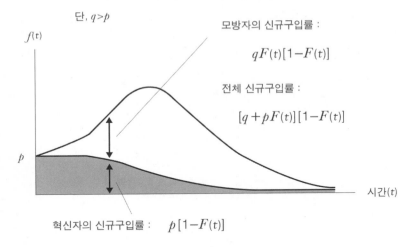

〈도표 5-12〉 베스모델에서 신규구입률의 추이

단, $q > p$

$f(t)$

모방자의 신규구입률 :

$$qF(t)[1-F(t)]$$

전체 신규구입률 :

$$[q+pF(t)][1-F(t)]$$

p

시간(t)

혁신자의 신규구입률 : $p[1-F(t)]$

반면 배스모델에서 혁신자는 타인의 영향을 받지 않는다는 전제하에서 정의된다. 또한 구입 시기가 반드시 초기라고 할 수 없다. 동일한 혁신자라는 용어를 사용해도 로저스와 배스에서는 상당히 다른 의미라는 것에 주의해야 한다.

▌소셜미디어로 보급을 관측하다

최근에는 고객데이터가 더 정밀해졌고 컴퓨터 처리 능력이 비약적으로 향상되어 개인의 행동을 모델화할 수 있게 되었다. 이런 모델을 이용하면 잠재구입자가 언제 신제품을 구입할지를 예측하고 그들 각자를 대상으로 개별 마케팅을 실행할 수 있다.

또 하나의 움직임은 잠재구입자 간의 복잡한 인간관계를 모델에 포함하는 것이다. 배스모델에서는 모방자가 전체 보급률에 영향을 받는다고만 되어 있을 뿐 개인 간 관계는 무시된다. 그러나 SNS 같은 소셜미디어social media가 보급되면서 개인 간 네트워크를 직접 관찰할 수 있게 되었다.

이스라엘의 마케팅 연구자 제이컵 골든버그Jacob Goldenberg는 한국의 SNS 데이터를 통해 개인 간 네트워크가 인터넷 사이트에서 상품을 구입하는 데 어떻게 영향을 미치는지를 분석했다.[6] 이 연구의 결과는 8.2에서 소개하겠다.

소셜미디어와 온라인 판매가 결합해 향후 더욱 보급되면, 개인 간 네트워크와 구매행동의 관계도 한층 심도 있게 분석될 것이다. 입소문 효과나 네트워크 분석 등은 8장에서 상세히 보도록 하자.

▎네트워크의 효과를 분석하는 에이전트기반모델

개인 간 복잡한 네트워크를 고려한 보급모델을 구축하기 위해 에이전트기반모델agent-based model이 이용되기도 한다. 이는 인간 대신 행동하는 에이전트를 컴퓨터 안에 다수 만들고, 그들 사이에 상호작용을 일으켜 무슨 일이 일어나는지를 보는 방법이다.

미국의 마케팅 연구자 윌리엄 랜드William Rand와 롤런드 러스트Roland Rust는 배스모델을 에이전트기반모델로 이식했다.[7] 잠재적 구입자는 p의 확률로 혁신자가 되어 신제품을 구입하든지, 'q × 주변의 보급률'의 확률로 모방자가 되어 신제품을 구입한다.

배스모델과의 차이는 모방자가 된 구입자는 전체의 보급률이 아니라 자신과 네트워크로 연결되어 있는 사람들에게서 영향을 받아 구입한다는 점이다. 가족이나 친구가 그 제품을 구입하면 자신도 갖고 싶어 하지만, 알지

---

6 J. Goldenberg et al., "The Role of Hubs in the Adoption Process", *Journal of Marketing*, 73(March, 2009), pp.1~13.

7 W. Rand & R. T. Rust, "Agent-based Modeling in Marketing: Guideline for Rigor", *International Journal of Research in Marketing,* Vol. 28, No. 3(2012), pp.161~193.

〈도표 5-13〉 인공 에이전트의 세계

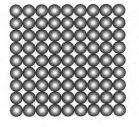

에이전트는 위의 그림처럼 격자형의 세계에 있는 경우도 있고, 8장에서 살펴볼 네트워크 세계에 있는 경우도 있다. 어떤 경우든 연결된 개체끼리 서로 영향을 미치면서 개개의 행동을 선택한다.

못하는 사람이 아무리 구입해도 갖고 싶어 하지 않는다는 것이다.

개인 간 네트워크의 성질은 보급에 어떤 영향을 미칠까? 네트워크가 무작위로 확산되는 경우 보급과정은 배스모델과 다를 게 없다. 그러나 특정한 사람에게 링크가 집중되는 척도 없는 네트워크 scale-free network(8.2 참조)에서는 배스모델보다 보급이 늦어진다.

구입자에게 영향을 미치는 정보에는 가족이나 친구와 나누는 대화(입소문) 외에 매스미디어나 소셜미디어를 통한 정보도 있다. 커뮤니케이션의 구조가 다를 때 보급에 어떤 영향이 있는지 알고 싶은 경우, 에이전트기반 모델은 유효한 방법 중 하나다.

▎과거의 데이터를 통해 보급률을 예측

보급모델의 목적은 신제품이 언제까지 어느 정도 구입될 것인가를 예측하는 것이다. 그런데 그 목적대로 실현되고 있을까? 사실 보급의 상한을 예상하는 것도 간단하지 않다. 보급의 끝을 모르면 거기에 이르는 과정도 알 수 없게 된다.

우선 보급의 상한을 설정하고 보급데이터를 두 시점 이상 구할 수 있다면 로지스틱모델이나 배스모델을 적용할 수 있다. 그렇게 하기 위해서는 연차데이터는 2년, 월차데이터는 최저 2개월 간 기다리지 않으면 안 된다. 그러나 현재의 경쟁 환경에서 마케터는 그럴 만한 여유가 없다.

그렇다면 과거의 비슷한 제품을 찾아 그 보급데이터를 참고로 할 수도 있다. 예를 들어 인터넷 음악 다운로드 서비스의 보급을 예측할 때는 무엇이 참고가 될까? 온라인 서적의 보급일까? 아니면 CD의 보급일까? 이 판단도 그렇게 간단하지는 않은 듯하다.

신제품을 도입하기 전에 실시하는 제품 테스트의 결과를 참고할 수도 있다. 같은 종류의 신제품을 다수 출시한 실적이 있는 기업이라면 과거의 테스트 결과와 실제의 보급률(구입 경험률) 데이터를 토대로 신제품 보급률을 예측할 수 있을 것이다.

이처럼 보급모델의 용도를 예측이 아니라 과거의 패턴 분석에 역점을 둔다면, 거기서 얻은 지견을 신제품 보급전략에 활용할 수도 있다. 대부분의 시장은 불확실하고 예측 불가능하다. 과거의 패턴을 통해 그것을 이해하려는 노력은 마케터에게 깊은 통찰을 줄 것이다.

〈칼럼 4〉 지수·대수·보급곡선

로지스틱모델이나 배스모델에는 지수관수, 대수관수가 등장한다. 용어부터 어려워 보이는 수식이라 거부감을 느끼는 독자들을 위해 여기서는 이 둘 모델을 이해하는 데 필요한 최소한의 지식만 설명해두겠다.

지수관수는 〈도표 5-14〉의 (1)과 같은 형태를 하는 관수다. 수치가 '지수관수적으로 증가한다'고 표현하는 경우가 있는데, 바로 이 도표처럼 가속적으로 증가하는 경우를 가리킨다.

대수관수는 〈도표 5-14〉의 (2)와 같은 형태를 하는 관수로 성장이 점점 둔화해가는 경우를 나타낸다. 사실 지수관수를 대수변환하면 직선이 된다. 따라서 매출이 지수관수에 따라 성장하고 있는 경우 매출을 대수변환하면 매출의 신장은 직선으로 나타나게 된다.

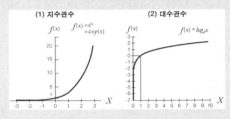

〈도표 5-14〉 지수관수와 대수관수

(1) 지수관수   **(2) 대수관수**

〈도표 5-15 대수눈금〉

(1) 일반눈금   **(2) 대수눈금**

대수눈금에서는 10을 밑으로 하는 로그(상용로그)를 이용한다. 상용로그 $\log_{10}x$에 $\log_e 10(≒2.303\cdots)$을 곱하면 자연대수 $\log_e x$가 된다.

이것은 실무적으로도 도움이 되는 성질이다. 지수든 대수든 실제 비즈니스와는 관계없다고 생각한다면 그것은 오해다. 일정한 성장률에서 매출이 증가하는 경우, 그것을 지수관수 그래프로 그릴 수 있다. 세로축을 대수눈금으로 해서 그래프를 그리면 지수관수는 직선이 되고 직선의 기울기가 성장률이 된다.

대수눈금이란 〈도표 5-15〉와 같은 눈금으로 눈금의 값이 커짐에 따라 수치가 열 배씩 증가한다. 엑셀(Excel)에서도 축의 서식설정에서 간단하게 대수눈금으로 설정할 수 있다. 대수눈금은 지수관수적으로 변화하는 경영 숫자를 분석하기 위해 자주 사용되고 있다.

로지스틱모델은 〈도표 5-16〉에 적혀 있는 대로 대수변환하면 선형식이 된다. 이 식의 좌변은 보급률 × (1 – 보급률)을 대수변환한 것으로 로지스틱변환이라고도 한다(보급률은 누적구입자수를 잠재구입자로 나눈 것으로 0보다 크고 1보다 작은 수이다).

세로축이 대수눈금으로 보급률 × (1 – 보급률), 가로축이 시간이라는 좌표에서 직선이 그려지면 로지스틱모델이다. 이때 직선의 기울기가 로지스틱모델의 계수 a다. 이 계수는 보급률을 로지스틱변환해서 시간으로 회귀분석하면 얻을 수 있다.

배스모델에서는 〈도표 5-17〉과 같은 수식에서 회귀분석으로 계수를 구할 수 있다. 단, 로지스틱모델이나 배스모델은 잠재구매자(보급의 상한)를 사전에 정할 수 없는 경우 추정이 조금 더 복잡해진다.

〈도표 5-16〉 로지스틱모델의 직선화

로지스틱모델에서 보급률은 다음과 같은 공식으로 정해진다.

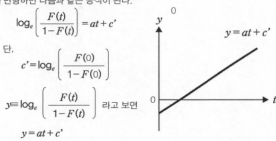

$$F(t) = \frac{1}{1 + c \cdot \exp(-at)} \qquad 단, \quad c = \frac{1 - F(0)}{F(0)}$$

위의 식을 변형하면 다음과 같은 공식이 된다.

$$\log_e\left(\frac{F(t)}{1 - F(t)}\right) = at + c'$$

단,

$$c' = \log_e\left(\frac{F(0)}{1 - F(0)}\right)$$

$$y \equiv \log_e\left(\frac{F(t)}{1 - F(t)}\right) \text{ 라고 보면}$$

$$y = at + c'$$

$$y = at + c'$$

보급률F의 시계열 데이터가 있으면 이 식을 회귀분석을 통해 계수a를 추정할 수 있다.

〈도표 5-17〉 배스모델의 추정

배스모델에서 신규구입자는 다음과 같이 정해진다.

$$f(t) \equiv F(t)/m = \left[p + qF(t-1)\right]\left[1 - F(t-1)\right]$$

이 식을 p와 q로 정리하면 다음과 같다.

$$F(t)/m = p\left[1 - F(t-1)\right] + qF(t-1)\left[1 - F(t-1)\right]$$

보급률 F의 시계열 데이터가 있으면, 이 식을 회귀분석으로 p와 q를 추정할 수 있다. 한편, 보급률은 다음 식으로도 계산 가능하다. 이 식에서 p, q를 추정할 경우 로지스틱모델처럼 선형식으로 변환할 수 없으므로 비선형회귀를 적용한다.

$$F(t) = \frac{1 - p \cdot e^{-(p+q)t}}{1 + (q/p) \cdot e^{-(p+q)t}}$$

가격설정

가격은 광고, 판매촉진, 유통 등과 함께 마케팅 믹스의 한 요소이다. 가격은 제품의 팔리는 양에 영향을 미칠 뿐만 아니라, 한 개 팔렸을 때 얼마의 이익을 얻을지를 결정한다. 이런 의미에서 가격은 매출이나 이익에 직결되는 매우 중요한 변수라고 할 수 있다.

대부분의 마케팅 서적에는 원가, 수요, 경쟁의 세 가지 요인을 토대로 가격을 설정한다고 되어 있다. 그 바탕에는 경제학의 기본인 가격이론이 있다. 이 장에서는 우선 그 같은 가격설정의 원리를 개관하고, 현실에 맞는 가격설정 방법에 대해 설명한다.

그리고 동일한 품질의 제품은 어느 시장에서든지 하나의 가격만이 성립한다는 일물일가一物一価의 법칙이나 가격이 오르면 수요가 감소한다는 수요의 법칙과는 상관없이 가격을 설정한 사례와 함께 그 배경에 있는 메커니즘을 살펴보도록 하자.

이 장의 마지막 부분에서는 적절한 가격설정을 위한 정보수집 방법, 분석방법을 알아본다. 현장에서 꽤 많이 사용되고 있는 소박한 방법으로 잠재고객에게 가격에 대해 직접 질문하는 방법이 있다. 그러나 고객이 솔직하게 응답하지 않는 경우가 있으므로 그럴 때는 고객의 실제 구입행동을 통해 가격에 대한 태도를 추측할 수 있을 것이다.

6.1 경제학에서 가격설정의 기본을 배우다

▌손해 보지 않기 위한 원가지향 가격설정

다양한 가격설정 방법 가운데서 기본 중의 기본이 원가지향 가격설정이다. 여기서는 매출이 생산, 마케팅, 판매에 투입된 전체 비용보다 높아야 하는, 즉 어떤 상황에서든지 이익을 내야하는 것이 조건이 된다. 여기서 이익은 매우 단순하게 계산된다.

$$이익 = 매출액 - 총비용$$

이 식의 양변을 매출총량으로 나누면 제품 1단위당 이익이 산출된다.

$$제품\ 1단위당\ 이익 = 가격 - 평균비용$$

평균비용은 총비용을 매출총량으로 나눈 것이다. 이 식에서 가격이 좌변에 오도록 자리를 바꾼다.

$$가격 = 평균비용 + 제품\ 1단위당\ 이익$$

여기까지는 어떤 경우에도 성립하는 수식이다. 그리고 평균비용에서 일정한 비율의 이익을 확보한다고 가정하면 공식은 다음과 같다

$$가격 = 평균비용 \times (1 + 마크업률)$$

마크업률Markup ratio이란 평균비용에 가격을 어느 정도 붙여야 이익을 낼 수 있을지를 나타내는 비율이다. 이 같은 가격설정을 경제학에서는 풀코스트 원리full-cost principle라고 한다. 자사의 비용은 쉽게 파악할 수 있기 때문에 실질적으로 이 풀코스트 원리로 가격을 정하는 기업이 적지 않다.[1]

비용은 매출수량에 따라 변하는 부분과 변하지 않는 부분, 즉 **변동비**와 **고정비**로 나뉜다. 변동비가 선형線形으로 변화할 경우 비용곡선은 〈도표 6-1〉의 (1), 그것을 매출수량으로 나눈 평균비용은 〈도표 6-1〉의 (2)와 같이 된다. 평균비용은 매출수량이 증가함에 따라 낮아진다.

평균비용이 낮아질 때 마크업률을 일정하게 하면 설정된 가격도 낮아진다. 단, 매출수량이 증가해서 고정비의 비율이 작아짐에 따라 평균비용은 제품 1단위당의 변동비에 가까워진다. 즉, 가격의 기복이 없어지는 것이다.

풀코스트 원리는 가격이 매출수량에 미치는 영향을 무시한다고 비판받을 수 있다. 지금보다 가격을 내리면 매출수량은 증가하고 평균비용은 감소해서 이익이 증가할 수 있다. 반대로 지금보다 가격을 올리면 매출수량은

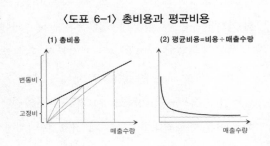

〈도표 6-1〉 총비용과 평균비용

(1) 총비용

(2) 평균비용=비용÷매출수량

변동비

고정비

매출수량

매출수량

1 小田切宏之, 『企業経済学 第2版』(東洋経済新報社, 2010).

감소하지만 가격이 오른 만큼 이익도 증가하게 된다. 가격과 매출수량의 관계를 예상할 수 있으면 그것을 이용해 매출이나 이익이 최대가 되는 가격을 설정하는 것도 가능하다.

▮ 고객의 반응을 고려한 수요지향 가격설정

경제학에서 처음으로 배우는 **수요곡선**은 가로축에 매출수량, 세로축에 가격을 표기한 좌표에서 오른쪽 아래로 기울어지는 곡선(또는 직선)을 말한다(〈도표 6-2〉 (1)).

수요곡선은 오른쪽 아래로 기울어지므로 가격을 올리면 매출수량은 반드시 감소한다. 그러나 매출금액(= 가격 × 매출수량)이 어떻게 될지는 단언할 수 없다. 확실한 것은 가격이 0일 때는 아무리 많이 팔려도 매출금액은 0이 되고, 가격을 너무 올리면 아무도 구입하지 않기 때문에 여기서도 매출금액은 0이 된다는 것이다.

〈도표 6-2〉의 (2)에서 나타나듯, 매출수량과 매출금액의 관계는 역U자형이 된다. 따라서 가격이 0일 경우와 너무 높을 경우의 중간에 매출금액이 최대가 되는 가격수준이 존재한다. 여기서 매출금액은 매출수량에 대응하는 '가격 × 매출수량'(도표의 45도선)으로 구한다.

매출금액이 최대가 되는 매출수량을 수요곡선에 적용하면 **매출금액최대화 가격**을 구할 수 있다. 마케팅목표가 매출금액이라면 이것으로 충분하지만 이익이 목표가 되면 비용을 고려할 필요가 있다(〈도표 6-2〉 (3)).

이익곡선을 보면 이익이 최대화되는 매출수량을 알 수 있다. 이것을 수요곡선에 적용하면 **이익최대화 가격**이 구해진다(〈도표 6-2〉 (4)). 이익최대화 수량은 매출최대화 수량보다 적고, 이익최대화 가격은 매출최대화 가격보다 높아진다.

기업의 마케팅목표가 매출이나 이익인 이상 수요곡선을 고려한 가격설정

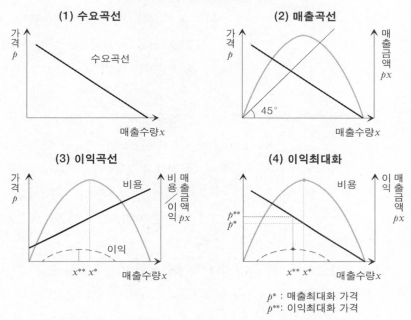

〈도표 6-2〉 수요지향 가격설정

(1) 수요곡선

가격 p / 매출수량 x — 수요곡선

(2) 매출곡선

가격 p / 매출금액 px / 매출수량 x — 45°

(3) 이익곡선

가격 p / 비용 / 이익 / 비용 매출금액 이익 px / x^{**} x^{*} 매출수량 x

(4) 이익최대화

가격 p / 비용 / 이익 매출금액 px / p^{**} p^{*} / x^{**} x^{*} 매출수량 x

p^{*} : 매출최대화 가격
p^{**}: 이익최대화 가격

이 원가지향 가격설정보다 더 바람직하다. 그럼에도 이 가격설정법이 별로 실행되지 않는 이유는 신뢰할 만한 수요곡선을 추정하기 어렵기 때문이다.

▌경쟁사의 반응을 고려한 경쟁지향 가격설정

가격설정에서 또 하나 고려해야 하는 요소가 경쟁이다. 경쟁 브랜드와 완전하게 차별화되고 서로의 가격이 상대의 매출에 거의 영향을 미치지 않는다면 상관없지만(이는 3.1에서 서술한 가격의 교차탄력성이 0에 가까운 경우다), 그렇지 않으면 경쟁사의 가격이 어떻게 변하는지 살펴볼 필요가 있다.

가격경쟁이 가장 극심한 경우는 경쟁 브랜드끼리 전혀 차별화가 되지 않는(사실상 동일한 제품이라고 고객이 느끼는) 경우다. 이때 경쟁사보다 1엔이

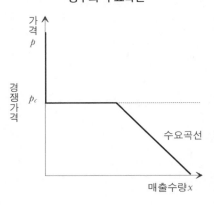

〈도표 6-3〉경쟁 브랜드와 차별화가 없는
경우의 수요곡선

라도 가격을 높게 설정한다면 아무도 자사 브랜드를 구입해주지 않게 된다. 가격의 교차탄력성이 무한대라는 것이다.

반대로 경쟁사보다 1엔이라도 저렴하게 하면 그 가격대로 몰려오는 모든 고객을 흡수할 수 있다. 이때의 수요곡선은 〈도표 6-3〉처럼 된다. 한편 가격이 경쟁사와 동일한 경우에는 해당 가격대의 고객을 경쟁사와 일정한 비율로 나누게 된다.

그러면 경쟁은 어떤 결말로 흘러갈까? 매출 또는 이익을 증가시키기 위해 경쟁사보다 가격을 내리려는 유혹은 어느 브랜드에나 있게 마련이다. 그렇기 때문에 **가격경쟁**이 발생하고 이익이 제로가 되기 직전까지 계속 가격을 내린다.

가격경쟁에 빠지면 아무에게도 득이 되지 않기 때문에 자진해서 가격을 인하하고 싶어 하는 기업은 없다. 그러나 일단 누군가가 가격을 내리기 시작하면 자신도 가격을 내리지 않고는 살아남을 수 없다. 따라서 순식간에 가격경쟁에 빠질 가능성이 있다. 거기서 빠져나오기 위해서는 브랜드 차별화를 도모할 수밖에 없다.

▍굴절수요곡선에서는 가격이 변하지 않는다

실제 가격의 교차탄력성은 0도 무한대도 아닌 그 중간에 있다. 자사 브랜드와 경쟁 브랜드의 가격이 서로의 매출에 어떤 영향을 미치는지, 그리고 경쟁 브랜드가 자사의 가격에 맞춰 어떻게 가격을 변경할 것인지(경쟁

적 가격반응)를 안다면 최적의 가
격전략을 세울 수 있다.

앞서 본 수요곡선 가운데 **굴절
수요곡선**이라는 것이 있다.[2] 〈도
표 6-4〉에서 보듯이 이 수요곡선
은 현재의 가격지점에서 크게 굽
어진다. 현재 수준보다 가격을 올
리면 매출수량은 크게 감소하고,

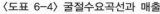

〈도표 6-4〉 굴절수요곡선과 매출

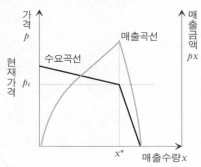

현재 수준보다 내려도 매출수량은 그다지 증가하지 않는다.

이러한 비대칭성은 평소 해당 제품을 구입하는 고객이 가격 변화에 민감
할 경우 발생한다. 가격이 올라가면 평소 그 제품을 구입하는 고객은 즉각
구입하지 않게 된다. 반면 가격을 내려도 평소 그 제품을 구입하지 않는 고
객이 그것을 인식하지 못하기 때문에 매출수량이 별로 증가하지 않는 것이
다. 물론 그 제품을 자주 구입하는 고객은 가격이 내려서 다소 많이 구입하
겠지만 그것도 한계가 있다.

굴절수요곡선에서 매출금액이나 이익이 최대가 되는 지점은 현재의 매
출수량(그리고 가격)이다. 이때 비용곡선이 변화해도 이익이 최대화되는 매
출수량·가격은 변하지 않는다. 이 같은 수요곡선에서는 기본적으로 가격
이 고정되므로 경쟁의 주요한 수단은 되지 못한다.

굴절수요곡선은 고객이 브랜드 간의 가격을 비교하는 데 시간이 걸린다
(또는 완벽하게 비교할 수 없다)고 전제한다. 그러나 온라인 가격비교 사이트
를 참고해서 고객이 조금이라도 저렴한 브랜드로 이동한다면 굴절수요곡
선의 전제는 성립되지 않는다.

---

2 根岸隆, 『ミクロ経済学講義』(東京大学出版会, 1989).

▌수요곡선을 추정할 데이터가 없다?

수요지향이나 경쟁지향으로 가격을 설정하기 위해서는 수요곡선을 추정해야 한다. 그를 위해서는 수요에 영향을 미치는 변수의 데이터가 축적되어 있을 뿐 아니라 변수 간의 관계가 안정되어 있지 않으면 안 된다. 그러나 실제로는 이런 것이 준비되어 있지 않은 경우가 적지 않다. 물론 시장에 아직 도입되지 않은 신제품의 가격과 수요데이터가 존재하지 않는 것은 자연스러운 일이다. 그러므로 과거의 비슷한 제품의 데이터를 활용하는 것이 유효한 방법일 수 있다. 그런데 역사가 있는 기존 제품조차 수요데이터가 축적되어 있지 않은 경우가 있다.

또 다른 경우는 과거의 데이터는 존재하지만 가격변동이 한정된 범위에서만 관찰되어 새로운 가격수준의 효과를 추정하기 어려운 경우다. 그런 경우에는 어떻게 가격을 결정할 것인지 실제 자주 사용되는 방법을 6.4에서 보도록 하자.

6.2 일물일가의 법칙을 초월하다

▌지불의사금액을 바탕으로 수요곡선 도출

지금까지 수요곡선은 오른쪽 아래로 내려간다고 설명했다. 가격이 오르면 수요가 감소하는 것을 **수요의 법칙**이라고 하고, 실제 그렇게 되는 것이 일반적이다. 그런데 왜 그렇게 되는지를 깊이 생각하면 새로운 가격전략을 도출해낼 수 있다.

왜 수요곡선이 오른쪽 아래로 감소하는가에 대해 일반 경제학 서적에 서술되어 있는 것과는 조금 다른 관점에서 보도록 하자. 고객은 일정량의 제품에 지불해도 좋다고 생각하는 최대의 금액을 가지고 있다. 이를 **지불의사**

금액Willing To Pay(WTP)이라 한다.

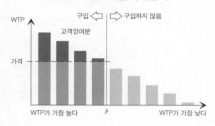

〈도표 6-5〉 지불의사금액

하나의 제품에 대한 WTP는 고객에 따라 다른 것이 일반적이다. 그래서 어떤 제품의 전체 잠재고객을 WTP의 순으로 나열한다. 〈도표 6-5〉는 그렇게 나열된 고객의 WTP다. 실제 WTP는 불규칙한 형태를 보일지 모르지만, 여기서는 쉽게 설명하기 위해 직선으로 낮아진다고 보자.

이 제품의 가격이 p로 설정된 경우 WTP가 p보다 높은 고객이 이 제품을 구입한다. 따라서 〈도표 6-5〉가 나타내듯이, WTP가 p와 일치하는 곳이 구입할 것인지 하지 않을 것인지 가르는 분기점이 된다. 이 분기점보다 왼쪽에 있는 고객은 이 제품을 구입하고 오른쪽에 있는 고객은 구입하지 않는다.

이 도표에서 고객별 WTP를 연결하는 곡선이 한 가격수준에 대해 구입자수가 몇 명이 될지를 가르쳐주는 수요곡선이 된다(고객 한 명당 구입량은 동일하다고 가정한다).

WTP는 그 가격 이하라면 구입하겠다는 가격이므로 WTP 이하로 구입할 수 있으면 고객으로서는 득을 본 것이 된다. WTP와 실제 지불하는 가격과의 차이는 고객이 받는 잉여분(surplus)이라고 할 수 있다.

▎일물일가의 법칙은 어디까지 통용되는가?

전 세계 어디에서나 동일한 가격을 적용하는 것을 **일물일가**一物一價의 법칙이라고 한다. 동일한 제품에 다른 가격을 붙이면 가장 저렴한 것만 팔리게 될 것이다. 고객이 가격정보를 충분히 가지고 있다면 그렇게 된다.

그러면 동일한 제품이 더 저렴하게 판매되고 있다는 것을 고객이 모를 경우에는 어떻게 될까? 경제학에서는 그래도 일물일가가 될 것이라고 본다. 경쟁 메커니즘 때문에 최저가격으로 제품을 사들이고 높은 WTP를 가지는 고객에게 판매하는 판매업자가 출현할 것이기 때문이다.

저렴하게 구입해서 비싸게 판매해 그 차액으로 이익을 보는 것을 **재정거래**arbitrage라고 한다. 이 같은 거래는 가격 차이가 있는 한 발생할 수밖에 없다. 그것이 반복되면 언젠가 가격 차이는 없어지고 일물일가가 실현된다는 것이다.

그런데 동일한 제품이 지역에 따라 다른 가격으로 판매되는 경우가 적지 않다. 그것도 지속적으로 말이다. 예를 들어 휘발유 가격이 지역에 따라 다른 것은 흔한 일이다. 만약 고객이 저렴한 지역까지 휘발유를 사러 가거나 판매업자가 재정거래를 하는 등 결과적으로 이런 일이 반복되면 가격 차이가 없어져야 하는데, 실제로는 그렇게 되지 않는다.

이 사례에서 일물일가의 법칙은 다른 지역으로의 이동비용(이동에 시간을 투여하는 것에 따른 기회손실을 포함)이 들었기 때문에 이를 감안하면 결과적으로 가격 차이는 나지 않게 된다고 반론한다.

▎ 일물일가를 초월하는 '가격차별화' 전략

일물일가의 법칙이 성립하지 않는 경우는 가격차별화가 실행되는 경우라고 할 수 있다. 이는 고객에 따라 또는 고객이 놓인 상황에 따라 동일한 제품의 가격을 변동하는 것이다. 이른바 고객맞춤 가격이다.[3]

WTP가 높은 고객에게는 높은 가격을, 낮은 고객에는 낮은 가격을 제시한다. 고객은 자신의 WTP에 가까운 가격을 지불하기 때문에 하나의 가격 수준만 존재(일물일가)하던 때 받던 잉여분이 없어진다. 그 잉여분은 그대로 기업이 받게 된다.

---

3 サイモン・ドーラン, 『価格戦略論』(吉川尚宏他 訳, ダイヤモンド社, 2002).

〈도표 6-6〉의 예를 보면 고객을
WTP에 따라 세 집단으로 나눠 각
각에 맞는 가격이 설정되어 있다.
이때 고객 간에 가격 차이가 있다
는 것을 고객이 인식하지 못하도
록 하든지 인식하더라도 부당하다
는 생각이 들지 않도록 할 필요가 있다.

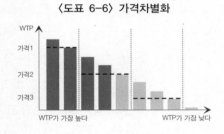

〈도표 6-6〉 가격차별화

▌가격차별화가 성공하기 위해서는 정당성이 필요

현대사회에서 고객으로 하여금 가격 차이를 인식하지 못하도록 하는 것
은 상당히 어려운 일이다. 고객이 자신에게 제시된 거래 조건을 소셜미디
어에 올리면 그 정보는 순식간에 확산된다. 그러므로 가격 차이를 인식해
도 그것이 정당하다는 생각이 들도록 하는 것이 중요하다.

가격 차이의 정당성을 고려하지 않아 실패한 사례로 코카콜라가 브라질
에 도입하려던 자동판매기가 있다.[4] 이 자동판매기는 기온이 상승하면 자
동적으로 가격이 상승하도록 되어 있었다. WTP가 높을 때 가격을 올리는
것과 같이 어떤 의미에서는 매우 현명한 가격차별화라고 볼 수 있다.

그러나 그러한 코카콜라의 구상이 보도된 것만으로 여론의 극심한 비판
과 반발을 받아 도입 계획을 철회할 수밖에 없었다. 만약 기온이 낮아질 때
자동판매기가 일시적으로 가격을 내리는 구조라고 했다면 이만큼 반발을
사지 않았을지도 모른다. 고객이 '부당하다'고 생각하지 않을 다른 스토리
가 필요했던 것이다.

한편 가격차별화와 제품차별화는 동일하게 '차별화'라는 용어를 쓰지만,

4 C. King & D. Narayandas, "Coca-Cola's New Vending Machine(A): Pricing to
Capture Value, or Not?" *HBS Premier Case Collection*(2000).

영어로는 'discrimination'과 'differentiation'으로 다르게 표기한다. 가격차별화는 고객에 따라 대응을 달리하는 것이기 때문에 일반적인 '차별'이라는 용어를 사용할 때의 느낌에 가깝다고 할 수 있다.

▍시간에 따른 가격차별화: 초기 고가격설정

그러면 가격차별화는 어떤 경우에 고객에게 받아들여지기 쉬울까? 가장 성공한 예가 신제품 도입 때에 가격을 높게 설정하고 시간과 함께 낮춰가는 **초기 고가격설정**skimming pricing이다(〈도표 6-7〉 (1)). 이는 **시간에 따른 가격차별화**라고 해석할 수 있다.

초기 고가격설정은 패션이나 가전제품 분야에서 자주 볼 수 있다. 최초의 타깃은 빨리 신제품을 갖기 위해 높은 가격을 지불할 의사가 있는, WTP가 높은 고객이다. 다음으로 그보다 WTP가 낮은 고객이 타깃이 되고 처음보다 낮은 가격으로 판매된다.

가격을 내린 것 때문에 초기 구입자에게서 불평이 나오지 않도록 하기 위해서는 시간이 지나면 가격을 내릴 가능성이 있다는 것을 미리 주지시켜 두는 편이 좋다. 초기 구입자는 시간이 경과한 다음 저가로 구입하는 것보다 다른 고객보다 한발 빨리 구입하는 것을 우선시하므로 빠른 구입이라는 것을 명시하면 그 구입자를 납득시킬 수 있다.

비슷한 예로 영화가 있다. 영화는 먼저 극장에서 공개되고 그 후 DVD로 판매되거나 TV로 방송된다. 고객이 지불하는 가격은 갈수록 낮아진다. 이는 WTP가 높은 고객에서 낮은 고객으로 타깃을 바꾸고 있다고 할 수 있다.

▍지각위험을 토대로 한 침투가격설정

초기 고가격설정의 정반대 전략으로 신제품 도입 때 가격을 낮게 설정하고 시간과 함께 올리는 **침투가격설정**penetration pricing이 있다(〈도표 6-7〉

(2)). 이것을 앞에처럼 시간에 의한 가격차별화로 보는 것에는 무리가 있다. 처음에 낮은 가격으로 설정하면 WTP가 높은 고객까지 구입해버려 가격차별화가 되지 않기 때문이다.

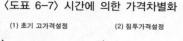

〈도표 6-7〉 시간에 의한 가격차별화

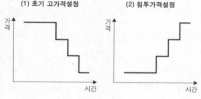

(1) 초기 고가격설정　(2) 침투가격설정

침투가격설정은 고객이 지각하는 신제품에 따르는 위험이라는 관점에서 설명하는 것이 좋겠다.[5] 신제품, 특히 가격이 저렴하지 않는 신제품은 구입 후 기대에 미치지 못할 수 있다는 위험부담을 동반한다. 그러한 위험부담을 강하게 지각할수록 WTP가 낮아지므로 그만큼 가격을 낮게 설정할 필요가 있다.

제품이 보급되기 시작하면 사용경험을 통해 지각위험이 낮아지고 충성도가 높아지므로 재구입할 때는 WTP가 상승할 가능성이 있다. 미구입자의 WTP도 제품에 대한 입소문 덕분에 상승할지도 모른다. 이렇게 되면 가격을 올릴 기회가 생긴다.

그렇다 해도 한 번 저가로 판매한 제품의 가격을 인상하는 것은 고객의 반발을 초래할 우려가 있다. 가격인상을 납득시키려면 최초로 설정된 낮은 가격이 기간 한정의 특별가격이며, 그 후 정상가로 되돌렸다는 스토리를 준비해두는 것이 좋다.

고객이 최초로 느끼는 위험을 완화시키기 위해 고객의 지불 과정을 다단계로 나누는 방법도 있다. 예를 들어 복사기는 본체의 가격을 낮게 설정하고 토너 등의 소모품을 판매함으로써 이익을 올리고 있다. 이것은 초기 구입가격을 내리고 그 후의 보수유지에 따르는 지불가격을 올리는 일종의 침

5　C. Shapiro, "Optimal Pricing of Experience Goods", *The Bell Journal of Economics*, Vol. 14, No. 2(1983), pp.497~507.

투가격설정이라고 볼 수 있다.

이 방법이 성공하기 위해서는 자사의 소모품 외에는 구입하지 못하도록 하는 구조가 필요하다. 실제로 타사의 복사기로 교체하면 기존 소모품을 사용할 수 없게 되거나 새로운 사용법을 알아야 하는 등 교체비용이 발생한다. 이는 고객의 충성도를 유지시키는 하나의 방법이 된다.

▌공간에 의한 가격차별화

다시 가격차별화 얘기로 돌아오면 공간의 차이를 이용한 가격차별화도 있다. 아울렛은 보통 고가 브랜드 제품을 매우 저렴하게 판매하는 곳이다. 약간 결함이 있는 제품을 판매한다고 하지만 그렇지 않은 제품도 있다.

아울렛에서 자사 제품을 파격적인 할인가로 판매한다고 해서 일반 매장에서 정상가로 구입하지 않거나 상대적으로 비싼 가격에 구입한 고객이 불평을 하거나 하는 일은 드물다. 그러한 문제가 별로 발생하지 않는 것은 공간에 따른 가격차별화를 고객이 납득한다는 증거다.

아울렛은 보통 대도시에서 조금 떨어진 장소에 입지해 있다. 고객이 거기까지 가서 구매한다는 것은 브랜드 제품에 대한 WTP가 그다지 높지 않고 또한 시간에 여유가 있다는 뜻이다. 그들은 일반적으로 도심의 매장에서는 브랜드 제품을 그다지 구입하지 않는 고객이라고 할 수 있다.

한편 브랜드 제품에 대한 WTP가 높고 시간에 여유가 없는 고객은 도심의 매장에서 정상가로 제품을 구입한다. 그들에게는 아울렛까지 가는 이동시간으로 잃어버리는 경제가치(기회손실)가 더 크기 때문에 동일한 제품을 저렴하게 구입할 수 있다고 해도 거기까지 가려고 하지 않는다.

아울렛처럼 사용상 문제가 없는 결함 제품을 저렴하게 판매하는 것은 품질에 따른 가격차별화라고도 할 수 있다. 그래서 완벽한 품질을 추구하는 WTP가 높은 고객은 동일한 제품이 저렴하게 판매되고 있어도 그것을 부당하다고 생각하지 않는 것이다.

▎소비량에 의한 가격차별화: 증량과 정기구입

식품이나 음료분야에서는 용량을 증가시키면서 가격을 올리는 경우가 있다. 예를 들어 350ml에 120엔짜리 캔 콜라를 내고 있었는데 500ml에 140엔짜리 제품을 추가했다고 하자. 그러면 한 캔당 가격은 상승하지만 1ml당 가격은 내려가게 된다.

2.2에서 서술한 소비량이 많은 헤비 유저는 단위당 가격인하를 매력적으로 여기고 증량제품을 선호할 것이다. 그러나 라이트 유저는 증량을 원치 않으므로 가격이 상승한 증량제품보다 기존의 제품을 선호할지도 모른다.

증량제품은 한 캔당 WTP가 높은 헤비 유저를 타깃으로 한 가격차별화라고 볼 수 있다. 단위당 가격이 낮아지므로 그들은 한 캔당 가격이 높아진 것을 부당하다고 생각하지 않는다.

소비량을 토대로 하는 가격차별화는 휴대전화 등 통신서비스의 요금체계에서도 볼 수 있다. 정액제를 사용하면 통신량이 많은 고객일수록 단위당 요금이 낮아진다. 그러나 통신량이 많지 않은 고객은 기존의 종량제 요금을 사용하는 것이 이득이다.

아마존닷컴이 최근 도입한 정기구매 프로그램 S&S Subscribe & Save는 일용품이나 화장품을 일정 기간 정기적으로 구입하는 계약을 맺으면 제품 한 개당 가격이 대폭 할인되는 구조다. 이는 동일한 제품을 지속적으로 구입하는 고객에게는 이득이다. 따라서 이것은 구입량에 따른 가격차별화의 일종이라고 할 수 있다.

물론 구입량이 적은 고객은 이용하지 않겠지만, 구입량이 많아도 브랜드 선택의 자유를 확보해두고 싶은 고객은 아무리 득이 되어도 이 프로그램을 이용하지 않을 것이다. 그래서 이들은 이 프로그램에 가입한 사람만 받는 이런 우대를 부당하다고 여기지 않는다.

6.3 가격을 내린다고 반드시 팔리는 것은 아니다

▌가격이 품질판단의 기준이라는 생각

현실에는 가격이 내려가면 수요가 증가한다는 수요의 법칙이 성립하지 않는 사례가 얼마든지 있다. 예를 들어 500엔짜리 감기약과 1000엔짜리 감기약이 있을 경우, 감기를 빨리 낫고자 하는 사람은 1000엔짜리 약을 구입할 가능성이 있다. 왜냐하면 고가일수록 효과가 좋을 거라고 생각하기 때문이다.

우리는 일반적으로 '고가 = 고품질'이라고 생각하는데, 과연 그럴까? 품질을 높이기 위해서는 비용이 들고 그래서 가격이 높아진다는 논리는 확실히 납득이 간다. 그러나 고객의 그런 인식을 이용해 고품질이 아니면서도 고가를 책정하는 기업이 없는 것은 아니다.

경제학자인 필립 넬슨Philip Nelson은 구입하기 전에 품질을 알 수 있는 제품을 **탐색재**search good로, 구입한 후가 아니면 품질을 알 수 없는 제품을 **경험재**experience good로 구분하고 있다.[6] 경험재에서는 고가의 제품일수록 고품질이라는, 이른바 가격이 품질의 시그널이 되는지에 대한 논의가 오랫동안 이어지고 있다.[7]

경험재는 한 번 제품을 사용해보면 품질을 알기 때문에 가격에 비해 품

---

6 P. Nelson, "Information and Consumer Behavior", *Journal of Political Economy*, March(1970), pp.311~329.
7 青木道代, 「価格と消費者心理」, 上田隆穂・守口剛, 『価格プロモーション戦略』(有斐閣, 2004), 2章.

질이 낮은 제품은 두 번 다시 구입하지 않게 된다. 따라서 장기적으로 이익 최대화를 지향하는 기업은 낮은 품질의 제품을 고가로 판매하지 않는다. 왜냐하면 그렇게 해서 일시적으로 많이 팔았다 해도, 고객이 바로 이탈해 버리므로 장기적으로는 손해를 본다는 것을 알기 때문이다.

이상의 논리는 고객은 구입 전, 적어도 구입 후에는 그 제품의 품질을 판단할 수 있다고 전제한다. 그러나 구입 후에도 품질을 판단하기 어려운 제품이 존재한다. 이를 신용재credence good라고 한다. 신용재에서는 가격이 품질의 시그널이 된다는 보증이 없다.

▌ '고가 = 고품질'이라고 믿고 싶은 심리

신용재는 사용 후에도 품질을 검증할 수 없는 제품이다. 어떤 소설이 재미있는지는 책을 읽어보면 바로 알 수 있지만, 어떤 참고서가 수험에 도움이 되는지는 다수의 요인이 작용하므로 정확한 검증이 불가능하다. 즉, 일반 고객이 품질을 검증하기 힘든 경우가 있다는 것이다.

한편 고객이 일부러 품질을 검증하지 않고, 오히려 '날조'하는 경우도 있다. 그러한 상황을 설명한 것이 사회심리학자 레온 페스팅거Leon Festinger가 제시한 인지부조화 이론이다. 그에 따르면 인간은 자신의 인지와 행동을 일치시키려는 경향이 있다.[8]

예를 들어 흡연자에게 담배가 몸에 해롭다는 것을 증명하는 자료를 보여주면 흡연자는 담배 외에 건강을 해치는 요인을 찾으려 하고, 흡연이 건강에 미치는 해로움이 아니라 다른 이로움을 내세우기도 한다. 흡연이 건강에 해롭다는 것을 인정하면 흡연자는 자신의 행동에서 부조화를 느끼기 때문이다.

---

8 フェスティンガー, 『認知的不協和の理論-社会心理学序説』(末永俊郎 監訳, 誠信書房, 1965).

흡연이 건강에 미치는 악영향은 객관적 정보인데, 사람은 그에 대해서조차 자신의 인식을 조작하려고 한다. 제품의 품질이 주관적일 경우, 인식의 조작은 더욱 쉬워진다. 고가의 제품을 구입한 고객은 품질도 높다는 인식을 가지고 있고, 또한 그 사실을 정당화하려고 자신의 인식을 지속적으로 속이고 있는지도 모른다.

▎ 가격의 플라시보 효과

가격이 높으면 고객이 가지는 주관적 품질이 높아진다는 것은 이해할 수 있다. 그런데 그에 따라 객관적 품질까지 높아지는 경우가 있다. 유명한 행동경제학자인 댄 애리얼리Dan Ariely의 연구가 이를 보여준다.[9]

그는 어느 신약 임상실험에서 플라시보라고 하는, 실제로는 아무런 효과가 없는 약을 이용한다. 피험자를 무작위로 두 그룹으로 나눠 한 그룹에는 신약, 다른 그룹에는 플라시보를 투여한다(그 사실을 본인은 물론 의료행위를 하는 자에게도 알리지 않는다). 전자의 그룹이 후자의 그룹에 비해 병상이 개선된다면 신약에 효과가 있다고 판단한다.

그런데 플라시보를 투여받은 그룹에서도 진짜 약을 먹은 것과 동일한 정도로 병상이 개선되는 현상이 발생했다. 특히 놀라운 것은 수술에서도 플라시보 효과를 볼 수 있다는 것이다. 다시 말해 실제 수술은 하지 않았지만 수술했다고 생각한 환자가 수술을 받은 환자와 마찬가지로 병상이 회복된 것이다. 이러한 사례는 객관적으로 관찰된 결과다.

의약품의 가격이 높을수록 플라시보 효과가 두드러진다는 사실도 발견되었다. 애리얼리는 피험자에게 전기충격을 주어 고통의 정도를 듣는 실험을 했다. 피험자는 사전에 진통제(실제는 가짜 약)를 받는데, 가격이 높다고

---

9 アリエリー, 『予想どおりに不合理増補版-行動経済学が明かす, 「あなたがそれを選ぶわけ」』(熊谷淳子 訳, 早川書房, 2010), 11章.

들은 피험자일수록 전기충격의 고통을 느끼지 않는다고 말했다.

애리얼리는 영양드링크 제품에서도 동일한 실험을 했다. 그 결과 높은 가격으로 제품을 구입한 피험자일수록 피로를 적게 느낀다는 것을 알게 되었다. 또한 흩어져 있는 문자열을 나열해 단어를 맞추도록 한 실험에서는 비싼 영양드링크를 구입한 피험자일수록 정답률이 높았다.

이러한 실험은 가격이 높을수록 품질이 좋다는 신념은 주관적인 만족감을 높일 뿐 아니라 신체의 상태까지 바꾼다는 사실을 보여준다. 따라서 가격이 비싼 와인을 맛있다고 느끼는 것도 이상한 일은 아니다.

▮ 가격의 베블런 효과

가격이 높은 것 자체에 가치가 있다고 여기는 사람도 있다. 약 100년 전에 활약한 미국의 경제학자 소스타인 베블런Thorstein Veblen은 당시의 상류계급을 '유한계급'이라고 부르고, 그들의 소비행동을 **과시적 소비**라고 말했다.[10] 말하자면 자신의 부를 과시하려는 목적에서 소비를 한다는 뜻이다.

그 후 하비 레이번슈타인Harvey Leibenstein이라는 경제학자가 가격이 높을수록 수요가 증가하는 이런 현상을 두고 **베블런 효과**Veblen effect라고 불렀다.[11] 유한계급은 자신이 부유하다는 것을 알리고 싶어 하는 심리가 있다. 그 때문에 엄청난 고가의 제품을 구입할 수 있다는 것을 주변 사람들에게 인식시키려 한다.

그런 경우 소유하고 있는 고가의 제품이 불필요한 듯 보일수록 효과적이다. 페라리 같은 고급 스포츠카를 자주 타지도 않으면서 주차장에 놓아두

---

10 ヴェブレン,『有閑階級の理論-制度の進化に関する経済学的研究』(高哲男 訳, 筑摩書房, 1998).

11 H. leibenstein, "Bandwagon, Snob and Veblen Effects in the Theory of Consumer's Demand", *Quarterly journal of Economics,* 64(1950), pp. 183~207.

는 것은, 그것이 가능한 부자라는 것을 보여줄 수 있기 때문이다.

페라리까지는 아니더라도 고가 브랜드 제품을 갖고 싶어 하는 심리는 일반 사람들에게도 있다. 마케팅 연구자인 스기타 요시히코杉田善弘와 가타히라 호타카片平秀貴는 레이번슈타인의 논리를 바탕으로 설문조사를 실시했는데, 일본 여성들이 유명 브랜드 가방을 갖고 싶어 하는 심리에서 베블런 효과를 발견했다.[12]

그렇다고 일상생활에 도움이 되지 않는 것에 높은 가격을 붙인다고 부유한 사람이 반드시 구입하는 것은 아니다. 그리고 단순히 고가라는 것뿐만 아니라 그 제품의 탁월함을 주변에서 알지 못하면 그것을 소유한다고 해서 부러움의 대상이 되는 것도 아니다.[13] 그렇기 때문에 걸출한 디자인이나 압도적인 성능, 전통 있는 역사나 스토리 같은 '도구'가 필요해진다.

6.4 최적가격을 설정하는 방법

▌WTP를 고객에게 직접 듣다

6.2에서 서술했듯이 수요곡선은 잠재고객의 WTP를 알면 구할 수 있다. 따라서 조사를 해서 잠재고객에게 WTP를 직접 물어보는 것도 방법 중 하나다. 각 고객이 응답하는 WTP는 각기 다르므로 수요곡선은 〈도표 6-5〉처럼 부드러운 사선을 그리지 않고 〈도표 6-8〉과 같은 울퉁불퉁한 형태가 된다.

WTP를 묻는 방법으로 가격감도측정법Price Sensitivity Measurement(PSM)이라는 질문법이 참고가 된다. PSM에서는 WTP를 측정하는 데 다음 두 가

---

12 杉田善弘, 片平秀貴 「消費者選択の相互依存性について」, ≪マーケティングサイエンス≫, 35(1990), pp.19~32.
13 ブルデュー, 『ディスクタシオン〈1〉〈2〉』(石井洋二郎 訳, 藤原書店, 1990).

지를 묻는다.

① 너무 비싸서 품질에 상관없이 구입할 가치가 없다고 생각하는 가격은
   최저 얼마인가?
② 비싸지만 품질이 좋기 때문에 구입할 가치가 있다고 느끼는 가격은
   최고 얼마인가?

①은 그보다 높으면 구입하지 않는 가격수준이고, ②는 그 정도까지는
구입한다는 가격수준이다. 이 둘은 다를 것이 없어 보이지만, 사실 WTP는
①과 ② 사이에 애매모호한 형태로 존재한다.

따라서 ①과 ② 각각 수요곡선을 그려보고 그 사이에서 수요곡선이 왔다
갔다 한다고 생각할 수 있다. 둘 중
하나로 결정하고 싶으면 두 곡선
의 가운데를 선택해도 좋다. 어느
쪽이든 수요곡선을 얻을 수 있으
면 6.1에서 보았듯이 매출·이익이
최대화되는 가격을 정할 수 있다.

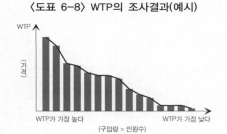

〈도표 6-8〉 WTP의 조사결과(예시)

▎고객의 하한가를 고려한 가격설정

6.3에서 서술했듯이 고객은 가격이 너무 저렴해도 제품을 구입하지 않을
가능성이 있다. 즉, 가격에는 더 이상 내리면 구입하지 않는 하한가가 있다
는 의미다. 앞에서와 동일하게 PSM 방법으로 가격의 하한에 대해 다음과
같이 질문할 수 있다.

③ 저렴하지만 품질에 불안을 느끼지 않는 가격은 최저 얼마인가?

④ 너무 저렴해서 품질에 불안을 느끼는 가격은 최고 얼마인가?

③은 가격이 그 이상이면 구입하는 수준이고, ④는 그보다 낮으면 구입하지 않는 가격수준이다. WTP와 마찬가지로 하한가도 ④과 ③ 사이에 있다. 고객은 제품가격이 자신의 하한가와 WTP 사이에 있을 때 구입한다.

그러면 ①~④의 정보를 통해 어떻게 가격을 정하면 좋을까? 이에 대한 몇 가지 방법을 제시하는 책들이 있는데, 여기서는 독자적으로 가장 알기 쉬운 방법을 제안하고자 한다(물론 최종가격은 기존 방법을 통해 산출된 가격과 크게 차이가 없다).

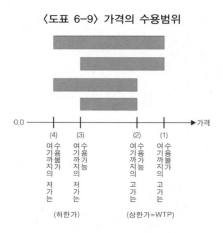

〈도표 6-9〉 가격의 수용범위

이들 네 가지 지표의 관계를 표로 나타내면 〈도표 6-9〉와 같다. 가격이 ③과 ②의 범위에 있을 때 고객이 그 제품을 구입할 가능성이 높아 보인다. 그렇다 해도 가격이 ④와 ③사이, ②와 ①사이에 있을 때도 구입할 가능성이 없는 것은 아니다.

우선 가격의 수용범위를 ③과 ②사이뿐 아니라 ④와 ②사이, ③과 ①사이, ④와 ①사이 가운데 어느 하나로 정한다. 그다음 가격을 이동시키면서 각각의 가격이 각 조사대상자의 수용범위에 들어가

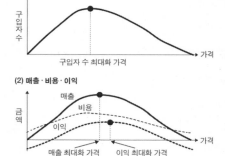

〈도표 6-10〉 하한가를 고려한 최적가격

는지를 판정한다. 그리고 구입가능성 있는 대상자의 수를 계산한다.

각 가격에 대한 구입자 수의 예측치는 〈도표 6-10〉의 (1)과 같다. 이것을 보면 구입자 수가 최대가 되는 가격수준을 한 눈에 알 수 있다. 그다음 매출을 산출하고 이익을 계산해서 최적가격을 결정한다(〈도표 6-10〉 (2)). 가격 수용범위마다 최적가격이 구해지므로 이들을 비교·검토해서 선택한다.

▌컨조인트분석으로 가격반응을 탐색

PSM의 가장 큰 문제는 조사대상자가 응답한 WTP가 정확한가이다. 대상자가 일부러 거짓을 말할 수도 있다는 가능성 때문인데, 일반 소비재를 조사할 경우에는 그 정도로 걱정할 일은 아니다. 그보다는 조사대상자가 자신의 WTP 수준을 명확하게 떠올리지 못하는 경우가 더 문제다.

대상자가 자신의 WTP를 정확하게 응답할 수 없다면 실제 제품과 가격을 함께 제시하고 구입할 것인지 구입하지 않을 것인지를 선택하게 하는 것은 가능하다. 그러면 4.2에서 소개한 컨조인트분석으로 가격반응을 측정해 볼 수 있다.

그러한 작업을 하기 위해서는 우선 제품과 가격을 다양하게 조합해, 각각을 구입할 것인지 구입하지 않을 것인지 조사대상자에게 응답받는다(〈도표 6-11〉). 그것을 여러 번 반복해 얻은 데이터에 선택모델을 적용해서 구입확률의 관수를 추정한다.

여기서 WTP는 조사대상자가 말한 것이 아니라 각 대상자의 선택결과를 취합해 추정한 것이다. 〈도표 6-12〉가 나타내듯이 가격이 자신의 WTP를 초월하면 제품

〈도표 6-11〉 가격결정을 위한 컨조인트분석

Q1 다음 맥주 중 구입할 것 같은 것을 모두 고르시오.

| 브랜드A 350ml캔 250엔 | 브랜드B 350ml캔 210엔 | 어느 쪽도 구입하지 않음 |

Q2 다음 맥주 중 구입할 것 같은 것을 모두 고르시오.

| 브랜드A 350ml캔 230엔 | 브랜드B 350ml캔 280엔 | 어느 쪽도 구입하지 않음 |

Q3
  …

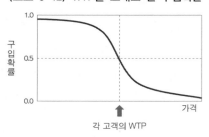

〈도표 6-12〉 WTP를 토대로 한 구입확률

이 도표에서는 단순화를 위해 다른 속성의 영향은 없다고 가정한다.

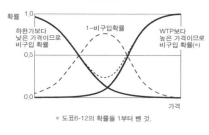

〈도표 6-13〉 WTP와 하한가를 토대로 한 구입행동

* 도표6-12의 확률을 1부터 뺀 것.

의 구입확률은 0에 가까워지고, 반대로 WTP를 밑돌면 구입확률은 1에 가까워진다(다른 속성은 일정하다고 가정).

이 접근법을 확장해서 각 대상자의 하한가를 추정할 수 있다. 〈도표 6-12〉와는 별개로 가격이 하한가보다 낮기 때문에 구입하지 않게 된 확률의 관수를 생각한다. 그리고 두 가지 확률을 통합하기 위해 다음과 같은 공식을 이용한다.

어떤 가격에서 그 제품을 구입하지 않는 확률

= 그 가격이 WTP를 웃돌 확률 + 그 가격이 하한가를 밑돌 확률

여기서 주의할 것은 한 명의 고객에게 어떤 가격이 WTP를 웃도는 것과 하한가를 밑도는 것이 동시에 발생하는 일은 없다는 점이다. 그렇기 때문에 두 개의 확률을 더하는 것이 가능하다.

이 확률을 1부터 빼면 그 고객이 그 가격에서 제품을 구입할 확률이 된다(〈도표 6-13〉). 따라서 가격을 움직여 구입확률을 예측해나가면 잠재고객 중에서 구입자 수가 가장 많아지는 가격을 구하는 것이 가능하고 매출금액이나 이익이 최대가 되는 가격을 얻을 수 있다.

광고: 매스미디어광고에서 인터넷광고까지

이 장에서는 4P 중 프로모션Promotion, 즉 광고, 판매촉진, 홍보(PR) 등에 대해 알아보도록 하자. 이를 통틀어 **마케팅 커뮤니케이션**이라고도 한다.

광고나 PR은 자사 또는 자사 제품의 존재나 가치를 타깃고객에게 알리는 수단이다. PR이 미디어 보도 등을 통해 간접적으로 정보를 보내는 것이라면 광고는 수신자가 직접 인식할 수 있는 형태로 정보를 보낸다.

광고의 대표 격인 매스미디어광고는 지금까지 마케팅에서 가장 화려한 분야였다. 그러나 최근에 인터넷광고의 성장세로 인해 매스미디어와 인터넷을 어떻게 조합할 것인가가 주요 과제가 되고 있다.

이 장에서는 우선 광고커뮤니케이션의 기초 지식을 대략적으로 살펴본 다음 TV광고와 인터넷광고의 효과 측정에 초점을 맞춰 두 광고를 대비해 설명하겠다. 마지막으로 이들 광고를 어떻게 통합할 것인지, 앞으로 어떤 방향으로 진행될 것인지에 대해 잠깐 짚어보도록 하자.

7.1 광고효과는 오랫동안 수수께끼였다

▎광고 없이 마케팅이 가능한가?

세계에서 가장 오래된 광고는 기원전 2000년경 바빌로니아의 어느 가게에서 만든 호객용 간판이라는 설이 있다.[1] 그 설이 사실인지 아닌지는 모르지만, 어찌 되었든 제품을 매매하는 곳에는 제품의 존재나 가치를 잠재고객에게 전달하는 커뮤니케이션이 반드시 있었다는 말이다.

그러한 커뮤니케이션 기능이 사실 광고에만 있는 것은 아니다. 제품이 훌륭하면 고객 사이에 입소문이 자연스럽게 퍼지게 된다. 아마존닷컴의 설립자 제프 베조스Jeff Bezos는 다음과 같이 말했다.

광고는 평범한 제품을 만들어버린 것에 대해 지불하는 대가다

2013년부터 아마존닷컴은 일본에서 TV광고를 하고 있다. 그의 말대로라면 아마존닷컴이 제공하는 서비스가 이제 평범해져버린 것일까? 그렇지 않다면 베조스의 말은 무언가 중요한 것을 놓친 것이 된다.

▎광고란 무엇이고 어떻게 변화해가고 있는가?

광고는 메시지와 미디어로 성립된다. 메시지란 전달하고 싶은 내용이며, 그것을 구현한 것이 **크리에이티브**다.

미디어란 메시지를 전달하는 경로(채널)다. 경로는 TV, 라디오, 신문, 잡지 등 매스미디어부터 인터넷, DM, 간판, 교통광고까지 다양하다. 미디어와 크리에이티브가 제대로 잘 어우러져야 광고는 효과를 발휘한다.

---

1 高桑末秀, 『広告の世界史』(日経広告研究所, 1994).

<도표 7-1> 일본의 미디어별 광고비 추이

(단위: 억 엔)

미디어	2005년	2006년	2007년	2008년	2009년	2010년	2011년	2012년
신문	10,377	9,986	9,462	8,276	6,739	6,396	5,990	6,242
잡지	4,842	4,777	4,585	4,078	3,034	2,733	2,542	2,551
라디오	1,778	1,744	1,671	1,549	1,370	1,299	1,247	1,246
TV	20,411	20,161	19,981	19,092	17,139	17,321	17,237	17,757
위성미디어 관련	487	544	603	676	709	784	891	1,013
인터넷광고	3,777	4,826	6,003	6,983	7,069	7,747	8,062	8,680
프로모션	26,563	27,361	27,886	26,272	23,162	22,147	21,127	21,424

자료: 덴쓰, 「일본의 광고비」 2013년.

광고미디어에는 흥망성쇠가 있다. 2차 세계대전 전후에는 광고라고 하면 포스터나 신문 등 인쇄미디어 중심이었는데, 이후 라디오, TV가 등장하자 전파미디어로 주역이 교체되었다. <도표 7-1>에서 보듯이 현재 매스미디어광고 중 가장 규모가 큰 것이 TV광고다.

그런데 최근 인터넷광고가 급속도로 성장해 규모 면에서 이미 신문광고나 잡지광고를 추월해버렸다. 아직 TV광고에는 미치지 못한다 해도 지금과 같은 성장세가 앞으로도 지속된다면 TV광고 또한 추월당하는 것은 시간문제일 것이다.

또 하나 주목할 것은 **프로모션 미디어**가 사실상 오랫동안 TV광고보다 규모가 컸다는 점이다. 프로모션 미디어란 전단지, DM, 옥외광고, 무가지, 전시·영상, 교통광고, POP 등을 가리키는데, 그 대부분이 오랜 역사를 가지고 있고 광고와 판매촉진의 경계에서 기능하고 있다.

▎광고효과 측정이라고 하는 오랜 과제

"측정할 수 없는 것은 관리할 수 없다"라는 말이 있는 것처럼, 광고관리에서도 당연히 효과 측정이 중요한 과제다. 이 문제를 생각하기에 앞서, 먼저 19세기 말부터 20세기 초에 걸쳐 미국의 백화점왕이라고 불린 존 워너메이커John Wanamaker가 한 말을 보자.

> 내가 광고에 투입한 돈의 절반은 낭비였다는 것을 알고 있다. 문제는 그 절반이 어느 쪽인지 모른다는 것이다.

이 말은 집행한 광고의 효과를 알면 불필요한 것은 하지 않고 유효한 것에만 집중할 수 있는데, 그것을 전혀 모르기 때문에 낭비가 발생한다는 의미다.

그 백화점왕이 살던 시대에 비해 오늘날은 광고효과 측정 기술이 상당히 진보되었다. 특히 TV광고와 인터넷광고에 대해서는 날마다 막대한 데이터가 수집되고 분석된다. 그에 따라 적어도 광고를 집행한 뒤 기대한 효과가 있었는지 정도는 파악할 수 있게 되었다.

광고효과를 측정하기 전에 알아두어야 하는 것이 광고노출량이다. 어떤 미디어(TV, 신문, 인터넷 등)에 어느 시간·지역, 어떤 길이·크기로 광고가 노출되었는지를 확인한다.

그다음 잠재고객이 광고에 어떻게 반응했는지를 측정한다. 측정 지표는 접촉 → 인지 → 선호 → 구입이라는 단계로 정리되는 것이 일반적이다(〈도표 7-2〉). 마케터의 최종 관심은 이익이나 매출에 있으므로, 광고로 인해 구매가 어느 정도 발생했는지를 안다면 그것만큼 좋

〈도표 7-2〉 광고효과의 단계와 광고의 기능

효과	측정 지표	광고의 기능
접촉(노출)	· 시청률 · 열독률 · 주목률	· 정보전달
인지	· 광고인지도 · 제품인지도 · 이해도	
선호(태도)	· 호감도 · 선호도	· 태도변화(설득)
구입	· 구입의향률 · 구입률	· 상기
구입 후	· 제품 만족도 · 추천의향률 · 재구입의향률	· 태도유지

은 것은 없을 것이다.

그러나 구매에 가까워질수록 고객의 반응에는 다른 많은 요인이 영향을 미치고 어디까지가 광고의 효과인지 명확하게 드러나지 않는다. 따라서 구입에 이르기 전 중간 성과지표를 두고 평가하는 것이 정석이다. 우선은 접촉효과, 다음은 인지효과 등의 단계를 밟으면서 구매효과에 접근한다.

▌모든 것은 '접촉'에서 시작된다

접촉exposure(노출이라고도 한다)이란 일반적으로는 대상자가 '광고를 보았다'는 것, 좀 더 전문적으로 말하면 '광고가 노출된 환경에 있었다'는 것을 말한다. TV광고에서는 시청률, 인터넷광고에서는 노출impression이 접촉의 지표이며, 둘 다 기계로 측정된다.

그 밖의 미디어에서 광고접촉은 설문조사를 통해 본인에게 직접 물어볼 수밖에 없는데, 사실 TV나 인터넷에 비해 정확도가 떨어진다. 예를 들어 신문이나 잡지 구독자에게 최근 어느 페이지를 읽었고 거기에 게재되어 있는 광고를 보았는지 묻는다 해도 그 응답이 어느 정도 정확한지 알 수 없다.

TV광고나 인터넷광고의 접촉은 보통 실시간으로 측정된다. 그러나 다른 미디어는 실시간은 물론이고 빈번하게도 측정할 수 없는 실정이므로 이들 미디어에 대한 접촉을 어떻게 측정할 것인지가 여전히 과제로 남아 있다.

▌모르면 선택할 수 없다

접촉효과 다음에 평가하는 것이 인지효과다. 구체적으로는 광고하는 제품·브랜드를 기억하고 있는지, 그리고 그 내용을 어느 정도 이해하고 있는지를 측정하는 것이다. 이 중 전자를 인지awareness라고 하는데, 인지는 1.2에서 소개한 아커의 브랜드론에서 브랜드자산을 구성하는 요소 가운데 하나이기도 하다.

인지측정 방법에는 두 가지가 있다. 하나는 **보조인지**로 브랜드명을 나열해서 알고 있는 것을 선택하도록 하는 것이고, 또 하나는 **비보조상기**로 어떤 힌트도 주지 않고 해당 카테고리 내에서 알고 있는 브랜드명을 말하도록 하는 것이다. 심리학에서는 전자를 재인recognition, 후자를 상기recall라고 한다. 그에 따라 전자의 인지율을 재인지율, 후자의 인지율을 재생 인지율이라고도 한다. 재생 인지율이 더 깊은 인지를 나타내므로 강력한 브랜드가 아니면 수치가 낮게 나타난다.

인지율은 특히 그 존재나 내용이 잠재고객에게 충분히 알려져 있지 않은 신제품에서 중요시 여기는 목표다. 아무리 매력적인 신제품이라고 해도 인지되지 않으면 호감조차 발생하지 않기 때문이다. 인지는 광고뿐 아니라 매장에서 직접 제품을 보거나 입소문이 영향을 미치기도 한다.

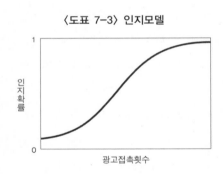

〈도표 7-3〉 인지모델

해당 제품·브랜드를 인지하지 않고 있는 고객은 광고에 접촉하는 횟수가 많을수록 인지할 확률이 높아진다. 그 같은 관계는 종종 〈도표 7-3〉과 같은 S자형의 학습곡선으로 나타난다.

❙ 왜 광고를 보면 구입하고 싶어지는가?

고객에게 인지된 신제품 또는 이미 인지되어 있는 기존 제품의 다음 목표는 타깃고객에게 선호되는 것이다. 이 단계에서는 당연히 브랜드나 제품 자체의 매력이 크게 영향을 미친다. 광고는 그러한 매력을 고객에게 전달하는 역할을 한다.

그러나 TV광고는 15초, 30초라고 하는 시간적 제약이 있고, 신문·잡지나 인터넷광고는 상세한 정보를 제공하는 것이 가능하나 그 광고를 찬찬히 읽어주는 사람은 거의 없다. 뛰어난 판매원은 언변으로 설득해서 타깃고객의 선호를 바꾸기도 하지만, 광고라는 틀에서 동일한 효과를 기대하기에는 한계가 있다.

그래도 광고는 상세한 정보제공이나 설득과는 다른 방법으로 타깃고객의 선호를 바꿀 수 있다. 이를 시사하는 고전적인 연구로 사회심리학자인 프리츠 하이더Fritz Heider가 제안한 **균형이론**balance theory이 있다.[2] 이는 원래 세 명의 인간관계를 모델화한 것이다. A, B, C 세 사람이 있을 때 A가 B에게 호의를 가지고 B가 C에게 호의를 가지고 있는 상황에서는, A가 C에게 호의를 가지지 않으면 전체 관계의 균형이 무너진다는 논리다. 어떤 경우에 균형이 잡히고, 어떤 경우에 그렇지 않은지는 〈도표 7-4〉를 참고하길 바란다.

이를 광고에 적용시켜보자. A를 잠재고객, B를 광고에 등장하는 인물이나 캐릭터, C를 브랜드라고 하자 (〈도표 7-5〉). B는 애초에 A에게서 호의를 얻고 있으므로 광고에 기용되었다. B가 C를 좋아한다고 했을 때, A가 C를 좋아하지 않으면 균형이 깨진다.

여기서 중요한 것은 광고가 브랜드에 대해 구체적으로 말하지 않아도 고객이 광고를 좋아하기만 하면 그 브랜드를 좋아하게 된다

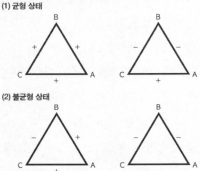

〈도표 7-4〉 하이더의 균형이론

+ 는 호의적 관계, - 는 비호의적 관계를 나타냄

(1) 균형 상태

(2) 불균형 상태

---

2 F. Heider, "Attitudes and Cognitive Organization", *Journal of Psychology* 21 (1946), pp.107~112.

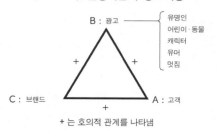

〈도표7-5〉 균형이론의 광고적용

B : 광고 ── 유명인
어린이·동물
캐릭터
유머
멋짐

C : 브랜드   A : 고객

+ 는 호의적 관계를 나타냄

는 점이다. 광고에는 종종 제품과 관련 없는 매력적인 인물, 귀여운 아이나 동물이 기용되는데, 그러한 방법의 유효성은 이 균형이론으로 설명될 수 있다.

물론 이론적으로 설명할 수 있더라도 조사나 실험에 의한 검증이 필요하다. 광고에 대한 태도가 브랜드 태도에 어떤 영향을 미치는지, 그리고 그것이 구입의향까지 이어지는지를 확인하는 실험적 연구가 꽤 이전부터 많이 축적되어 있다.

❚ 내용과 상관없이 접촉만으로 발생하는 효과

광고가 선호에 영향을 미치는 것은 광고 내용과는 상관이 없고, 광고에 접촉하는 것 자체의 효과라는 주장도 있다. 심리학자인 로버트 자이언스 Robert Zajonc가 제시한 **단순접촉효과**mere exposure effect가 그것이다. 그 주장의 핵심은 어느 대상을 반복적으로 접촉하면 그 대상에 대한 호감도가 높아지는 경향이 있다는 것이다.

그렇다면 광고에서는 브랜드명만을 정확하게 전달하고 그다음에는 접촉 횟수를 늘리기만 하면 된다는 이야기가 된다. 선거운동에서 후보자명을 반복해 연호하는 것은 합리적인 전술이라고 할 수 있지만, 광고에서는 수확체감의 법칙이 작용하므로 무한대로 접촉 횟수를 늘린다고 좋은 것이 아니다.

시그널링signaling이라는 경제학적 관점도 광고 내용이 아니라 광고하고 있다는 자체가 중요하다고 주장한다. 광고가 품질의 시그널로 작용할 때 고객은 광고하는 브랜드일수록 품질이 높다고 생각하고 구매할 확률을 높인다는 것이다. 그러나 현실에서는 광고와는 다르게 품질이 낮은 브랜드도 있다.

6.3에서 설명한 가격의 시그널링 효과와 마찬가지로 경험재의 경우 구입한 브랜드의 품질이 생각보다 낮으면 고객은 두 번 다시 구입하지 않고, 예상대로라면 반복해서 구입한다. 따라서 좋은 품질의 브랜드일수록 많이 광고하고 시험구매자를 증가시키는 것이 이치에 맞다.[3]

그러나 이 논리도 혁신이 활발하게 일어나는 경우에는 수정되어야 한다. 경쟁사에 비해 품질이 좋은 브랜드가 앞으로도 그럴 것이라는 보증이 없기 때문이다. 단, 광고와 품질 변화의 관계를 고객이 학습하게 된다고 가정하면 광고를 시그널로 받아들이고 브랜드를 선택하는 것은 여전히 고객에게 도움이 된다고 할 수 있다.[4]

▌구매 직전, 그리고 구매 후에도 광고효과가 있다

자사 브랜드가 인지되고 경쟁사에 비해 선호되어도 곧바로 구매로 이어지지는 않는다. 구매의 장애요인으로 가장 먼저 제기되는 것이 가격이다. 그 제품을 원하는데 가격 때문에 구입을 망설이는 경우는 우리 일상에서 자주 있는 일이다.

또 하나의 장애요인은 구입하는 것을 잊어버리거나, 매장에서 구입을 결정하게끔 해주는 마지막 결정타가 없는 경우다. 이러한 장애요인을 제거해주는 것이 9장에서 살펴볼 판매촉진인데, 광고에도 그 역할이 없는 것은 아

---

3 R. Schmalensee, "A Model of Advertising and Product Quality", *Journal of Political Economy,* Vol. 86, No. 3(1978), pp.485~503.

4 M. Mizuno & H. Odagiri, "Does Advertising mislead Consumers to Buy Low-Quality Products?" *International journal of Industrial Organization*, Vol. 8, No. 4(1990), pp.545~558.

니다.

고객은 특정 브랜드가 마음에 들어도 그 브랜드를 항상 의식하지는 않는다. 광고를 보고 브랜드를 떠올리고 구입을 하게 만드는 효과를 **회상효과** reminding effect라고 한다. 이 효과가 발휘되면 광고를 통한 매출 증대가 비교적 단기간에 일어날 수 있다.

구매가 이루어지면 광고의 역할이 끝나는가 하면 반드시 그렇지는 않다. 6.3에서 살펴본 페스팅거의 인지부조화이론에 따르면, 사람들은 자신이 이미 행한 의사결정을 정당화해주는 정보를 사후에 모으고 그 정보를 자기에게 유리하게 해석하는 경향이 있다.

페스팅거는 자신의 저서에서 자동차를 구입한 사람이 구입 후에도 구입하지 않은 사람 이상으로 열심히 자동차 광고를 본다는 사실을 보여주는 실험을 소개하고 있다.[5] 이러한 구입자는 자신의 선택이 옳았다고 믿고 싶기 때문에 그 제품을 매력적으로 그리는 광고를 보려고 하는 것이다.

▎'AI'로 시작되는 광고효과모델

광고효과모델로는 오래전부터 AIDMA모델이 유명하다. 최근에는 덴쓰(일본최대의 광고회사 — 옮긴이)가 AISAS라는 모델을, 가타히라 호타카片平秀貴와 야마모토 히카루山本晶가 AIDEES라는 모델을 제안했다.[6] 이들 모델을 단계별로 비교한 것이 〈도표 7-6〉이다.

이들은 모두 'A'(attention, 주목)와 'I'(Interest, 관심)로 시작한다. 즉, 광고

5 フェスティンガー, 『認知不協和の理論』(末永俊郎 監訳, 誠信書房, 1965).
6 AISAS: 秋山隆平・杉山恒太郎, 『ホリスティックコミュニケーション』(宣伝会議, 2004).
   AIDEES: 山本晶・片平秀貴 「インフルエンサーの発見とクチコミの効果: AIDEESモデルの実証分析」, 『マーケティングジャーナル』, Vol. 28, No. 1(2008), pp. 4~18.

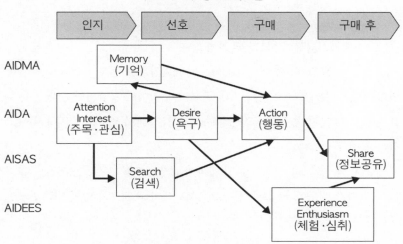

〈도표 7-6〉 광고효과모델

| 인지 | 선호 | 구매 | 구매 후 |

AIDMA

Memory
(기억)

AIDA

Attention
Interest
(주목·관심)

Desire
(욕구)

Action
(행동)

AISAS

Search
(검색)

Share
(정보공유)

AIDEES

Experience
Enthusiasm
(체험·심취)

또는 그 외의 정보에 접촉하게 되면 인지적 반응이 가장 먼저 일어난다. 단, 고객은 다량의 정보에 접촉하고 있으므로 주목과 관심은 수동적이라기보다 능동적·선택적으로 발생한다고 볼 수 있다.

인지적 반응 뒤 대부분은 'Desire(욕구)'와 'Action(행동)'이 일어난다. 이는 선호와 구매를 가리킨다. 한편 AIDMA모델에서는 욕구(D)와 행동(A)사이에 'Memory(기억)' 단계가 있다. 이것은 광고접촉과 구매가 서로 다른 곳에서 발생한다는 기존의 상식에 따른 것이다.

인터넷이 보급된 오늘날에는 광고접촉과 구매가 동시에 일어나기도 한다. 그러한 배경에서 제시된 AISAS모델에서는 주목(A)과 관심(I) 다음에 'Search(검색)'가 있고, 구매 후(A)에는 소셜미디어 등을 통한 정보의 공유 Share가 있다.

한편 AIDEES에서는 고객의 브랜드 체험에 주목하고 있다. 욕구(D) 뒤에 Experience(경험)이 발생하고 이것이 Enthusiasm(심취)로 바뀔 때 강한 브랜드 체험이 일어난다. 그리고 이러한 감정의 경험이 고객 사이에서 공유

(S)된다.

▌ 또 하나의 경로: 감정과 무의식

앞서 말한 광고효과모델은 AIDEES를 제외하고는 대부분 감정의 작용을 명시적으로 다루지 않고 있다. 광고효과에서 감정이 중요하다는 것은 대부분 인식하고 있지만, 광고효과 조사에서도 감정에 대해서는 측정하지 않고 있는 것이 현실이다.

왜 그럴까? 감정의 작용은 본인이 자각하기도 힘들고 설문조사로도 측정하기 어렵기 때문이다. 그래서 광고효과모델이 브랜드의 인지적 측면에만 주목해온 것일 수 있다.

심리학자인 키스 스타노비치Keith Stanovich와 리처드 웨스트Richard West 는 인간의 의사결정을 **시스템1**과 **시스템2**로 분류했다.[7] 이는 행동경제학을 개척한 업적으로 노벨경제학상을 수상한 카너먼이 자주 인용해서 그런지 매우 유명하다.[8] 〈도표 7-7〉은 그 내용을 요약한 것이다.

기존 마케팅 또는 경제학 등의 사회과학이 전제로 하는 것은 시스템2의 의사결정이다. 고객은 수집한 정보를 시간을 들여 논리적으로 처리한다. 과정이 합리적인 의사결정은 기본적으로 시스템2에 해당된다.

시스템1은 거의 무의식중에 자동적으로 진행하는 의사결정이다. 속도가 빠르고 종종 감정을 수반한다. 이러한 의사결정은 일상의 습관적·충동적 행동을 지배하지만, 그 상황에서는 적절한 경우일 수도 있다.

사실 우리의 일상적인 구매행동 대부분은 시스템1을 따른다. 시스템1의

---

7 K. E. Stanovich & R. F. West, "Individual differences in reasoning: Implications for the rationlity debate?", *Behavioral and Brain Sciences*, 23(2000), pp.645~726.
8 D. Kahneman, "Maps of Bounded Rationality: Psychology for Behavioral Economics", *American Economic Review*, Vol. 93, No. 5(2003), pp.1449~1475.

작용을 엄밀히 분석하기 위해서는 복잡한 심리실험이나 뇌신경을 측정하는 것이 이상적이지만, 실제 광고효과측정에서 그것을 실행하기에는 너무 많은 비용과 시간을 필요로 한다는 문제가 있다.

〈도표 7-7〉 의사결정: 두 개의 시스템

시스템1	시스템2
• 빠르다, 자동적, 노력 불필요, 연상적	• 느리다, 노력을 요한다, 심사숙고
• 종종 감정에 휩쓸린다	• 상대적으로 유연하다
• 습관에 지배받는다	• 잠재적으로 규칙에 지배받는다
• 제어·수정이 곤란하다	

자료: Kahneman(2003), Stanovich&West(2000) 등.

7.2 거대한 도달력을 자랑하는 TV광고

▎TV광고의 접촉효과는 시청률로 측정한다

TV광고는 더 이상 효과가 없다는 말을 자주 듣는다. 젊은 사람들이 TV를 시청하는 비율이 줄어들고,[9] TV광고비도 이전에 비해 떨어지는 등 그 말을 증명하는 실제 현상들도 나타나고 있다. 그러나 필자가 아는 한 TV광고의 효과가 없어졌다는 명확한 증거가 제시된 사례는 아직 없다.

TV광고의 강점은 폭넓은 범위에 신속하게 정보를 전달할 수 있다는 점이고, 그 효과는 단적으로 시청률로 나타난다. TV의 **개인 시청률**은 조사대상가구의 TV수상기에 연결된 피플미터peoplemeter라고 하는 장치를 통해 측정된다. 그 가구 구성원 가운데 누가, 언제, 어떤 채널을 시청했는지를 기록한다.

일본에서는 관동関東, 관서関西, 나고야名古屋 지구의 각 600가구에서 피플미터를 이용해 시청률을 측정하고 있다(다른 지역에서는 간이조사를 하고 있

---

9 諸藤絵美·渡辺洋子, 「生活時間調査からみたメディア利用の現状と変化: 2010年国民生活時間調査より」, 『放送生活と調査』(NHK放送文化研究所, 2011年 6月号), pp. 48~57.

다). 이들 가구는 무작위로 추출되었으므로 모집단(해당 지역에서의 전체 TV 시청 가구)의 시청률이 어느 정도인지 통계적으로 추정 가능하다.

시청률 측정은 광고접촉도 계산한다. 〈도표 7-8〉은 열 개의 가구(개인) 수와 다섯 시점을 두고 각 시점마다 어느 가구가 광고에 접촉했는지를 보여준다. 각 시점별로 가로로 더해 총가구 수로 나누면 해당 시점에서의 광고 시청률이 나온다. 그 값을 모두 합산한 수치를 GRPGross Rating Points, 또는 종합시청률이라고 한다.

▎GRP로 TV광고의 집행규모를 산출

GRP는 하나의 TV광고가 일정 기간에 획득한 시청률의 종합이며, 그 광고의 규모를 보여주는 것이기도 하다. 〈도표 7-8〉에서 각 시점의 시청률을 더하면 GRP는 140%가 된다.

광고접촉 횟수는 가구마다 다르지만 전부를 합산하면 14회가 되고 한 가구당 평균접촉 횟수는 '14회 ÷ 10가구 = 1.4회'가 된다. GRP가 140%라는 것은 TV시청가구가 광고에 1.4회 접촉한 규모의 광고라는 것이다.

GRP를 광고의 핵심성과지표Key Performance Indicator(KPI)로 삼는 것이 타당한 경우는 해당 TV광고의 타깃이 거의 동질적이며 대중성을 가지고 있을 때다. 이때 타깃은 광고접촉 횟수가 많을수록 브랜드를 인지하거나 선호할 가능성이 높다.

GRP는 TV광고를 집행할 때 가장 기본적인 가치 기준이므로 마케터는 GRP를 지표로 광고 집행 규모를 고려해도 좋을 것이다. 그러나 광고접촉으로 관심을 받았다고 해도 고객이 동질적이지 않을

〈도표 7-8〉 TV광고의 GRP

가구(개인)

시점	A	B	C	D	E	F	G	H	I	J	시청률
1	○				○		○			○	40%
2		○			○	○					30%
3	○							○			20%
4			○					○			20%
5						○		○		○	+)30%
접속횟수	2	1	1	0	2	1	1	4	0	2	140%

총가구 수: 10   빈도수: 14÷8=1.75회
도달률: 8÷10=80%   도달률 x 빈도수=140%

경우 GRP만을 KPI로 삼는 것은 적절하지 않다.

▎GRP는 도달률과 빈도수로 이루어진다

GRP는 도달률과 빈도수를 곱한 값이기도 하다. 도달률reach이란 TV광고의 접촉 횟수가 1회 이상인 가구(개인)의 비율이며, 빈도수frequency란 접촉한 가구의 평균 접촉 횟수를 말한다. GRP가 동일해도 도달률과 빈도수는 다양한 값을 가질 수 있다.

〈도표 7-8〉의 예를 보면, 도달률은 10가구 중 8가구, 즉 80%가 되고, 빈도수는 14회 ÷ 8가구 = 1.75회/가구가 된다. 이 둘을 곱하면 140%로, 앞서 계산한 GRP와 동일한 값이 된다. 이는 우연이 아니라 반드시 일치하게 되어 있다.

동일한 GRP에서 도달률과 빈도수를 다양하게 조합할 수 있다. 〈도표 7-9〉는 GRP를 일정하게 두고 도달률이 상대적으로 높은 광고와 빈도수가 상대적으로 높은 광고의 차이를 보여주고 있다. 어느 쪽이 더 바람직할까?

여기서 주의해야 할 것은 빈도수는 높으면 높을수록 좋은 것은 아니라는 점이다. 〈도표 7-3〉에서 보듯이 광고접촉 횟수가 많아지면 인지율은 높아지지만, 어느 시점을 넘으면 수확체감법칙이 적용된다. 즉, 빈도수의 효율이 나빠지는 것이다.

이는 도달률도 마찬가지다. 도달이 확산되어 갈수록 광고에 대한 반응은 둔화되어간다. 도달률의 효과 또한 수확체감이 되므로 도달률을 무제한으로 높인다고 해서 좋은 것은

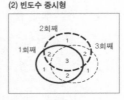

〈도표 7-9〉 TV광고의 도달률과
빈도수 패턴의 차이

(1) 도달률 중시형　　　(2) 빈도수 중시형

타원은 1회의 광고노출로 접촉 가능한 시청가구(개인)의 범위를 나타낸다. GRP가 일정하다면 (1)에서는 다른 시점에서 노출되는 광고에 중복 접촉하는 가구가 적어 빈도수도 적어지지만 도달은 넓어진다. (2)는 그 반대의 경우다.

아니다.

빈도수를 늘리고 도달률을 높이는 데는 당연히 비용이 들고, 또 수확체감법칙이 적용되므로 이익을 최대화할 수 있는 도달률과 빈도수의 조합을 찾아야 한다. 그렇게 하기 위해서는 세분시장마다 광고접촉의 반응을 알 필요가 있다.

▍이상적인 데이터: 싱글소스데이터

1980년대 POSPoint of Sales데이터의 등장은, 마케팅 정보혁명이 일어났다고 말할 정도로 반향이 컸다. 바코드가 붙은 제품을 계산대에서 스캔하면 편리하게 계산을 할 수 있을 뿐 아니라, 언제, 어떤 제품이 몇 개 구매되었는지도 기록된다.

계산대를 통과할 때 고객에게 포인트카드를 제시하도록 하면 누가, 언제, 무엇을, 어디에서 구입했는지 기록할 수 있다. 이를 ID POS데이터라고 한다. 포인트 제도를 통해 매장에 대한 충성도를 높이고 각 고객의 구매이력을 토대로 개별 프로모션도 실행할 수 있다.

한편 고객의 가정용 TV에 피플미터 같은 장치를 설치해서 TV광고의 접촉 실태를 조사하는데, 이때 TV광고의 접촉뿐만 아니라 제품구매까지 연동해서 측정하는 **싱글소스데이터**single-source data가 등장했다. 이 덕분에 광고접촉과 구매행동과의 관계를 이전보다 정밀하게 분석할 수 있게 되었다.

싱글소스데이터에는 구매를 매장의 POS데이터로 측정하는 타입도 있고 구입자 본인에게 구입한 것을 기록하게 하거나 사진을 찍도록 하는 타입도 있다. 또한 광고접촉 여부는 설문조사를 통해서도 얻을 수 있다. 조사의 간편성과 정보의 정확성을 고려해 어느 타입을 선택할지를 결정한다.

▌TV광고의 누적효과

광고의 구매효과를 분석할 때는 장기적인 시점이 필요하다. 왜냐하면 한 두 번 광고에 접촉한 것만으로 구매가 발생하는 일은 매우 드물고, 광고접 촉이 누적됨에 따라 서서히 브랜드에 대한 호감도가 형성되고 마지막으로 구매에 이르는 것이 일반적 과정이기 때문이다.

광고의 누적효과를 모델화한 사람은 미국의 경제학자인 마크 너러브 Mark Nerlove와 케네스 애로Kenneth Arrow이다.[10] 그들은 광고누적을 영업권 goodwill(특정 기업이 경쟁사보다 더 많은 초과이익을 낼 수 있도록 만드는 무형자 산 — 옮긴이)이라고도 불렀다. 참고로 애로는 1972년에 노벨경제학상을 수 상한 매우 유명한 이론경제학자다.

광고누적의 기본구조는 〈도표 7-10〉에 나타나 있다. 광고누적은 일정한 기간에 일정한 비율만이 기억에 남고(기억유지율) 나머지는 사라져버린다 (망각). 그리고 또다시 광고에 접촉한 분량만큼 누적 증가한다. 이러한 증 가와 감소 두 가지 힘에 의해 광고누적은 변화한다.

수치로 보도록 하자. 어느 주간에 처음으로 광고에 1회 접촉하면 광고누 적은 1이 된다. 기억유지율이 0.8이고 그 후 광고접촉이 없으면 광고누적 은 다음주에 0.8, 그다음 주에는 $0.8^2 = 0.64$ ……로 감소해간다.

다시 말해 1회 접촉한 광고의 효과는 0.8만 다음 주에 누적되고 그다음 주에는 0.64만 누적되고 점차 시간과 함께 누적분이 감소하다가 0에 가까 워진다. 이러한 변화는 〈도표 7-11〉과 같이 나타난다.

광고누적이 구매에 영향을 미친다는 것을 보여주는 연구 사례가 있다. 가쿠슈인 대학의 스기타 요시히코杉田善弘 교수 팀이 실시한 연구로,[11] 이 연

---

10 M. Nerlove & K. J. Arrow, "Optimal Advertising Policy under Dynamic Conditions", *Economica* 29(1962), pp.129~142.
11 杉田善弘·水野誠·八木滋, 「他項ロジットモデルによる広告効果の測定」, ≪

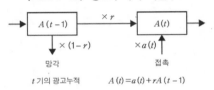

〈도표 7-10〉 광고누적의 기본구조

t기의 광고누적 $A(t) = a(t) + rA(t-1)$

단, $a(t)$: t기의 접촉횟수
   r : 기억유지율 $(0 < r < 1)$
   $1-r$: 망각률

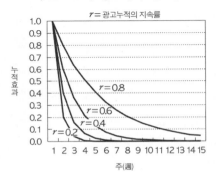

〈도표 7-11〉 광고의 누적효과

구에서는 세탁 세제를 대상으로 당시의 싱글소스데이터를 이용해 TV광고누적과 브랜드 선택의 관계를 분석했다.

여기서는 기억유지율 r이 0.6일 때 해당 싱글소스데이터와 가장 잘 맞아떨어졌다. 따라서 광고누적의 총합계는 첫 주 효과의 1/(1-r)배가 되므로 이 경우에는 2.5배가 되었다. 즉, 장기적 광고효과는 단기적 효과의 배 이상 된다는 것이다.

이 결과는 특정 시기, 특정 지역, 특정 제품 카테고리에서 도출된 것이므로 일반화하기는 어렵지만, TV광고뿐 아니라 광고 전체를 누적이라는 관점에서 접근하려는 시도는 그 후에도 계속되고 있다.

광고누적의 효과도 수확체감의 법칙이 작용하므로 비용을 고려해서 최적의 누적 수준을 찾을 필요가 있다. 쉴 새 없이 광고를 노출하면 최적 수준을 넘어 과승이 된다. 광고누적이 최적 수준을 유지하도록, 망각되는 분량을 보충하는 형태로 광고를 지속적으로 실시하는 것이 바람직하다.

マーケティングサイエンス≫ Vol. 1, No. 1~2(1992), pp.1~11.

▌TV광고에 단기효과가 존재한다는 주장

TV광고의 장기적 효과에 대한 논의에 비해 단기적 효과에 대해서는 연구자들이나 실무자들 사이에서도 의견이 분분하다. 7.1에서 서술한 기존 브랜드에 대한 회상효과가 TV광고에 있다고 하면 단기효과가 존재한다고도 할 수 있다.

TV광고의 단기효과를 데이터를 근거로 주장한 사람은 오랫동안 광고업계에 종사한 후 뉴욕의 시러큐스Syracuse대학교에서 교편을 잡은 존 필립 존스John Philip Jones교수다.[12] 그가 활용한 분석방법은 알기 쉬워 실무자들에게는 많은 주목을 받았는데, 마케팅 연구자들에게는 비판을 받기도 했다.

존스의 방법은 싱글소스데이터를 이용해 구매 전 1주일 이내에 TV광고에 접촉한 가구와 그렇지 않은 가구 사이에 광고제품 구입률을 비교했다. 광고에 접촉한 가구일수록 광고제품 구입률이 높다면 광고의 단기효과가 있다고 판단한 것이다.

그러나 광고효과에 관한 두 권의 전문 서적을 보면 둘 다 이 방법에 비판적이다. 그 이유는 존스가 초보적인 통계적 검증조차 하지 않았다는 점이며, 그보다 더 심각한 문제는 **선택편향**selection bias(실험을 위한 특정 대상을 선정할 때 발생하는 편향 — 옮긴이)이라고 하는 것이다.

구매 전에 광고에 접촉한 가구는 원래 구매가능성이 높기 때문에 광고의 타깃이 되었고, 그래서 광고에 접촉했을 가능성이 있다. 만약 그렇다면 광고에 접촉하지 않아도 그 브랜드를 구매할 확률은 높았을 것이고, 그러면 광고로 인해 구매가 발생했다고 할 수 없게 된다.

이러한 문제를 피하기 위해서는 광고접촉이 다른 요인으로부터 영향을 받지 않도록 할 필요가 있다. 가장 유효한 방법은 광고접촉에 대해 **무작위**

---

12 ジョーンズ,『広告が効くとき　広告が売上に寄与する確かな証拠』(東急エージェンシーマーケティング局 訳, 東急エージェンシー出版部, 1997).

실험randomized experiment을 하는 것이다.

또 하나는 '마치' 무작위 실험을 한 것처럼 데이터를 처리하는 것이다. 이를 **성향점수**propensity score라고 한다. 게이오 대학의 호시노 다카히로星野崇宏교수와 필자는 이 방법을 이용해 인스턴트커피의 싱글소스데이터에서 광고의 단기효과가 명확하게 나타나는 것을 확인했다.[13]

▮ 스플릿케이블 실험을 통한 광고효과의 검증

무작위 실험에 의한 TV광고효과 측정으로는 미국의 조사회사 IRI사가 실시한 행동관찰Behavioral Scan이 유명하다. 이 조사에서는 특정 지역의 케이블TV 가입 가구를 대상으로 가구마다 노출되는 광고를 달리해서 반응을 비교했다. 이를 **스플릿케이블 실험**split-cable experiment이라고 한다.

이와 같은 실험은 광고접촉 횟수나 광고 내용의 차이가 구매행동에 어떻게 영향을 미치는지를 검증할 수 있다. 대상 가구는 슈퍼마켓에서 무엇을 구입했는지를 기록하게 했고(싱글소스데이터), 광고소재는 무작위로 송신하므로 광고 이외의 요인에 의한 영향은 크지 않다.

미국 펜실베이니아 대학의 레너드 로디시Leonard M. Lodish 교수 팀은 과거에 실행된 400회 가까운 스플릿케이블 실험 결과를 종합해서 TV광고의 횟수를 변경했을 때 구매효과가 증명된 경우는 전체의 49%(신제품은 55%, 기존제품은 33%)라고 보고하고 있다.[14]

약 절반 가까운 TV광고에 효과가 있다는 것은, 앞서 백화점왕 워너 메이

---

13 M. Mizuno & T. Hoshino, "Assessing the Short-term Causal Effect of TV Advertising via the Propensity Score Method", *Department of Social Systems and Management Discussion Paper,* No.1162(2006), University of Tsukuba.

14 L. M.Lodish et al., "How T.V. Advertising Works : A Meta-Analysis of 389 Real World Split Cable T.V. Advertising Experiments", *Journal of Marketing Research*, Vol. 32, No. 2(1995), pp.125~139.

커가 '광고에 투입한 비용의 절반은 낭비'라고 한 말과 기묘하게 부합하는 느낌이 든다. 워너 메이커의 시대보다 진보한 점이 있다면, 광고노출 직후에 어느 쪽 절반이 낭비였는지를 알 수 있게 되었다는 점이다.

한편 잠시 후 살펴볼 인터넷광고에서는 **A/B테스트**라고 하는 무작위실험이 빈번하게 실시되고 있다. 인터넷에서는 방문자에 따라 광고 소재를 다르게 노출할 수 있고, 자사 사이트에서 고객의 행동(주문, 자료청구 등)을 측정하는 것도 가능하기 때문이다.

▌크리에이티브를 어떻게 관리할 것인가?

TV광고의 효과에는 메시지, 즉 크리에이티브의 힘이 관계한다. 앞서 말한 스플릿케이블 실험에서도 광고 소재에 따른 효과의 차이가 검증되었고, 광고 크리에이티브(메시지나 표현력)가 구매행동에 영향을 미칠 수 있다는 것을 보여주고 있다.

실무에서는 종종 크리에이티브의 사전 테스트를 실시하고 그 결과에 따라 크리에이티브의 내용을 바꾸는 경우도 있다. 이러한 테스트는 일반적으로 특정 장소에 잠재고객을 모아놓고 실시하므로 실제 자택에서 TV를 시청하는 상황과 달라 테스트 결과의 타당성을 의심하는 의견도 있다.

스플릿케이블 실험에는 TV광고의 크리에이티브를 교체한 실험도 포함된다. 그 실험에서는 광고 소재를 사전에 테스트해서 그 테스트가 크리에이티브의 구매효과를 바르게 예측하는지 검증했는데, 결과는 전혀 예측하지 못한 것으로 나타났다.

어쩌면 테스트 방법이 좋지 않았기 때문인지도 모른다. 독일 쾰른 대학의 베르너 라이나츠Werner Reinartz 교수 팀은 2005년부터 2010년까지 독일에서 방송된 437개의 TV광고의 매출효과를 분석했다.[15]

이들은 독자적인 척도로 광고 크리에이티브의 힘을 측정하고 매출효과

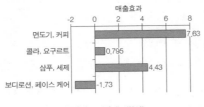

〈도표 7-12〉크리에이티브의 매출효과

자료: Reinartz & Saffert(2013).

를 분석했는데, 제품 카테고리에 따라 결과는 다양했다. 〈도표 7-12〉에서 보듯이 면도기나 커피는 매출에 매우 강한 플러스효과가 있지만, 보디로션과 페이스 케어는 마이너스효과를 보였다.

광고 크리에이티브에 대한 다양한 테스트가 축적되면 광고표현에 관한 일반법칙을 도출해낼 수 있을지도 모른다.

　그러나 필자는 그에 대해 회의적이다. 크리에이티브의 중요한 기능 중 하나는 고객의 예상과 다른 반전과 놀라움을 주는 것이다. 어떤 조건에서 어떤 크리에이티브로 성공했는지 보여주는 과거의 사례는 이미 반전과 놀라움을 상실한 것이므로 광고표현의 일반법칙 자체가 성립되지 않는다.

7.3 업계를 뒤흔드는 인터넷광고

▌인터넷광고의 효과지표

　지금부터는 광고비 측면에서 TV광고 다음에 위치하는 인터넷광고에 대해 보도록 하자. 현재 인터넷광고를 대표하는 두 기둥은 디스플레이광고(배너광고)와 검색광고다.

　디스플레이광고는 웹페이지에 실리는 광고로, 고객이 보고 있는 페이지에 광고가 노출되는 횟수를 노출 수impression라고 한다. 이것이 인터넷광고에서 광고접촉을 측정하는 지표다. 여기까지는 TV광고와 동일하지만 이다

---

15 ラインアーツ　サファート, 「クリエイティブ広告の効果は測定できるか」, ≪DIAMONDハーバードビジネスレビュー≫, 10月号(2013), pp.110~120.

음부터는 달라진다.

인터넷광고를 클릭하면 광고주 사이트로 이동하게 되는데, 이 점이 바로 인터넷광고의 가장 큰 특징이다. 노출된 광고가 얼마나 클릭되었는지를 나타내는 비율을 클릭률, CTRClick Through Rate라고 한다.

CTR는 자사 사이트에 방문자가 얼마나 들어왔는지 평가하는 지표인데, 방문자 중 자사 제품을 구입하거나 회원가입을 하는 등 사이트가 원하는 어떤 행동을 했는지를 평가하는 것이 전환율conversion Rate이다. 인터넷광고는 이러한 행동효과까지 측정 가능하다고 자주 강조된다.

현재 CTR 수치는 이전에 비해 매우 적어지고 있다. 그래서 광고접촉 직후가 아니라 일정 기간(이를테면 30일간) 내에 그 사이트를 방문한다면 효과가 있다고 보는 시각도 있다. 이를 VTRView Through Rate(광고에 접촉한 후 전환율에 이른 확률 — 옮긴이)이라고 한다.

▌인터넷광고에 인지효과는 필요 없는가?

인터넷광고에서는 CTR나 VTR로 행동효과를 측정할 수 있기 때문에 인지효과는 별로 고려하지 않아도 될까? 마케팅연구자 자비에르 드레제Xavier Dreze와 프랑수아 자비에 위셔François-Xavier Hussherr는 CTR같은 지표로 측정되는 행동효과보다 오히려 인지효과에 주목해야 한다고 주장한다.

그들이 아이트레킹 장치를 사용해서 조사한 결과에 따르면, 인터넷 이용자는 디스플레이광고를 피하면서 웹페이지를 본다는 것이다.[16] 이 조사가 실행된 지 10년 가까이 지났는데, 이러한 경향은 한층 더 강해지고 있다.

그러면 디스플레이광고는 효과가 없는 것일까? 두 연구자는 **주변시야**에 주목했다. 인간은 시점에서 조금 떨어진 장소도 지각하기 때문이다. 그들

---

16 X. Dreze & F. X. Hussherr, "Internet Advertising: Is Anybody Watching?", *Journal of Interactive Marketing*, Vol. 17, No. 4(2003), pp.8~23.

은 디스플레이광고에 표시된 브랜드명을 기억하는 효과는 접촉 횟수가 많을수록 높아진다는 것을 실험으로 나타냈다. 다시 말해 인터넷 이용자는 디스플레이광고를 그다지 주시하지 않지만 주변시야로 지각하고 그 내용의 몇 가지를 거의 무의식적으로 기억하고 있다는 것이다. TV광고와 마찬가지로 디스플레이 광고에도 인지효과가 있다는 뜻이다.

그렇다면 브랜드 인지도의 향상 같은 기존 광고의 목표를 인터넷광고에 적용해도 좋을 것이다. 다만 자동적으로 측정되는 행동효과에 비해 인지효과는 비용을 들여 조사를 하지 않으면 측정할 수 없다는 불편함이 있다.

▎행동타기팅으로 확률을 올리다

CTR을 대체할 평가지표가 검토되는 한편, CTR을 향상시키려는 노력도 계속되고 있다. 예를 들어 동영상을 사용하거나 유명인을 기용하거나 사이트 방문자에게 어떤 특전을 제공하는 등 다양한 아이디어를 내놓고 있다.

한편 좀 더 정밀한 타기팅으로 CTR이나 전환율을 높이려고 하는 것이 **행동타기팅**이라고 하는 방법이다. 타깃고객이 과거에 방문한 사이트, 열람한 페이지, 클릭한 광고 등의 데이터를 수집·분석해서 그 개인의 반응확률이 최대가 되도록 광고를 송신하는 것이다.

행동타기팅이 일반화되면 인터넷을 보고 있는 동안 그 사람의 관심이나 욕구, 선호가 해석되어간다. 개인이 식별되면 별도의 사이트에서 기록된 그 사람의 특성이나 구매 이력, 위치 정보 등도 함께 축적된다. 그 결과 자신이 원하는 제품의 광고를 접할 확률이 높아지고, 이는 고객에게도 이점이 있다. 그러나 한편으로는 사생활이 침해받는다는 단점도 있다. 개인정보를 보호하는 규제에 대응하고 사생활 침해가 되지 않는 새로운 시스템을 개발하는 것이 향후의 과제가 될 것이다.

▌잠재고객이 자연스럽게 모이도록 하는 방법

광고효과를 높이기 위해 고객으로 하여금 자신의 관심이나 선호를 스스로 드러내도록 하는 방법도 있다. 디스플레이광고와 함께 인터넷광고의 쌍벽을 이루는 **검색광고**가 그렇다. 유명한 것으로 구글의 애드워즈Adwords라고 불리는 서비스가 있다. 예를 들어 신주쿠에서 맛있는 빵집을 찾는 사람이 구글이나 야후 등의 검색사이트에서 '신주쿠의 빵집'이라고 입력한다. 그러면 그 키워드와 관련된 웹페이지뿐 아니라 광고 링크도 화면의 주변부에 표시된다.

검색은 그 키워드에 니즈가 있는 사람이 행하는 경우가 많아 관련 광고에 대한 CTR이나 전환율이 높다. 광고의 표시 순서는 광고주가 해당 키워드에 지불한 가격이 반영된다.

콘텐츠연동광고도 잠재고객의 개인정보 없이 타깃을 모으는 방법이다. 구글의 애드센스AdSense라고 불리는 서비스는 자신의 웹사이트에 광고송신을 신청한 개인에게 해당 웹사이트의 내용을 자동적으로 해석해서 그 내용과 관련 있는 광고를 송신한다. 예를 들어 원예에 대한 이야기가 많은 블로그라면 원예용품의 광고가 송신된다. 그 블로그 방문자에 대한 개인정보가 없어도 그 블로그를 보는 사람은 원예에 관심이 있는 사람일 확률이 높다고 보는 것이다. 따라서 원예용품 광고에 대한 CTR이 높아진다.

▌인터넷광고의 비즈니스모델

여러 가지 형태가 있는 인터넷광고는 대다수가 공통적으로 성과보증형 계약이다. 즉, 목표한 클릭 수(또는 다른 지표)가 달성되기까지 광고를 노출시킨다. 따라서 광고예산의 초과나 미사용이 발생하지 않는다.

그 결과 인터넷광고에서는 광고접촉에 대한 성과의 불확실성이 거의 없다. 물론 브랜드 인지나 선호, 인터넷 외의 구매 등에 대해서는 다른 미디어와 마찬가지로 불확실성이 있다. 그래도 광고주로서는 이전보다 광고계획을 세우기가 용이하다는 것은 확실하다.

디스플레이광고에서는 최근 실시간 입찰시스템이 도입되고 있다.[17] 웹페이지에 누군가가 방문하는 순간, 그가 누구인지를 식별하고 어느 광고를 노출할 것인가를 입찰로 결정한다. 웹페이지 방문자에게 어떤 광고를 노출하면 효과적인가를 과거의 데이터를 바탕으로 판단한다는 점에서는 행동타기팅과 비슷하다. 미디어 측은 광고를 노출하고 싶어 하는 광고주 가운데 가장 조건이 좋은 쪽을 선택한다. 이러한 입찰과정은 전부 소프트웨어가 대신해서 진행한다.

이는 개인의 광고접촉이 자동으로 거래되는 시장이다. 광고접촉을 판매하는 미디어와 구입하는 광고주의 수급이 일치하도록 가격이 정해지므로 거래의 투명성이 높고 효율적인 자원배분을 기대할 수 있다.

▌ 제휴광고의 등장

최근의 인터넷광고에서 주목받고 있는 또 하나의 움직임은 제휴광고 affiliate advertising다. 특정 개인 홈페이지나 블로그에 특정 기업의 광고를 게재해서 제3자가 그것을 클릭하거나 구입이 발생할 때 보수를 지불하는 것을 말한다.

세계적인 온라인 소매업체인 아마존닷컴은 서적을 중심으로 방대한 종류의 품목을 취급하고 있다. 개인 블로거는 그중에서 특정 품목의 광고를 자신의 블로그에 실을 수 있다. 그 블로그의 방문자가 광고를 클릭해서 그 품목을 구입하면 해당 블로거에게 일정한 보수가 지불된다.

자신의 블로그에 어떤 제품의 광고를 노출시킬 것인지 선택하는 권한은

---

17 橫山隆治·菅原健一·模田良輝, 『DSP/RTB オーディエンスターゲティング入門』(インプレスR&D, 2011).

대부분의 경우 해당 블로거에게 있다.[18] 따라서 광고주는 누구에게 어느 정도 광고를 송신할지를 거의 조절할 수 없다.

앞서 소개한 구글의 애드센스 AdSense 같은 콘텐츠 연동형 광고는 광고의 클릭 수에 맞춰 웹사이트 운영자에게 보수가 지불된다. 단, 그들은 자신의 사이트에 무슨 광고를 게재할 것인지 자신이 정할 수 없다. 이 점이 제휴광고와 크게 다른 점이다.

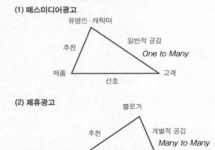

〈도표 7-13〉 매스미디어광고와 제휴광고의 비교

(1) 매스미디어광고

유명인·캐릭터
추천
일반적 공감
One to Many
제품
선호
고객

(2) 제휴광고

블로거
추천
개별적 공감
Many to Many
제품
선호
고객

제휴광고에서는 블로거 자신이 광고할 품목을 선택하고 그것을 방문자가 수용한다면 그 블로그에 대한 호의나 신뢰가 광고에 전이될 것으로 기대한다. 이것은 〈도표 7-13〉같이 균형이론으로 설명될 수 있다.

매스미디어광고에서는 유명인이 제품을 추천하지만(〈도표 7-13〉(1)), 제휴광고에서는 해당 블로거가 제품을 추천한다(〈도표 7-13〉(2)). 유명인은 많은 사람으로부터 호의를 받고 있지만, 블로거는 특정 방문자에게 강한 신뢰를 받고 인간적인 유대감을 쌓고 있을 가능성이 있다.

가까운 사람의 추천은 효과적이므로 페이스북 같은 소셜미디어에 제휴광고를 전개하는 것도 생각해볼 수 있다. 다만 개인이 자신의 친구·지인관계를 이용해서 수입을 얻는다고 인식되면 관계가 좋지 않게 될 우려가 있다. 그 예로 네트워크 비즈니스(다단계 마케팅)라고 불리는 비즈니스 방법이

---

18 水野誠, 『アフィリエイト広告の媒体特性と効果測定に関する研究: 消費者駆動型広告の時代の広告プラニングを探る』(吉田秀雄記念事業財団助成研究成果報告書, 2012).

있다. 사회학 입장에서 네트워크를 연구하는 야스다 유키安田雪 교수는 그것이 합법적인 상업 행위지만 친구·지인을 비즈니스에 끌어들임으로써 서로의 관계가 악화될 위험이 있다고 지적한다.[19]

7.4 광고커뮤니케이션은 어디로 향하는가?

▍하향식 광고와 상향식 광고

TV광고의 플래닝은 필자의 관점에서는 어디까지나 하향식이다. GRP를 KPI로 한다는 것은 지역·성별·연령 등으로 설정된 타깃에게 광고가 몇 %까지 도달했고 평균 몇 번 접촉했는지를 평가하는 것이다.

그 반대쪽에 있는 것이 인터넷광고다. 여기서도 노출 수 같은 접촉 횟수가 KPI가 되지만 그와 동등하게 CTR이나 전환율 등의 지표도 KPI가 된다. 전환율은 고객이 광고에 접촉하거나 클릭한 다음 어느 정도의 확률로 행동이 일어나는지를 평가하는 것이다. 즉, 인터넷광고는 고객과의 만남을 시작으로 어떻게 거래 관계까지 이어갈 것인지 주목하고 있으며, 이는 매스미디어광고에 비해 상향식 시점에 있다는 것을 알 수 있다.

실제 인터넷광고에서 성장하고 있는 행동타기팅이나 검색광고는 타깃이 상세히 설정될수록 효과를 발휘한다. 대충 타깃을 설정해놓고 그물로 물고기를 잡듯 걸려든 고객을 얻겠다는 접근법과는 방향이 다르다. 물론 이 같은 표현은 꽤 극단적이기는 하다. 매스미디어광고에서도 치밀하게 타깃이 설정되는 경우가 있고 인터넷광고에서도 규모를 이유로 타깃을 폭넓게 설정하는 경우가 있다.

---

19 安田雪, 『パーソナルネットワーク-人のつながりがもたらすもの』(新曜社, 2011), 4章.

결국 현실에서는 하향식과 상향식을 융합하고 있다. 그다지 좋은 비유는 아니지만 현대의 전쟁이 바로 그렇다. 공군이 적이 있을 법한 지역에 폭격을 가하는 한편, 지상군이 직접 적과 상대하며 백병전을 전개한다. 하향식과 상향식이 이와 같이 기능하지 않으면 적을 제압할 수가 없다.

▎미디어믹스모델을 이용한 광고의 최적화

광고캠페인에서 광고를 노출할 미디어를 어떻게 조합할 것인가가 **미디어믹스**media mix다. 그에 대한 의사결정모델이 광고업계에서 많이 개발되어 있다. 그 모델에 따라 커뮤니케이션 목표를 달성하는 데 가장 효율이 좋은 미디어 간 예산배분이 결정된다.

〈도표 7-14〉는 미디어믹스모델의 원리를 나타낸 것이다. 총광고예산과 각 미디어의 배분 비율을 입력하면 효과지표의 예측치가 출력된다. 예측치가 목표와 일치되도록 미디어 간 예산배분을 바꾸거나 광고예산 전체를 변경하는 것이 가능하다.

여기에 광고뿐 아니라 가격, 프로모션, 유통 등 다양한 마케팅 수단을 포함시킨 것이 마케팅믹스모델이다. 이러한 모델은 조사회사, 광고회사, 컨설팅회사 등에서 개발되어 실무에 공급되고 있다.[20]

그런데 이러한 모델은 기본적으로 하향식 발상이다. 물론 매스미디어광고만 고려한다면 상관없지만 인터넷광고, 소셜미디어 등으로 커뮤니케이션의 범위가 넓어지면 상향식 발

〈도표 7-14〉 광고미디어 믹스모델

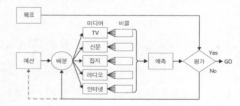

20 ウェス ニコルズ, 「広告アナリティクス2.0」, ≪DIAMONDハーバードビジネスレビュー≫, 7月号(2013), pp.56~61.

상도 고려할 필요가 있다. 이때는 고객의 능동성을 어떻게 조합할 것인지 생각해야 한다.

▎일관성을 위한 통합적 커뮤니케이션

4.1의 제품 개발에서 콘셉트를 바탕으로 한 '일관성'이 중요하다고 서술했는데, 마케팅 커뮤니케이션에서도 마찬가지다. 그 일관성을 기반으로 하는 IMCIntegrated Marketing Communication가 강조하는 것 중 하나가 일관된 메시지의 전달이다.

그렇다고 해도 사실 그것을 실천하는 데는 어려움이 있다. 마케팅 부문과 영업 현장, 크리에이티브와 미디어, 광고와 판매촉진, 매스미디어와 인터넷 등, 이들 사이에는 다양한 간극이 존재하기 때문이다.

그러나 고객 입장에서 보면 그 기업, 그 브랜드는 하나의 존재다. 따라서 어느 미디어, 어느 매장에서나 고객과의 커뮤니케이션에 일관성이 있어야 한다. 그렇게 하기 위해서는 고객과의 접점에서 메시지를 철저히 관리할 필요가 있다.

일관성을 실현하기 위해서는 강력한 리더십이 필요하다. 이전에는 브랜드 차원에서 강력한 권한을 가진 브랜드 매니저를 두는 것이 강조되었지만, 최근에는 전사全社적 차원에서 마케팅 최고경영책임자Chief Marketing Officer (CMO)를 두도록 권하고 있다.

▎시너지를 실현하는 통합적 커뮤니케이션

IMC의 주장은 언제 어디서나 똑같은 메시지를 내보내면 된다는 것이 아니다. 미디어에는 각각 특성이 있다. 이를테면 〈도표 7-15〉와 같이 도달력, 특정력, 대화력 등으로 미디어 특성을 정리할 수 있는데, 이러한 특성에 맞게 사용하는 것이 중요하다.

도달력reachability이란 메시지 도달범위의 넓이와 속도를 가리키는 것으로, TV를 중심으로 하는 매스미디어가 압도적인 힘을 자랑해 왔다. 특정력addressability이란 고객데이터를 활용하여 타깃으로 하는 특정 개인에게 접근하는 능력을 가리키며, 이는 다이렉트 메일

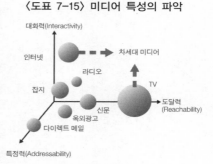

〈도표 7-15〉 미디어 특성의 파악

DM의 최대 장점이기도 하다.[21] 대화력interactivity도 중요하다. 개개의 고객과 정보를 교환하고, 고객의 요구나 잠재적 욕구를 가능한 솔직히 듣고, 이를 마케팅 믹스에 활용한다. 이전에 기업 내에서 이 역할을 한 것은 영업부서나 고객상담실이었다.

그런데 인터넷이 등장한 이후 미디어 간의 벽이 무너지기 시작했다. 인터넷은 고객데이터베이스와 연계해서 특정력을 가지고, 알고리즘을 고도화해서 대화력을 높이고 있다. 최근에는 도달력도 매스미디어에 근접해 있다고 할 수 있다.

이제 인터넷을 미디어 믹스에 포함시키는 것은 상식이 되고 있다. 거기에서 요구되는 것이 바로 시너지synergy(상승효과)다. 매스미디어광고도 인터넷광고도 그들이 단독으로 발휘하는 효과뿐 아니라 연동해서 함께 발휘하는 효과가 중요해지고 있는 것이다.

TV광고를 통해 흘러나가는 메시지는 잠재고객이 인터넷에서 검색하고 소셜미디어에 올리고 광고영상을 공유하는 등 일련의 행동을 해야 화제의 중심에 설 수 있다. 반대로 이 같은 일련의 행동은 매스미디어가 받쳐주지

---

21 R. C. Blattberg & J. Deighton, "Interactive Marketing: Exploiting the Age of Addressability", *Sloan Management Review*(Fall 1991), pp.5~11.

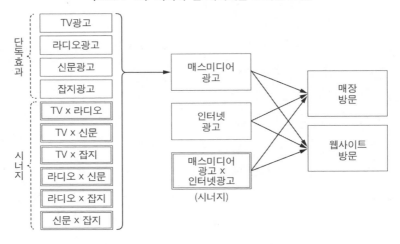

〈도표 7-16〉 미디어 간 시너지를 고려한 모델

단독효과: TV광고 / 라디오광고 / 신문광고 / 잡지광고

시너지: TV x 라디오 / TV x 신문 / TV x 잡지 / 라디오 x 신문 / 라디오 x 잡지 / 신문 x 잡지

매스미디어광고 / 인터넷광고 / 매스미디어광고 x 인터넷광고 (시너지)

매장방문 / 웹사이트방문

않으면 가속화되지 않는다.

마케팅 연구자인 네이크와 피터스Naik & Peters는 어느 자동차회사에서 입수한 데이터를 이용해 매스미디어광고와 인터넷광고가 오프라인 매장과 웹사이트의 방문에 미치는 영향을 분석했다.[22] 그리고 매스미디어광고와 인터넷광고의 시너지를 확인했다(〈도표 7-16〉).

이들은 미디어 간에 시너지가 존재할 경우는 그렇지 않은 경우에 비해 ① 총광고비를 증가시키고, ② 단독효과가 강한 미디어 비율을 억제하고, ③ 단독효과가 약한 미디어의 비율을 증가시킴으로 이익을 최대화할 수 있다고 주장한다.

〈도표 7-17〉은 이들의 연구에서 분석한 실제 캠페인의 광고예산 배분과 최적배분을 비교한 것이다. 최적배분은 실제배분에 비해 총광고비가 약간

---

22 P. A. Naik & K. Peters, "A Hierarchical Marketing Communications Model of Online and Offline Media Synergies", *Journal of Interactive Marketing*, 23(2009), pp. 288~299.

올라가고, 최대 지출항목인 매스미디어광고의 구성비를 감소시키며, 인터넷광고나 DM을 증가시킨다는 것을 알 수 있다.

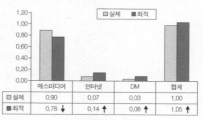

〈도표 7-17〉 광고예산배분의 최적화

	매스미디어	인터넷	DM	합계
실제	0.90	0.07	0.03	1.00
최적	0.78 ↓	0.14 ↑	0.08 ↑	1.05 ↑

자료: Naik & Peters(2009).

▎능동적인 고객, 즉시 대응하는 기업

기존의 미디어믹스모델에 충분히 반영되어 있지 않은 중요한 요소 가운데 소셜미디어의 커뮤니케이션에서 볼 수 있는 '고객의 능동성'이 있다. 이는 기업과 고객의 커뮤니케이션에서 고객 쪽으로 주도권이 넘어가는 경우가 증가하면 문제가 될 수 있다.

기존의 미디어믹스모델에서는 기업이 조절할 수 있는 요인을 입력하면 그에 따라 고객의 행동이 출력된다. 그러나 앞으로는 고객의 자발적인 행동이 입력에 추가되고 그것에 기업이 어떻게 대응하는지, 어떤 성과가 도출되는지가 출력될 것이다.

실시간 마케팅이라는 관점에서는 고객의 불만이나 요망에 대해 각 고객접점에 있는 담당자가 즉각 대응해야 한다는 것을 강조한다.[23] 현장에서 나타나는 고객대응은 매우 미시적인 현상으로 보이겠지만, 거기에서 대응에 실패하거나 늑장으로 대응하는 경우가 누적되면 브랜드 붕괴로 이어질 위험도 있다.

고객 간의 정보나 영향의 전파라는 점을 고려하면 소셜미디어의 역할에 주목하지 않으면 안 된다. 8장에서는 소셜미디어의 보급으로 커뮤니케이션 전략에서 그 역할이 더욱 중요해진 입소문 마케팅을 살펴보고자 한다.

---

23 デイヴィッド・ミ-アマン・スコット, 『リアルタイム・マーケティング生き残る企業の即断・即決戦略』(楠木建 監修・有賀裕子 訳, 日経BP社, 2012).

입소문과 소셜미디어

트위터, 페이스북, 유튜브, 카카오톡 등 소셜미디어를 통해 많은 사람이 언제 어디서나 순식간에 커뮤니케이션할 수 있게 되었다. 그 결과 입소문이 마케팅의 중요한 수단이 되고 있다.

입소문은 매스미디어가 존재하지 않던 아주 옛날부터 존재했다. 그것은 본래 고객 사이에서 자연스럽게 발생하는 것이므로 관리하거나 조절하는 것은 불가능하다. 그러나 소셜미디어에서의 입소문은 측정 가능하므로 입소문을 관리하는 길이 열렸다고 볼 수 있다.

소셜미디어는 마케팅 커뮤니케이션의 일부인 PR의 활동 범위를 확대시키기도 했다. 기존 PR의 주요한 업무는 매스미디어를 통한 정보발신이 중심이었는데, 최근에는 소셜미디어에서의 정보관리가 더 중시되고 있다.

이 장에서는 고객 간 상호작용의 기초적인 구조를 본 다음 네트워크 관점에서 입소문의 효과를 고찰해보려 한다. 그리고 실무적 과제로서 소셜미디어 마케팅을 어떻게 활용할 것인지 알아보도록 하자.

8.1 입소문이 고객을 움직이다

▌입소문은 고객 상호작용의 일부

고객 간의 상호작용에는 세 개의 층이 있다(〈도표 8-1〉). 제일 위층은 협의의 입소문으로 언어로 표현된 정보가 확산되고, 그 아래가 광의의 입소문으로 언어 이외의 다양한 정보가 고객 사이에 퍼진다. 그리고 맨 아래층에는 정보전파를 필수 전제로 하지 않는 고객 상호작용이 있다.

언어 이외의 정보에서 고객 간 확산이 용이하고 영향력이 강한 것이 시각정보다. 아이팟은 초기 구입자들이 귀에 꽂고 다니던 흰색 이어폰 때문에 보급이 더욱 촉진되었을 수도 있다.

마케팅 연구자 샤 양Sha Yang과 그레그 앨런비Greg M. Allenby는 미국의 어느 지역에서 누군가 일본 자동차를 구입하면 그 주변 이웃도 따라서 일본 자동차를 구입하는 경향이 높아진다는 것을 실증했다.[1] 이웃의 자랑을 듣고 차를 갖고 싶어졌다면 협의의 입소문 효과, 이웃의 자동차를 보고 갖고 싶어졌다면 광의의 입소문 효과인 것이다.

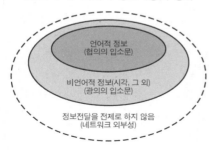

〈도표 8-1〉 사회적 상호작용의 종류

▌네트워크 외부성과 입소문의 구별

정보전파를 전제로 하지 않는 고객 간의 상호작용에는 **네트워크 외부성**, 또는 **네트워크 효과**라고 하는 현상이 있다. 그것은 고객 간 정보교류의 유

---

1 S. Yang & G. M. Allenby, "Modeling Interdependent Consumer Preferences", *Journal of Marketing Research*, 40(August, 2003), pp. 282~294.

무와 상관없이 어느 고객의 행동이 다른 고객의 이익에 영향을 미치는 것을 말한다.

스마트폰의 사용자 수가 증가함에 따라 다양한 통신서비스에 대한 각 사용자의 수용가치도 높아진다. 스마트폰 사용자는 다른 사용자 모두와 실제로 통화하지는 않지만, 그들과 연결될 가능성이 보증되어 있다는 점에서 혜택을 느끼는 것이다.

좀 더 알기 쉽게, 예를 들면 통신서비스에 대해 사용자가 얻는 가치가 그 서비스를 통해 몇 명과 연결되는지에 따라 결정된다고 하자. 각 사용자가 다른 모든 사용자와 연결될 가능성이 있다면 각 사용자가 얻는 가치는 그 서비스에 가입한 총인원수에 비례한다고 볼 수 있다.

그런데 타인끼리의 연결이 돌고 돌아 자신에게도 이익을 가져다준다고 하면 가치는 더욱 상승하게 된다. 이때 개개의 사용자가 얻는 가치는 전체 가입자의 두 배에 해당하는 수에 비례한다. 즉, 그 서비스의 가입자 수보다 더 많은 수에 비례해서 영향을 받는다.

전자의 경우 네트워크 외부성이 부여하는 가치는 네트워크의 가입자 수에 대해 수확일정이지만, 후자의 경우는 수확체증이다(〈도표 8-2〉 (3)). 일반적으로는 가입자 수가 적을 때는 수확체증, 많아지면 수확체감이 되고 S자형 곡선을 그릴 가능성도 있다.

그러면 네트워크 외부성이 존재하는 통신서비스와 입소문은 어떻게 다를까? 여기서는 둘 다 정보의 흐름을 가치로 두고 있다. 이에 대한 필자의 의견은 통신서비스의 가치로서 중요한 것은 통신할 수 있다는 가능성이지 무엇을 통신하는지와는 관계없다는 것이다.

예를 들어 파이오니아에서 생산하는 자동차 내비게이션은 다른 사용자의 주행정보를 모아 내비게이션에 활용하는 기능이 장착되어 있다. 따라서 이 제품의 사용자가 증가할수록 내비게이션의 정확도가 올라가고 가치가

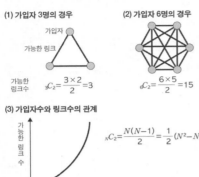

〈도표 8-2〉 네트워크의 가치

(1) 가입자 3명의 경우

가입자

가능한 링크

가능한 링크수

$$_3C_2 = \frac{3 \times 2}{2} = 3$$

(2) 가입자 6명의 경우

$$_6C_2 = \frac{6 \times 5}{2} = 15$$

(3) 가입자수와 링크수의 관계

가능한 링크수

$$_NC_2 = \frac{N(N-1)}{2} = \frac{1}{2}(N^2 - N)$$

N(가입자 수)

1

높아지게 된다. 이때 사용자 간에 정보가 흐르지만 각 사용자는 그것을 의식하지는 않는다.

네트워크 외부성이 존재할 때 기업은 경쟁 상대보다 조금이라도 빨리 고객을 획득해서 경쟁상 유리한 위치를 차지할 수 있다. 작은 차이라도 그 효과가 누적되면 큰 차이를 만든다. 거기서 유효한 전술의 하나가 6.2에서 설명한 침투가격설정이다.

▐ 밴드왜건효과와 스놉효과

네트워크 외부성과 비슷한 개념으로 밴드왜건효과bandwagon effect, 스놉효과snob effect가 있다. 경제학자인 하비 레이번슈타인은 여기에 베블런효과를 추가해 선호의 의존관계에 대해 이들 세 타입을 비교분석했다.[2]

밴드왜건효과란 특정 제품의 사용자가 많을수록 선호되는 것을 의미한다. 다른 사람을 모방·동조하는 것은 심리적 메커니즘에 의해 발생하는 경우가 많고, 구체적인 이익이 있기 때문에 일어나는 경우도 있다. 후자는 앞서 말한 네트워크 외부성이 있는 경우에 해당한다.

반대로 스놉효과란 특정 제품의 사용자가 많을수록 선호되지 않는 경우다. 패션성이 높은 제품은 동일한 것을 가지고 있는 사람이 너무 많으면 선호되지 않을 가능성이 있다. 사용자가 증가해서 혼잡해지는 등 구체적인

2 H. Leibenstein, "Bandwagon, Snob and Veblen Effects in the Theory of Consumers' Demand", *Quarterly Journal of Economics*, 64(1950), pp.183~207.

불이익이 있는 경우는 빈貧의 네트워크 외부성이 있다고 할 수 있다.

밴드웨건효과를 유발하는 모방은 무의식중에 발생하기도 한다. 심리학자인 차트란드와 바그Chartrand & Bargh는 어느 실험에서 실험참가자에 섞여 있는, 이른바 잠복자가 다리를 떨거나 코를 만지거나 하면 다른 참가자도 동일한 행동을 하는 경향이 있다는 것을 발견했다.[3] 더구나 그들은 자신들이 잠복자에게 영향을 받는다는 것을 모른다.

사회학 또는 복잡네트워크의 연구자인 매슈 살가닉Matthew J. Salganik, 피터 도즈Peter S.Dodds, 던컨 와츠D. J. Watts는 구매행동이 다른 사람의 영향을 받기 쉽다는 것을 보여준 대규모 실험을 실시했다.[4] 그들은 음악 다운로드 사이트를 만들고 실험참가자에게 사이트에 들어와 음악을 청취하게 한 후 마음에 드는 곡을 다운로드하도록 했다.

사실 그들은 실험참가자들을 몇 개의 그룹으로 나누어 각기 다른 사이트에 배정했다(이 사실을 참가자들은 모른다). 각 사이트에는 곡마다 과거의 다운로드 횟수가 표시되어 있다. 비교를 위해 한 사이트에만 그런 표시를 하지 않고 타인의 영향이 없는 경우에 어떻게 되는지를 측정했다.

시간이 지남에 따라 각 사이트의 다운로드 순위가 달라져갔다. 사이트마다 과거의 다운로드 횟수가 높은 곡이 계속 다운로드되기 때문이다.

다른 사람의 영향을 받은 사람들의 선호는 영향을 받지 않은 사람들의 선호와 어느 정도는 상관이 있으며, 음악 자체의 질이 선호에 반영되지 않은 것은 아니다. 그러나 그 이상으로 타인의 움직임이 사람들의 선호를 예

---

3 T. L. Chartrand & J. A. Bargh, "The Chameleon Effect: The Perception-Behavior Link and Social Interaction", *Journal of Personality and Social Psychology*, 76(1999), pp.893~910.
4 M. J. Salganik, P. S. Dodds & D. J. Watts, "Experimental Study of Inequality and Unpredictability in an Artificial Cultural Market", *Science*, 311, 10(Feb, 2006), pp.854~856.

상하지 못한 방향으로 이동시키고 있는 것이다. 이는 타인의 영향이 있을 때 고객의 선호를 예측하는 것이 매우 어렵다는 것을 시사한다.

▎전염병 확산모델로 입소문을 이해하다

입소문으로 정보가 사람들에게 전달되고 있다. 이 과정과 닮은 것이 인플루엔자influenza 같은 전염성 질환이다. 인플루엔자에 감염되면 자신의 주변에도 감염을 확산시킨다. 이처럼 가장 단순한 전염병 확산모델(SIR)에 따라 입소문 전파모델을 보는 것이 이해하기 쉬울 것이다.

가장 먼저 입소문을 내는 한 사람(최초 전파자)이 있다. 그 사람은 특정 기간에 w명에게 입소문을 전파한다. w명도 입소문을 내기 때문에 그다음 기간에 각자가 또 w명에게 전파한다(이미 그 정보를 전달받은 사람은 w명에 포함되지 않고 항상 새로운 수신자라고 가정하자).

〈도표 8-3〉 입소문 전달과정(기본형)

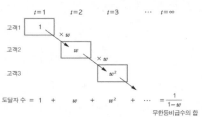

w는 한 사람이 입소문을 전달할 수 있는 인원수이며 확산율이라고 한다. 이 과정이 무한히 계속되면 입소문의 도달은 〈도표 8-3〉에서 보듯이 1/(1-w)명이 된다. w가 0.5일 경우 1회의 입소문은 0.5명밖에 퍼지지 않지만 최종적으로는 2명에게 도달된다.

〈도표 8-4〉 입소문 도달

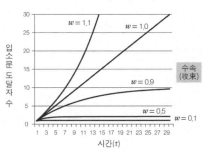

시간의 경과와 함께 입소문 확산이 확산율과 할인율에 따라 어떻게 변하는지를 나타낸 것이 〈도표 8-4〉다. 보는 바와 같이 w가 1 이상이 되면 도달은 무한대로 확

산된다. 현실에서는 인구의 상한이 있으므로 거기에 달했을 때 입소문의 확산은 끝난다. 한편 w가 1미만일 경우 도달은 일정 수에서 멈추게 된다.

실제 입소문 마케팅에서는 최초 전파자를 다수 준비해둔다. 최초 전파자의 수를 s라고 하면 입소문 도달은 s/(1-w)가 된다. s = 100, w = 0.5라면 도달은 200명이다. 전염병 확산모델은 매우 단순한 모델이지만 이렇듯 입소문 마케팅의 효과를 대략적으로 산출해낼 수 있다.

▍실제 사례에서 보는 입소문 확산율

음악 다운로드 실험을 진행한 와츠는 입소문 전파도 연구했다.[5] 연구에 협력한 기업은 친구에게 인터넷으로 소개메일을 보내는 마케팅 시스템을 개발한 업체인데, 그 시스템은 누가 누구에게 메일을 보냈는지가 기록된다.

〈도표 8-5〉는 그 시스템을 토대로 한 사례다. 미국에서 총기규제를 진행하려는 'Stop The NRA'라는 캠페인은 최초 전파자가 2만 명에 가깝고 5만 4000명에 도달했다. 역산하면 확산율은 0.6이 되어 캠페인 자체는 성공했다고 볼 수 있다.

두 번째 사례는 케이블TV에서 여성 법률상담을 하고 있는 옥시즌 네트워크Oxygen Network의 캠페인이다. 최초 전파자는 7000명이었지만 도달은 3만 명을 넘어 확산율은 0.8 가까이 되었다. 이 캠페인에 참가하면 당시 허리케인 카트리나의 피해자를 위한 구호 성금으로 1달러가 기부되었던 것이 확산율에 영향을 미친 것으로 보인다.

마지막은 P&G의 세탁세제 브랜드 타이드Tide의 찬물도전 캠페인이다. 최초 전파자는 10만 명에 이르지만 도달은 거의 누적되지 못해 확산율은 제로에 가까웠다. 이 세제를 사용하면 온수가 아니라도 세탁이 가능해 에

---

5 D. J. Watts, J. Peretti & M. Frumin, "Viral Marketing for the Real World", *Discussion Paper*(2007), Columbia University.

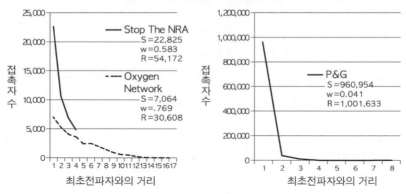

〈도표 8-5〉 실제 캠페인의 전달 과정
[S: 최초전파자 수, W: 확산률, R: 도달률(최종 도달자 수)]

자료: Watts, Peretti & Frumin(2007)에 게재된 수치를 그래프화

너지를 절약을 할 수 있다고 소구했지만 사람들의 공감을 얻지는 못했다.

이상의 사례에서 입소문 마케팅의 성패를 결정하는 것은 확산율이라는 것을 알 수 있다. 허리케인 피해자 구호 같은 강력하면서 긴급한 사회적 메시지는 확산율이 더 높아진다. 만약 확산율이 그다지 높지 않을 경우는 최초 전파자 수를 충분히 확보해야 할 것이다.

▎입소문을 통해 확대되는 고객자산

앞서 본 입소문 전파모델에서는 한 번 입소문을 전달한 사람은 두 번은 하지 않는다고 가정한다. 그러나 현실에서는 한 명의 고객이 계속적으로 입소문을 내는 경우가 자주 있다. 2.2에서 설명한 브랜드 에반젤리스트로 불리는 열정고객은 항상 주변에 전파하는 역할을 한다.

그러면 특정 브랜드의 고객기반에 속해 있는 고객이 입소문을 계속 낸다고 가정해보자. 단, 그 입소문을 처음 들은 상대에게만 전달할 수 있다. 입소문을 접한 고객이 그 브랜드의 고객기반에 들어가고 그들도 또한 입소문을 내기 시작한다.

존 호건John E. Hogan, 캐서린 레몬Katherine N. Lemon, 버락 리바이Barak Libai 등 마케팅 연구자들이 이에 대한 모델을 제시했다.[6] 최초 고객기반에는 한 명의 고객만 있고 이 사람은 최초 전파자가 된다. 그는 고객기반에 있는 동안 계속 입소문을 내고 일정 기간 후 w명이 새롭게 고객기반에 들어온다. 최초 전파자는 확률 r로 다음 기간에도 계속 고객기반에 머무른다.

이 같은 과정이 반복되면 〈도표 8-6〉과 같이 정보가 전파된다. 고객기반에 들어가 있는 고객이 매 기간 1의 이익을 창출한다면 다른 고객에게 입소문을 낸 최초 전파자의 고객생애가치는 다음 공식을 이용해 구할 수 있다.

$$CLV = (1 + d) \div (1 + d - w - r)$$

여기서 d는 할인율이다. w와 r은 고객획득률과 고객유지율이다. 한편 비교를 위해 입소문이 없는 경우의 고객생애가치를 계산하면 다음과 같다. 이는 앞의 식에서 w = 0으로 한다.

$$CLV^0 = (1 + d) \div (1 + d - r)$$

CLV를 CLV^0로 나누면 입소문에 의한 고객생애가치가 입소문이 없는 경우와 비교했을 때 몇 배나 되는지를 나타내는 배율이 계산된다. 이를 입소문 승수world-of-mouth multiplier라 하고 다음의 공식과 같이 나타낼 수 있다.

---

6 J. E. Hogan·K. N. Lemon & B. Libai, "Quantifying the Ripple: Word-of-Mouth and Advertising Effectiveness", *Journal of Advertising Research*(2004), 44, pp. 271~280.

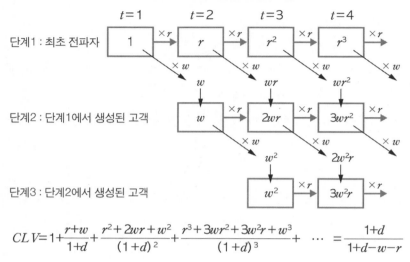

〈도표 8-6〉 입소문 전달과정(연속성)

$$CLV = 1 + \frac{r+w}{1+d} + \frac{r^2 + 2wr + w^2}{(1+d)^2} + \frac{r^3 + 3wr^2 + 3w^2r + w^3}{(1+d)^3} + \cdots = \frac{1+d}{1+d-w-r}$$

$$M = (1+d-r) \div (1+d-w-r)$$

입소문 승수(M)는 예를 들어 고객획득률(w)이 0.2, 고객유지율(r)이 0.6, 할인율(d)이 0.1이라고 하면 이 공식에서는 약 1.7로 계산된다. 즉, 입소문 때문에 최초 전파자의 생애가치는 70% 증가하는 것이다.

여기에서 고객유지율(r)만을 0.8로 변동하면 입소문 승수(M)는 3.0, 즉 고객생애가치는 입소문이 없는 경우에 비해 3배가 된다. 고객유지율을 0.6에서 0.8로 약 33% 올렸는데 입소문의 승수는 1.7에서 3.0으로 2배 가까이 되었다. 지속적인 입소문의 전달이 어느 정도 효과를 가져오는지 알 수 있다.

〈도표 8-7〉에는 고객획득률·유지율과 고객생애가치의 관계가 나타나 있다(할인율은 0.1). 거기서 알 수 있듯이 고객유지율이 높을 때일수록 고객획득률(확산율)의 효과는 커진다. 즉, 고객획득과 고객유지 사이에는 상승효과가 있고 쌍방이 보완하는 것이 중요하다.

이 모델의 문제점 가운데 하나
는 전파자는 언제나 처음 입소문
을 접한 사람을 만나야 한다는 것
이다. 사실 한 개인이 입소문을 전
달하는 범위는 한정되어 있다. 이
러한 현실에 맞추려면 8.2에서 소
개하는 네트워크모델이 유효하다.

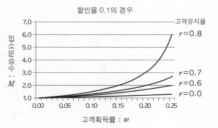

〈도표 8-7〉 입소문 승수의 변화

입소문 승수의 공식 : $M = \dfrac{1+d-r}{1+d-w-r}$

▎입소문 마케팅과 약한 결속

입소문을 마케팅 커뮤니케이션으로 활용할 경우 적절한 최초 전파자를
확보하고 가능한 한 광범위하고 신속하게 입소문을 전파시키는 것이 좋다.
문제는 최초 전파자를 어떻게 발견하고 어떻게 입소문을 내도록 할 것인가
이다.

이러한 과제를 전문적으로 해결해주는 곳이 입소문 대행사다. 이 대행사
는 고객 중에 최초 전파자의 역할을 담당할 대리인을 확보한다. 그들에게
제품정보를 제공하고 각각의 친구나 지인 네트워크를 통해 입소문을 내도
록 하며 누구에게 입소문을 냈는지 보고받는다.

마케팅 연구자인 데이비드 고즈David Godes와 디나 메이즐린Dina Mayzlin
은 이런 방법으로 입소문 마케팅을 전개한 어느 슈퍼마켓의 내점촉진 캠페
인 효과를 분석했다.[7] 그 결과 매장에 대한 충성도가 낮고 최초 전파자와 **약
한 결속**weak tie으로 이어진 사람에게 더 효과적이었다는 것을 알 수 있었다.

약한 결속이란 접촉빈도가 적고 단순히 아는 사이 같은 관계를 가리킨

---

7 D. Godes & D. Mayzlin, "Firm-Created Word-of-Mouth Communication:
Evidence from a Field Test", *Marketing Science*, Vol. 28, No.4(2009), pp.
721~729.

다. 사회학자 마크 그라노베터Mark Granovetter는 이직자들을 대상으로 조사한 결과 약한 결속 네트워크를 통해 이직에 성공한 사람이 많다는 것을 알아냈다.[8] 이는 약한 결속으로 이어진 지인 정보의 중요성을 시사한다.

약한 결속의 반대는 가족이나 친구처럼 언제나 자주 얼굴을 마주치는 관계로 강한 결속이라고 한다. 강한 결속은 감정적 유대감이 있는 경우가 많고 서로 영향을 받기 쉽다고 생각하지만, 일상적으로 접촉하는 동일한 정보원이므로 이직과 같은 중요한 의사결정을 할 때는 약한 결속이 도움이 될 가능성이 있다.

마케팅 연구자인 재클린 브라운Jacqueline Brown과 피터 레인겐Peter Reingen은 제품에 관한 입소문에서는 강한 결속으로 이어진 관계가 영향을 미친다는 연구결과를 제시한다.[9] 약한 결속은 정보전파력은 있지만 영향력은 약하다는 것이다. 결속의 강약과 입소문 효과의 관계는 앞으로의 연구에서 발전이 기대되는 과제다.

8.2 네트워크 과학의 기초를 배우다

▌사회네트워크 분석의 기초

수리사회학의 한 분야로서 탄생한 **사회네트워크 분석**은 물리학이나 정보과학에서의 네트워크 과학과 상호 영향을 미치면서 발전해왔다.[10] 거기에

---

8   グラノヴェッター, 『転職-ネットワークとキャリアの研究』(渡辺深 訳, ミネルヴァ書房, 1998).
9   J. J. Brown & P. H. Reingen, "Social Ties and Word-of-Mouth Referral Behavior", *Journal of Consumer Research*, 14(December, 1987), pp.350~362.
10 安田雪, 『パーソナルネットワーク-人のつながりがもたらすもの』(新曜社, 2011).

서는 개인을 노드로 나타내고 개
인 간의 관계를 링크로 나타낸다.

〈도표 8-8〉은 일곱 명의 친구관
계를 그린 네트워크다. 개인 G만
누구와도 링크되어 있지 않으므로
이 네트워크에 속하지 않는다고
본다. 링크는 일반적으로 지인·친
구관계로 정의되는데, 경우에 따
라서는 동일한 장소에 있다든지

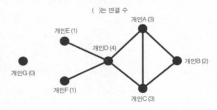

〈도표 8-8〉 친구네트워크의 예시

( )는 연결 수

	B	C	D	E	F
A	1	1	1	2	2
B	—	1	2	3	3
C		—	1	2	2
D			—	1	1

실제

연결 수 분포

	도수
1	2
2	1
3	2
4	1

구매품목이 비슷하다든지 등의 기준으로 정의되기도 한다. 또한 A는 B를
친구라고 생각하는데 B는 A를 친구라고 생각하지 않는 비대칭적인 관계가
존재한다. 그러나 〈도표 8-8〉의 네트워크에서는 그러한 복잡함을 피하고
대칭적인 관계만을 다루도록 하겠다. 네트워크의 성질은 다음과 같은 지표
로 표기된다.

① 밀도density: 〈도표 8-8〉의 친구 네트워크에서는 가령 여섯 명 전원이
   직접적인 친구관계에 있다면 15(= 6 × 5 ÷ 2)개의 가능링크가 생길 수
   있다. 그러나 실제의 링크 수는 7이며 이것을 가능링크 수로 나눈 비
   율(7 ÷ 15 = 0.46)을 밀도라고 한다.
② 평균거리average distance: 이 네트워크를 매개로 특정 개인에게 메시
   지를 보낼 때 경유하지 않으면 안 되는 최소의 링크 수를 거리라고 한
   다. 예를 들면 개인 B에서 E까지는 최저 세 개의 링크를 경유해야 하
   므로 거리는 3이 된다.
   모든 양자 간의 거리를 평균으로 하면 평균거리가 된다. 〈도표 8-8〉
   의 네트워크에서는 평균거리는 23 ÷ 15 ≒ 1.53이 된다. 이 네트워크

에서는 대부분의 사람이 하나 또는 두 개의 링크를 경유해서 이어진 다는 의미다.

③ 집단화 계수clustering coefficient: 어느 네트워크에서 친구의 친구가 자신의 친구일 확률을 집단화 계수라고 한다. 친구의 친구가 친구일 때 삼각형이 생기므로 네트워크에 숨겨진 삼각형의 수를 세는 것으로도 집단화 계수를 계산할 수 있다.

〈도표 8-8〉의 네트워크에서 삼각형을 만드는 관계는 두 개밖에 없다 (ABC와 ACD). 한편 여섯 명 전원이 직접적인 친구라면 삼각형은 20 개가 형성될 것이다(= 6 × 5 × 4 ÷ 3 × 2). 집단화 계수는 이들 삼각형 수의 비율이며 '2 ÷ 20 =0.1'이 된다.

④ 연결 수 분포degree distribution: 연결 수란 네트워크를 형성하는 각 노드가 가지는 링크 수를 말한다. 연결 수가 1인 노드가 몇 개 있는지, 연결 수가 2인 노드가 몇 개 있는지…… 이와 같이, 연결 수의 도수분포를 연결 수 분포라고 한다.

이상과 같은 정의는 너무 추상적이어서 잘 와 닿지 않을 것이다. 그러나 이러한 지표로 실제 고객 간 네트워크가 가지는 성질을 요약할 수 있고, 그에 따라 입소문 전략의 시사점을 얻을 수 있다. 이제 두 가지 전형적인 네트워크를 알아보도록 하자.

┃ 스몰월드 네트워크

사회네트워크 연구가 물리학이나 정보과학과 관련을 맺게 된 계기를 만든 사람이 8.1에 여러 번 등장한 와츠다. 그가 수학자인 스승과 함께 발견한 스몰월드 네트워크small world network 때문에 복잡네트워크라고 불리는 연구 분야가 시작되었다.[11]

스몰월드 네트워크란 밀도가 그리 높지 않은데도 평균거리가 짧고 집단화 계수가 큰 네트워크를 말한다. 알게 된 지 얼마 안 된 상대와 대화하는 중에 공통의 지인이 있다는 것을 알게 되면 우리는 '세상 좁다'라고 말하고, 영어권에서는 "It's a small world"라고 한다.

가족이나 친구 같이 밀도가 높은 네트워크에서는 평균거리가 짧고 집단화 계수가 큰 것이 당연하다. 그러나 밀도가 낮은 네트워크에서 평균거리가 짧고 집단화 계수가 크다는 것은 의외의 일이다. 이러한 네트워크가 스몰월드 네트워크다.

스몰월드 네트워크를 만들기 위해서는, 예를 들어 〈도표 8-9〉의 ①처럼 전원을 원 위에 나열하고 두 번째 이웃까지 링크를 건 다음 〈도표 8-9〉의 ② 같이 무작위로 링크를 선택해 연결하는 조작을 몇 번이고 반복한다. 그 결과 집단화 계수가 높고 평균거리가 짧은 네트워크가 생성된다.

배우의 공동 출연, 논문의 공저, 회사의 임원진 같은 개인 간 네트워크가 스몰월드 네트워크가 된다고 알려져 있다. 더 나아가 인간관계 전반이 스몰월드 네트워크의 성질을 가진다고 해도 과언은 아니다. 그것을 나타내는 것이 '6단계 분리이론six degree of separation'이라는 것이다.

지금은 고인이 된 미국의 사회심리학자 스탠리 밀그램Stanley Milgram은 1960년대에 미국 내에서 멀리 떨어진 생면부지의 사람에게 편지가 전달되도록 하는 실험을 했는데, 편지가 도달된 경우에 평균 여섯 명의 지인을 경유한다는 사실을 확인했다.[12] 이는 밀그램 이전에 제시되었던 6단계 분리

---

11 ワッツ, 『スモールワールドネットワーク-世界を知るための新科学的思考法』(辻竜平・友和政樹 訳, 阪急コミュニケーションズ, 2004).

12 スタンリ-ミルグラム, 「小さな世界問題」(野沢慎司, 大岡栄美 訳), 野沢慎司 編・監訳『リーディングス ネットワーク論-家族, コミュニティ, 社会関係資本』(勁草書房, 2006).

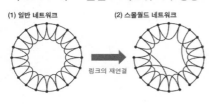

〈도표 8-9〉 스몰월드 네트워크의 생성

(1) 일반 네트워크   (2) 스몰월드 네트워크

링크의 재연결

이론을 실험을 통해 완성시킨 것이라 할 수 있다.

그 후 와츠 연구팀이 밀그램과 동일한 실험을 했는데, 전 세계의 수만 명을 대상으로 편지가 아니라 이메일이 전달되도록 했다. 그 결과 평균 네 명을 거치면 생면부지의 상대와 연결될 수 있다는 결과를 얻었다.[13] 이 같은 사례에서 입소문은 상상 이상으로 멀리 떨어진 장소까지 전파될 가능성이 있다는 점을 알 수 있다.

▎거대한 허브가 존재하는 척도 없는 네트워크

복잡네트워크의 연구가 활발해지고 사회나 자연계에 존재하는 네트워크의 성질에 대해 왕성한 조사가 진행된 결과 새롭게 알게 된 것 중의 하나가 적은 노드밖에 연결되어 있지 않은 노드가 다수 존재하는 반면 매우 많은 노드와 연결된 노드는 소수 존재한다는 사실이다. 후자를 허브hub라고 한다.

허브라고 하면 언뜻 항공 네트워크 역할을 하는 허브공항이 떠오른다. 이는 인공적으로 설계된 네트워크지만 자연스럽게 발생한 네트워크에도 허브가 종종 존재한다. 예를 들어 전염병 유행은 접촉한 사람이 매우 많은 한 개인이 원인이 될 수 있는데, 이 사람을 전형적인 허브라고 할 수 있다.

허브가 있는 네트워크에 대해 중점적으로 연구해온 사람은 네트워크 물리학의 선구자인 버러바시 얼베르트 라슬로Barabási Albert László다.[14] 그가 발견한 것이 바로 척도 없는 네트워크scale-free network다. 그 일례가 〈도

---

13 P. S. Dodds, R. Muhamad & D. J. Watts, "An Experimental Study of Search in Global Social Networks", *Science*, 301(2003), pp.827~829.

14 アルバートラズロ バラバシ, 『新ネットワーク思考-世界の仕組みを読み解く』 (青木薫 訳, NHK出版, 2002).

표 8-10〉에 나타나 있는데, 크고 작은 허브가 있고, 특히 소수의 허브에 매우 많은 링크가 집중되어 있다는 것을 알 수 있다.

〈도표 8-10〉의 네트워크 연결 수 분포는 〈도표 8-11〉과 같이 된다. 이 도표는 양 축이 대수 눈금인 양대수 그래프다. 연결 수 분포가 양대수 그래프에서 직선이 될 때 멱함수분포power-law distribution를 따른다고 할 수 있다.

한편 〈도표 8-10〉의 네트워크는 집단화 계수가 0이라고 하는 특수한 사례다. 일반적인 척도 없는 네트워크에는 집단화 계수가

〈도표 8-10〉 척도 없는 네트워크의 예시

매우 많은 링크가 집중하는 거대 허브가 몇 개 존재한다. 또한 다양한 크기의 허브가 존재한다.

〈도표 8-11〉 척도 없는 네트워크의 연결 수 분포

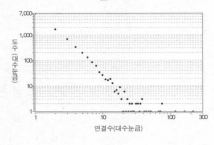

높은 경우도 있다. 즉, 현실의 사회네트워크에는 척도 없는 네트워크와 스몰월드 네트워크 양쪽 모두의 성질을 가지는 것도 있다는 뜻이다.

입소문이 전파하는 네트워크가 척도 없는 네트워크라고 한다면, 소수의 허브를 타깃으로 하면 효율적으로 입소문을 확산할 수 있을 것이라는 기대가 생성되었다. 그러면 입소문 마케팅에서 타깃을 누구로 하면 좋은지 살펴보도록 하자.

8.3 인플루언서 마케팅은 유효한가?

▌인플루언서로서의 오피니언 리더

소수이지만 매우 영향력이 높은 사람들을 인플루언서Influencer라고 한다. 입소문을 효율적으로 전파시키기 위해 이들을 최초 전파자로 삼고 입소문을 내려는 발상은 훨씬 이전부터 있어 왔다.

그 고전이라고 할 수 있는 것이 사회학자인 에란 카츠Eran Katz와 폴 라자스펠드Paul F. Lazarsfeld가 제시한 **오피니언 리더**opinion leader다.[15] 그들이 말하는 오피니언 리더는 유명인이나 지식인이 아니라 일정한 전문지식을 가지고 있는 일반인이다. 오피니언 리더의 영향을 받는 사람들을 추종자follower라고 한다.

카츠와 라자스펠드는 매스미디어가 일반 대중에게 직접 영향을 미친다기보다 오피니언 리더가 개입해서 2단계로 정보가 유통된다고 생각했다. 이를 2단계 흐름two-step flow이론이라고 한다. 마케팅에서도 오피니언 리더의 역할이 오랫동안 주목받아왔다.

오피니언 리더를 발견하는 방법 중 하나는 설문조사를 통해 본인에게 직접 응답받는 것이다. 〈도표 8-12〉에는 미국의 마케팅학자인 킹과 섬머스King & Summers가 제안한 오피니언 리더를 판별하는 척도가 나타나 있다.[16] 그 후에도 많은 연구자와 실무자들에 의해 독자적인 척도가 개발되고 있다.

오피니언 리더는 초기 구입자나 허브와 어떤 관계에 있을까? 의사들을 상

---

15 E. Katz & P. F. Lazarsfeld, *Personal Influence : The Part Played by People in the Flow of Mass Communications*(Free Press, 1955).

16 C. W. King & J. O. Summers, "Overlap of Opinion Leadership Across Consumer Product Categories", *Journal of Marketing Research*, 12(February, 1970), pp. 43~50.

대로 의약품 보급을 조사한 연구에서는, 오피니언 리더일수록 초기에 구입하고 다른 사람의 영향을 받지 않으며 그들 자신이 의사 네트워크에서 허브가 되고 있다는 것을 보여준다.[17]

오피니언 리더가 특정 제품 카테고리에서 영향력을 가진다면 카테고리를 초월해서 영향력을 가지는 이들은 마켓메이븐Market Mavens이라고 마케팅 연구자인 로런스 피크Lawrence F. Feick와 린다 프라이스Linda L.Price는 주장한다.[18] 그들이 제안한 마켓메이븐의 척도가 〈도표 8-13〉에 있다.

〈도표 8-12〉 오피니언 리더 척도
(King & Summers)

1 일반적으로 ( )에 대해 친구나 주변 사람들과 어느 정도의 빈도로 이야기합니까?
　　자주 이야기한다　　　　　　　　　　　전혀 이야기하지 않는다
　　　1　　　　2　　　　3　　　　4　　　　5

2 친구나 주변 사람과 ( )에 대해 이야기 할 때 당신은 ……
　　많은 정보를 제공한다　　　　　　　거의 정보를 제공하지 않는다
　　　1　　　　2　　　　3　　　　4　　　　5

3 지난 6개월간 몇 명의 사람과 ( )에 대해 이야기했습니까?
　　매우 많은 사람과 이야기했다　　　　누구와도 이야기하지 않았다
　　　1　　　　2　　　　3　　　　4　　　　5

4 주변의 친구에 비해 당신은 ( )에 대해 듣는 경우가 많은 편입니까?
　　매우 많다　　　　　　　　　　　　전혀 그렇지 않다
　　　1　　　　2　　　　3　　　　4　　　　5

5 ( )가 화제가 될 때 당신은 ……
　　듣는 경우가 매우 많다　　　　　납득시키는 경우가 매우 많다
　　　1　　　　2　　　　3　　　　4　　　　5

6 ( )가 화제가 될 때 주로 어떤 상황이 됩니까?
　　당신이 이야기한다　　　　　　　친구가 이야기 한다
　　　1　　　　2　　　　3　　　　4　　　　5

7 친구나 주변 사람과 ( )에 대해 이야기할 때 당신은 ……
　충고하는 쪽이 되는 경우가 많다　　이야기하는 쪽인 경우가 매우 많다
　　　1　　　　2　　　　3　　　　4　　　　5

〈도표 8-13〉 마켓 메이븐 척도
(Feick & Price)

7점 척도(매우 동의함 ~ 전혀 동의하지 않음)

1. 친구에게 새로운 브랜드나 제품을 소개하는 것을 좋아한다.
2. 다른 사람을 위해 다양한 제품정보를 제공하는 것을 좋아한다.
3. 제품이나 판매장소, 판매현황 등을 다른 사람으로부터 듣는 경우가 많다.
4. 몇 가지 제품에 대해 어디서 구입하는 것이 좋은지 조언할 수 있다.
5. 친구는 자신을 신제품이 언제 출시되는지에 대한 정보원으로 삼고 있다.
6. 다양한 제품에 대해 정보를 가지고 있고 그것을 다른 사람과 공유하는 것을 좋아하는 사람이 있다고 합시다.

이 사람은 신제품과 그 판매현황, 판매장소 등에 대해 알고 있지만, 자신을 특정 상품에 관한 전문가라고는 여기지 않고 있습니다.
- 당신이 여기에 해당된다고 생각하십니까?

---

17 R. Lyengar, C. Van den Bulte & T. W. Valente, "Opinion Leadership and Social Contagion in New Product Diffusion", *Marketing Science*, Vol. 30, No. 2(2011), pp. 195~212.

18 L. F. Feick & L. L. Price, "The Market Maven: A Diffuser of Marketplace Information", *Journal of Marketing*, 51(January, 1987), pp.83~97.

▌네트워크를 조사해 인플루언서를 발견하다

설문조사로 주변에 대한 영향력을 본인에게 직접 응답하게끔 하는 방법이 어디까지 정확한지 의문을 가지는 사람이 적지 않을 것이다. 그래서 그 사람을 둘러싼 사회네트워크를 파악해 본인의 잠재적인 영향력을 찾으려는 새로운 조사방법들이 생겨났다.

사회네트워크는 경우에 따라서 한없이 확산될 가능성이 있다. 그러나 학교나 직장 등의 단위에는 경계가 있으므로 그 안에서 누구와 연결되어 있는지 전부 파악할 수 있다(물론 실제 인간관계는 그 경계를 넘어 확산된다).

필자는 구조계획연구소와 공동으로 아이폰이 발매되었을 때 어느 기업 내에서 누가 누구와 그에 관해 대화하고 구입에 대한 태도가 어떻게 형성되었는지를 조사했다. 〈도표 8-14〉는 거기서 획득한 대화네트워크다.[19] 이 그림을 보면 곳곳에 비교적 연결 수가 큰 개인이 있다는 것을 알 수 있다. 필자는 또한 아이폰 구입자를 증가시키기 위해서는 이 네트워크에서 누구를 최초 전파자로 세우고 입소문을 전파시키면 좋을지 시뮬레이션했다. 그 결과 발매 직후 대화네트워크에서 연결 수가 높은 개인을 최초 전파자로 한다면 입소문 전파가 구입을 촉진하기 쉽다는 것을 알 수 있었다.

한정된 조직내부를 넘어 사회네트워크를 파악하는 방법으로 스노볼 샘플링snowball sampling이 있다. 사회네트워크 연구자인 구와시마 유후桑島由芙는 친구들 간에 각자가 소유하고 있는 브랜드가 서로 어떻게 닮았는지를 조사할 때 이 방법을 이용했는데, 이는 한 사람을 기점으로 그의 친구를 조사하고 또 그 친구의 친구를 조사하는 방법이다.[20]

---

19 水野誠·森俊勝·馬場崇德·高階勇人·瀬良浩太, 「新製品普及とクチコミ伝播のダイナミクス: 実データに基づくエージェントベースモデリング」, 『マーケティングサイエンス』, Vol. 19, No.1(2011), pp. 91~109.
20 桑島由芙, 「消費者間ネットワークと購買行動: スノッブ効果とバンドワゴン

〈도표 8-14〉 아이폰에 관한 대화네트워크

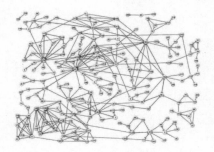 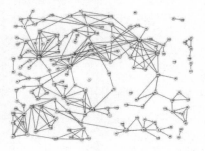

2008.7.30~8.20(발매 직후)
N=180
밀도 0.009
집단화 계수 0.236
평균거리 1.982

2008.7.30~8.20(발매 3개월 후)
N=132
밀도 0.009
집단화 계수 0.403
평균거리 3.809

한편 사회심리학자인 이케다 겐이치池田謙一 연구팀은 다수의 대상자를 무작위로 추출한 다음 그들과 직접 연결되어 있는 친구·지인을 1단계만 조사하는 방법을 채용했다.[21] 이것은 스노볼 샘플링에 비해 네트워크를 얕게 탐색하지만 조사대상자에게 대표성이 있다는 점에서는 뛰어나다.

광범위한 네트워크를 파악하기 위해서는 폭넓게 대상자를 추출해 각각의 네트워크를 심도 있게 탐색하고 대표성을 확보하는 것이 이상적이지만, 실제로 이를 실행하기는 매우 어렵다. 그 대안으로 최근에는 소셜미디어에서 네트워크를 분석하는 것이 연구의 주류를 이루고 있다.

❘ 소셜미디어에서 허브는 영향력이 있는가?

소셜미디어에서 맺어지는 인간관계를 알면, 마케터는 허브를 타깃으로

效果」, ≪赤門マネジメントレビュー≫, 7巻 4号(2008), pp.86~204.
21 池田謙一 編, 『クチコミとネットワークの社会心理　消費と普及のイノベーション研究』(東京大学出版部, 2010).

하는 캠페인을 전개할 수 있다. 그런데 허브는 정말 영향력이 있는 것일까? 이스라엘의 마케팅 연구자인 제이컵 골든버그Jacob Goldenberg 팀은 한국의 SNS데이터를 입수해 허브의 영향력을 분석했다.[22]

골든버그 팀은 SNS로 구입 가능한 아이템을 두고 연결 수가 매우 큰 허브가 그것을 구입할 때 그들과 직접 링크되어 있는 사람들의 구입확률을 조사했다. 그 결과 허브에는 주위에 구입을 발생시키는 영향력이 있다는 것을 알았다.

그러나 허브를 타깃으로 하는 마케팅의 유효성에 의문을 던지는 사람도 있다. 그 대표 주자가 앞서 몇 번이고 등장한 와츠이다. 그의 주장을 참고해 허브를 최초 전파자로 하는 입소문 캠페인에 관한 논점을 정리해보자.

① **사람들이 매일 입소문을 전파하는 네트워크에 소수의 거대 허브가 존재하는가?**: 예를 들어 트위터의 네트워크에는 거대 허브가 존재하는데, 실제로 서로의 트윗을 읽는 관계에 허브가 있는지는 모른다.

② **허브가 존재한다고 해도 주위에 영향력이 있는가?**: 단순히 정보가 흐르는 것이 아니라 수신자의 태도나 행동에 영향을 미치고 있는가? 앞서 말한 골든버그 팀의 연구에서는 그렇다고 하지만 일반화가 가능할 정도로 연구가 축적되어 있지 않다.

③ **허브에 영향력이 있다고 해도 그것이 지속적인가?**: 영향력이 있다고 판단되는 허브를 타깃으로 캠페인을 실시했는데 허브의 영향력이 점점 상실되어서는 곤란하다. 적어도 캠페인을 실시하는 기간 중에는 영향력이 지속되어야 할 필요가 있다.

④ **허브에 지속적인 영향력이 있다고 해도 그것을 타깃으로 할 때 성과는 비**

22 J. Goldenberg, S. Han, D. R. Lehmann & J. W. Hong, The Role of Hubs in the Adoption process, *Journal of Marketing*, 73(March, 2009), pp.1~13.

용에 맞는가?: 영향력 있는 허브를 발견하고 호의적인 입소문을 내도록 하는 데는 비용이 발생한다. 그 비용이 연결 수에 비례할 경우 허브의 효율성은 떨어지게 된다.

와츠 연구팀은 이러한 논조에 따라 허브 또는 인플루언서를 타깃으로 한 마케팅을 비판하고 있다. 그러나 골든버그 팀의 연구처럼 그 반대를 주장하는 연구도 있어서 논쟁은 아직 결착이 나지 않은 상태다.

마케팅의 다양한 문제가 그렇듯 어떤 전략이 유효한가는 경우에 따라 다르다는 것을 기억해둘 필요가 있다. 따라서 인플루언서 마케팅을 고려할 때는 다음 사항에 주의하도록 하자.

① 허브만이 인플루언서의 후보는 아니다. 이에 대해서는 다음 절에서 보도록 하겠다.
② 인플루언서인지 아닌지의 최종 판단은 영향력을 어떻게 측정할 것인가에 달려 있다. 실제로 영향이 있는지를 검증하는 것은 그리 간단하지 않다.
③ 영향의 지속 기간이 일시적이라도 그 기간에 인플루언서를 최초 전파자로 해서 캠페인을 실시할 수 있다면 충분히 가능성이 있다.
④ 인플루언서를 발견하고 그들을 움직이는 데 비용이 든다고 해도 그 비용이 연결 수(링크 수)에 따라 결정된다고는 할 수 없다.

▮ 허브 이외의 인플루언서를 어떻게 발견할 것인가?

소셜미디어의 네트워크를 상세히 안다면 연결 수 이외의 기준, 즉 허브 외에 최초 전파자의 후보를 선택할 수 있다. 네트워크에서 개인의 중요성을 나타내는 지표를 **중심성**centrality이라고 한다.

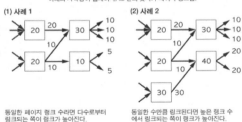

·〈도표 8-15〉페이지 랭크의 계산(예시)

아래의 사각형이 웹페이지, 그 안의 숫자가 페이지 랭크임.

(1) 사례 1

(2) 사례 2

동일한 페이지 랭크 수라면 다수로부터 링크되는 쪽이 랭크가 높아진다.

동일한 수만큼 링크된다면 높은 랭크 수에서 링크되는 쪽이 랭크가 높아진다.

근접 중심성은 자신과 다른 개인과의 거리를 바탕으로 계산된다. 다른 사람과 떨어진 거리가 종합적으로 짧을수록 근접 중심성은 높아진다. 따라서 개인 간의 거리로 입소문 도달 시간이 정해진다면 근접 중심성이 높은 개인을 최초 전파자로 하는 것이 정보전파가 가장 빠르다.

매개 중심성은 한 개인이 네트워크에서 사라져 양자 간에 정보가 흐르지 않는 경우가 증가할수록 높아진다. 매개 중심성이 높은 사람은 네트워크 내 정보전파의 가교 역할을 하는 경우가 많으므로 그들이 의도적으로 정보를 차단하면 입소문은 전파되지 않는다.

구글의 창업자인 레리 페이지와 세르게이 브린은 검색된 웹페이지의 표시 순위를 결정하기 위해 **페이지 랭크**PageRank라는 것을 개발했다.

페이지 랭크의 값은 상호의존적으로 정해진다. 이 값은 페이지 랭크가 높은 페이지에서 링크를 확장할수록 높아진다. 한편 더 많은 페이지로 링크를 확장하면 개개의 링크에 부여되는 페이지 랭크의 값은 분할되어 작아진다. 그 수치예가 〈도표 8-15〉에 있다.

이를 인간관계에 비유하면 많은 사람이 좋아할수록 인기가 높고, 인기가 높은 사람이 좋아하는 사람일수록 인기가 높아진다. 단, 해당인의 인기가 높아도 그 사람이 좋아하는 상대가 많으면 인기는 분산된다. 그 사람이 좋아하는 상대가 적으면 본인의 인기가 거기에 집중된다.

이상의 지표 외에도 네트워크에서 개인의 중요성(중심성)을 나타내는 다수의 지표가 있다. 그러나 한정된 정보로 간단하게 계산할 수 있는 것은 연결 수 중심성이다. 왜냐하면 네트워크에서 누가 누구와 연결되어 있는지는 알 필요가 없고, 각자가 몇 명에게 연결되어 있는지만 안다면 계산이 가능하기 때문이다.

다른 관점에서 말하자면, 연결 수 중심성은 그 네트워크 성질의 일부만 반영되어 있다고 볼 수 있다. 지금까지는 네트워크의 연결 수 중심성을 파악하는 것이 유일한 현실적 방책이었다. 그러나 소셜미디어의 발달로 보다 상세한 네트워크정보가 파악되면 상황이 바뀔지도 모른다.

8.4 소셜미디어를 통해 고객과 대화하다

▌소셜미디어란 무엇인가?

일반적으로 소셜미디어라고 불리는 것은 블로그, 페이스북, 트위터, 그리고 동영상을 공유하는 유튜브 등이 대표적이다.

일본 총무성(한국의 행정자치부에 해당)이 2011년에 실시한 조사에 의하면 10대 이상의 인터넷 사용자 중 소셜미디어를 이용하는 비율은 43%이며, 그 중 70% 이상이 블로그, 트위터 등 SNS를 이용하는 것으로 나타났다(〈도표 8-16〉). SNS 사용자의 대부분은 다른 소셜미디어도 함께 이용하고 있다.

소셜미디어의 공통된 특징 중 하나는 사용자가 스스로 콘텐츠를 생성한다는 것

〈도표 8-16〉 현재 이용하고 있는 소셜미디어

아래의 비율은 10대 이상의 인터넷 사용자(N=3171) 중 소셜미디어 이용자 N=1361을 대상으로 조사한 결과임(조사 기간 : 2011년 3월).

이용미디어(복수응답)	%
① SNS(mixi, Facebook 등)	75.2
② 블로그	54.8
③ Twitter	50.0
④ 인터넷 게시판	33.1
⑤ 지역 SNS(지역커뮤니티활동에 특화한 SNS)	17.6
⑥ 미니블로그	16.1

복합적 이용패턴(많은 항목순)	%
①´	20.1
①+②+③	8.5
①+③	7.4
②	6.8
①+②	6.0
①+②+③+④+⑤+⑥	6.0
(소계)	54.8

출처 : 총무성 「차세대 ICT사회의 실현이 초래하는 가능성에 관한 조사연구」, 2011년.

이다. 이를 UGCUser-Generated Contents나 CGMConsumer- Generated Media.
이라고 부르기도 한다.

또 하나의 특징은 사용자들끼리 양방향 커뮤니케이션을 한다는 점이다.
LINE 같은 모바일 메신저는 물론이고 유튜브 같은 동영상 서비스에서도 사
용자가 댓글을 달거나 페이스북, 트위터에 링크를 걸 수 있도록 해서 양방
향 커뮤니케이션의 기능을 수행하고 있다.

즉, 기업이 소셜미디어를 이용하는 것은 일방적으로 정보를 보내는 것이
아니라 고객과 양방향으로 커뮤니케이션하는 것을 목적으로 한다. 그 점이
매스미디어광고 같은 전통적 마케팅 커뮤니케이션과 결정적으로 다르다고
할 수 있다.

고객과 직접 대화를 나누는 일은 이전부터 고객상담실이나 영업 부서가
오프라인에서 실시해왔던 작업이다. 이제 소셜미디어가 그 일을 대신하게
되면 고객과 기업이 나눈 대화가 제3자에게도 공개된다. 이는 고객을 기분
좋게 하든지 화나게 하든지 그것이 주변에 전파된다는 의미다.

▌ 커뮤니티의 복합체, 소셜미디어

인터넷이 등장하기 전, 컴퓨터통신 시대부터 관심이나 기호, 주장이 비
슷한 사람들끼리 모이는 포럼이라고 하는 장이 존재했다. 인터넷이 등장하
자 전자게시판, SNS 등이 이를 대신하고 거기에서 **커뮤니티**community라고
불리는 사용자 모임이 형성되었다.

한편 블로그는 개인이 자기만의 콘텐츠를 게시하는 장이라고 할 수 있
다. 또한 인기 있는 블로그에는 항시적으로 글을 남기는 팬이 모이고, 기호
나 주장이 유사한 블로그는 상호 링크를 자유롭게 걸 수 있도록 해서 구성
원을 고정하지 않는 유연한 커뮤니티가 생성된다.

마이크로 블로그라고 불리는 트위터에서는 팔로우, 팔로잉으로 네트워

크가 형성된다. 〈도표 8-17〉은 필자와 도쿄 대학의 아베 마코토阿部誠 교수, 구조계획연구소의 신보 나오키新保直樹 소장이 함께한 연구에서 관측된 것이다. 네트워크가 밀집된 부분에서는 커뮤니티가 생성되었을 가능성이 높다.

마케터가 특히 신경 쓰는 부분은 자사의 제품 구입에 강력한 영향력을 미치는 커뮤니티일 것이

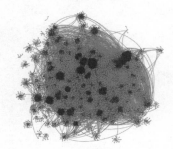

〈도표 8-17〉 트위터에서의 정보전달 네트워크 사례

트위터에서 5개월간 아이폰에 대한 이야기를 올린 적이 있는 사용자의 네트워크. 링크는 두 번 이상 리트윗한 적이 있는 관계에 한정. 검은 부분은 관계가 밀집해 있고 커뮤니티가 형성되어 있을 가능성이 있다.

다. 자사 브랜드를 사랑하는 고객들의 커뮤니티에 대해서는 그들의 충성도를 유지하는 것과 함께 의견을 수렴하는 것이 중요하다.

기업이 자체적으로 커뮤니티를 운영하는 경우도 있다. 많은 소비재 제조사가 가사나 육아 같은 테마를 설정해 고객들 간의 정보 교환을 촉진하는 커뮤니티사이트를 설치해두고 있다. 최근에는 페이스북에 자사 페이지를 설치해 고객과 직접 대화하기도 한다.

▌트위터를 통한 고객과의 커뮤니케이션

고객과의 커뮤니케이션은 트위터로도 행해지고 있다. 트위터 사용자는 다른 사용자를 팔로우해서 그 활동소식(트윗)을 실시간으로 구독한다. 팔로우 관계는 일방적이며, 유명 연예인이나 정치가는 100만 명이 넘는 팔로워를 두고 있다.

트위터에서의 정보의 흐름은 팔로우하고 있는 사용자가 상대의 트윗을 읽는 일방적인 커뮤니케이션이 기본이다(〈도표 8-18〉 (1)). 그러나 한편으로는 상대에게 글을 쓸 수가 있어(멘션) 양방향 커뮤니케이션도 가능하다.

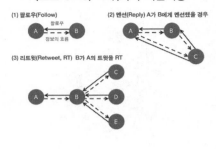

〈도표 8-18〉 트위터의 기본기능

(1) 팔로우(Follow)

(2) 멘션(Reply) A가 B에게 멘션했을 경우

(3) 리트윗(Retweet, RT) B가 A의 트윗을 RT

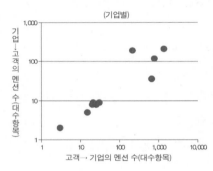

〈도표 8-19〉 기업-고객 간 멘션의 수

출처 : 水野誠, 高階勇人, 新保直樹(2013)

트위터의 멘션에서 흥미로운 것은 그 내용을 양쪽을 팔로우하고 있는 다른 사용자가 읽을 수 있다는 점이다(〈도표 8-18〉 (2)). 고객이 멘션 기능을 사용해 기업에 불만사항이나 요청을 전달하고 기업이 이에 멘션하는 행위가 고객의 친구 등을 포함한 제3자에게 공개된다는 뜻이다.

트위터가 제공하는 또 하나의 중요한 기능은 리트윗retweet(RT)이다. RT란 자신이 팔로우하고 있는 상대의 트윗을 자신을 팔로워하고 있는 사용자 전원에게 전송하는 것이다. RT된 트위터를 본 다른 사용자가 또 RT하면 피라미드 형태로 정보가 확산된다.

이 연쇄과정에 허브가 개입되면 정보는 대규모로 퍼져나간다. 이러한 구조 때문에 기업이 불친절하게 대응해서 고객을 화나게 하거나, 반대로 성실하게 대응해서 고객의 감사를 받으면 순식간에 주변으로 이야기가 퍼질 가능성이 있다. 그래서 기업이 고객과 트위터로 대화하는 것은 양날의 칼과 같다고 할 수 있다.

트위터를 통해 어떻게 고객과 대화하면 좋은지를 둘러싸고 많은 기업이 시행착오를 겪고 있다. 필자는 구조계획연구소와 공동으로 2010년에 11개 기업의 트위터를 모아 고객과 어떻게 대화하고 있는지를 분석했다.[23] 그 내용을 통해 더 효과적인 대화 방법을 모색하려는 목적에서다.

그 분석결과에서 알 수 있었던 것 중 하나는 고객이 기업에게 보내는 멘션과 기업이 고객에게 보내는 멘션이 양의 상관관계에 있다는 것이다〈도표 8-19〉). 어느 쪽이 먼저 시작했는지는 차치하고, 고객과 기업 간의 멘션으로 자연스럽게 양방향 커뮤니케이션이 이루어지고 있었던 것이다.

▌트위터를 통해 정보확산을 기대할 수 있는가?

한국과학기술원의 곽해운 연구팀은 2009년에 트위터 사용자를 포함한 4000만 명이 넘는 데이터를 분석한 결과 트위터 사용자 간의 팔로우 관계의 연결 수 분포는 멱함수분포를 나타내고 있다는 사실을 밝혔다.[24] 즉, 트위터의 팔로우 관계는 척도 없는 네트워크가 되고 소수의 허브가 존재한다는 것이다.

게다가 RT가 몇 회 정도 연쇄적으로 일어나는지 보았는데, 여기서도 멱함수분포가 된다는 것을 알았다. 즉, 대부분의 RT는 1회 발생하면 그것으로 끝이고, 드물게 매우 많은 사용자 사이에 연쇄반응이 일어난다. 또한 허브의 트위터일수록 많이 RT되는 것은 아니라는 발견도 중요하다.

이는 앞서 말한 11개 기업의 트위터 데이터에서도 관찰된다. 고객에 의한 RT가 최종적으로 몇 명까지 확산되었는가에 대한 분포는 〈도표 8-20〉과 같이 멱함수분포를 보이고 있다. 기업 트윗의 RT가 확산되는 범위는 일반적으로 수백 명 정도지만, 드물게 수만 명에 이르는 경우도 있다.

23 水野誠・高階勇人・新保直樹, 「Twitterを用いた顧客とのコミュニケーション: 対話と拡散」, ≪オペレーションズリサーチ≫, Vol. 58, No. 8(2013), pp.427~435.
24 H. Kwak et al., "What is Twitter, a Social Network or a News Media?", Proceedings of the 19th International Conference on World Wide Web(2010).

〈도표 8-20〉 RT의 확산분포

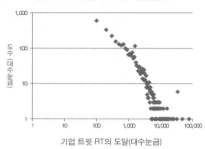

기업 트윗 RT의 도달(대수눈금)

출처 : 水野誠, 高階勇人, 新保直樹(2013)

〈도표 8-21 팔로워 수와 RT의 확산〉

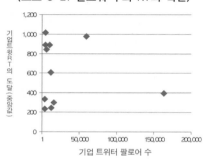

기업 트위터 팔로어 수

한편 곽해운 팀의 연구에서도 나타났지만 기업 트위터에서도 팔로어의 수가 많다고 해서 RT에 의한 확산이 더 많이 일어나는 것은 아니다(〈도표 8-21). 팔로워가 적어도 RT가 연쇄적으로 일어나면 확산범위가 넓어지는 경우가 있다.

마케터는 멱함수분포를 어떻게 이해해야 할까? 멱함수분포를 보이는 것 중에 유명한 현상이 지진이다. 큰 지진은 극히 드물게 발생하지만 그것이 발생했을 때 일어나는 피해는 엄청나다. 그것을 염두에 두고 지진에 준비한다면, 입소문에 대해서도 동일한 준비가 필요하다.

❘ 페이스북을 통한 고객과의 커뮤니케이션

트위터와는 성격이 많이 다른 소셜미디어에 SNS가 있다. SNS에서 사용자끼리 연결되기 위해서는 서로를 승인하는 과정이 필요하다. 그렇기 때문에 사용자 간의 링크가 반드시 양방향이 된다.

세계 최대 규모의 SNS가 된 페이스북은 실명 등록을 요구한다. 그래서인지 페이스북에는 사용자의 실제 인간관계가 그대로 전이되는 경우가 많아 사용자 간의 분쟁이 발생할 확률이 낮다.

페이스북에 의하면 2011년에 친구 수의 중앙치는 약 100, 평균 190으로 연결 수 분포는 오른쪽으로 길어지지만 멱함수분포는 아니다. 평균거리는 4.7로서 어느 사용자나 평균 네 명을 거치면 연결된다. 또한 친구가 많은 사용자일수록 친구가 많은 사용자를 친구로 두고 있다.

따라서 페이스북의 네트워크는 스몰월드 네트워크이며 척도 없는 네트워크가 아니다. 그러므로 페이스북에서는 허브를 찾아 타깃으로 하는 것보다 많은 커뮤니티를 대상으로 하는 마케팅이 훨씬 효과적이다.[25]

이러한 SNS의 세계에 기업도 자신의 페이지를 설치해서 참가하고 있다. 이 경우 사용자는 기업의 승인을 기다리지 않고 열람할 수 있다. 기업은 블로그나 트위터 같이 넓게 한 방향으로 정보를 전달하지만 댓글 기능을 통해 고객과 대화할 수 있다.

또한 사진이나 동영상을 공유함으로써 대규모로 정보를 확산시키는 것이 가능하다. 오바마 미국 대통령이 재선거 직후에 부인과 포옹하는 사진은 60만 명의 사용자에게 공유되었다.

유명인뿐 아니라 노르웨이의 한 젊은이가 투고한 사진에 전 세계에서 대량의 '좋아요!'가 붙은 적도 있다. 그 사진에는 "100만의 '좋아요!'를 모으면 여자친구가 자신과 동침하겠다고 한다"라는 내용의 보드를 든 본인과 그의 여자친구가 있었다.

페이스북 같은 SNS는 트위터와 달리 실제 인간관계를 반영하는 소셜미디어다. 그러한 미디어 또한 기업이 고객과 일상적으로 대화하는 창구로 사용할 수 있다. 그리고 매우 드물기는 하지만, 거기에는 거대한 정보확산이 일어날 가능성이 잠재되어 있다.

---

25 ポール・アダムス, 『ウェブはグループで進化するソ-シャルウェブ時代の情報伝達の鍵を握るのは親しい仲間』(小林啓倫 訳, 日経BP社, 2012).

▮ 기업의 소셜미디어 활용은 '경청'에서부터

소셜미디어의 기업 활용을 다룬 책으로는 『그라운드스웰Groundswell』[한국에서는 『그라운드스웰, 네티즌을 친구로 만드는 기업들』(셸린 리, 조시 버노프 지음. 이주만 옮김. 지식노마드. 2008)이라는 제목으로 출간되었다 — 옮긴이]이 유명하다. 그 책에는 ① 고객의 이야기를 듣는 '경청', ② 고객과의 '대화', ③ 자사 브랜드의 충성고객 '활성화', ④ 고객끼리 돕는 '지원', ⑤ 이 모든 것의 '통합'이라는 5단계 전략이 제시되어 있다.[26]

소셜미디어의 경청은 소셜리스닝Social Listening이라고도 한다. 소셜미디어에는 고객이 일상생활에서 느끼는 자연스러운 기분이 나타나 있기 때문에 차세대 마케팅 리서치의 한 방법으로 그것을 수집해서 분석해볼 수 있을 것이다.[27]

물론 소셜미디어에서 나온 이야기가 잠재고객의 대다수를 대표한다는 보증은 없다. 그러나 4.3에서 설명했듯이 그것이 소수자의 의견이라도 유용한 정보라면 귀하다고 보아야 한다. 예를 들어 소셜미디어에서의 이야기를 통해 사회전체의 의식의 흐름을 가늠해볼 수도 있다.

8.1에서 소개한 데이비드 고즈David Godes와 디나 메이즐린Dina Mayzlin은 소셜미디어에서 나타난 입소문을 통해 TV프로그램의 시청률을 예측하는 연구를 했다.[28] 그 연구를 통해 프로그램에 관한 입소문 총량이 아니라 커뮤니티를 초월한 입소문의 분산이 시청률의 선행지표가 된다는 것을 알게 되었다.

---

26 C. 리─J. 바―노프, 『グランズウェル ソーシャルテクノロジーによる企業戦略』(伊東奈美子 訳, 翔泳社, 2008).
27 荻原雅之, 『次世代マーケティングリサーチ』(ソフトバンク クリエイティブ, 2011).
28 D. Godes & D. Mayzlin, "Using Online Conversations to Study Word-of-Mouth Communication", *Marketing Science*, Vol. 23, No. 4(2004), pp.545~560.

▌트리플 미디어와 인바운드 마케팅

앞서 말한 『그라운드스웰』의 주장에 따르면 경청의 다음 단계는 고객과 나누는 대화나 협동이다. 기업의 소셜미디어 활용이 이 단계까지 진행되자 미디어를 페이드 미디어, 온드 미디어, 언드 미디어 세 가지로 분류하는 트리플 미디어triple media라는 개념이 출현했다.[29]

페이드 미디어paid media란 돈을 지불해서 구입하는 미디어로 매스미디어에서 인터넷까지 광고는 전부 여기에 포함된다. **온드 미디어**owned media란 자사가 소유하는 미디어로 쇼룸이나 카탈로그, 홍보지 등이 있고, 최근에는 자사의 웹사이트도 포함된다.

언드 미디어earned media란 구입도 소유도 할 수 없는 외부의 일반 미디어다. 기업으로서는 좋은 평판이 흐르도록 적절한 작용을 하는 수밖에 없다. 전통적인 PR에서는 매스미디어를 언드 미디어로서 활용해왔지만, 지금은 소셜미디어의 역할이 더 중요시되고 있다.

이들 미디어 3종을 어떻게 통합적으로 활용할 것인가가 현대 마케팅 커뮤니케이션의 핵심과제가 되고 있다. 기존의 발상으로는 온드 미디어나 언드 미디어를 잘 활용하지 못한다. 그래서 최근 주목받게 된 발상 가운데 하나가 인바운드 마케팅이라고 불리는 것이다.[30]

고객과 전화로 접촉하는 콜센터 업계에서는 고객이 문의 등의 이유로 기업에 거는 전화를 인바운드inbound, 기업이 판매 등의 이유로 고객에게 거는 전화를 아웃바운드outbound라고 불러왔다(〈도표 8-22〉). 이 개념이 마케팅 커뮤니케이션에 전이된 것이다.

29橫山隆治,『トリプルメディアマーケティング ソーシャルメディア, 自社メディア, 広告の連携戦略』(インプレスジャパン, 2010).
30 B. ハリガン, D. シャア,『インバウンド マーケティング』(川北英貴 監修, 前田健二 訳, すばる舍, 2011).

기존의 광고는 기업이 고객에게 일방적으로 정보를 보낸다는 점에서 아웃바운드라고 할 수 있다. 그에 반해 인바운드는 온드 미디어에 콘텐츠를 충실히 준비해놓고 정보를 수집하는 잠재고객이 방문하기를 기다린다. 인바운드 마케팅의 키워드는 '찾아내다Get Found'다.

기업 사이트의 방문자가 찾는 정보는 방문자에 따라 다양하다. 그들을 단번에 고객으로 만드는 것이 아니라 각각의 정보욕구에 대응하면서 고객으로 양성하기 위해 다단계의 시스템을 준비한다.[31] 인바운드 마케팅은 어디까지나 철저히 고객을 주역으로 한다.

이 같은 단계를 거쳐 고객이 된 사람들은 언드 미디어를 통해 호의적인 입소문을 내고, 그러면 또다시 온드 미디어에 신규 방문자가 증가할 것이다. 이러한 사이클이 돌아가면 상향식 고객기반이 확대될 것이라 기대할 수 있다.

〈칼럼 3〉 멱함수분포

멱함수분포(power-law distribution)는 복잡네트워크(스몰월드 네트워크나 척도 없는 네트워크 등)와 관련해서 종종 출현하는 개념이다. 그것의 수식이 어떻게 되는지, 왜 양대수 그래프로 그리면 직선이 되는지에 대해서는 〈도표 8-23〉을 참고하기 바란다.

멱함수분포는 19세기 말부터 20세기 초에 걸쳐 활약한 사회학자이자 경제학자인 빌프레도 파레토(Vilfredo Pareto)가 소득분포를 나타낸 것에서 시작되었다. 소득분포가 멱함수분포로 나타났다는 것은 당시 사회가 대다수의 가난한 사람들과 극소수의 초부유층으로 구성되었다는 것을 말해준다.

---

31 高広伯彦, 『インバウンド マーケティング』(ソフトバンク クリエイティブ, 2013).

통계학 강의에서 대부분의 사람들이 배우는 것은 정규분포다. 좌우대칭의 종 모양을 하는 분포로, 잘 알려진 대로 사람의 신장이나 체중은 정규분포를 따른다. 따라서 신장이 5미터인 사람이 있을 리 없겠지만, 만약 신장이 멱함수분포로 나타난다면 그런 사람이 있을 가능성이 있다는 뜻이 된다.

최근 주목받고 있는 경제물리학의 공헌은 기존에 정규분포라고 여겨온 주가나 외환변동이 멱

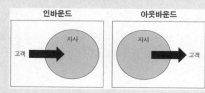

〈도표 8-22〉 인바운드와 아웃바운드

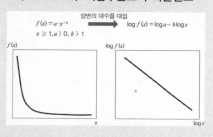

〈도표 8-23〉 멱함수분포의 확률밀도

함수분포라는 사실을 발견한 것이다. 즉, 대폭락이나 대변동이 정규분포에서보다 멱함수분포에서 많이 관찰된다는 것이다.

파레토 이후 멱함수분포의 연구를 추진해온 이들은 물리학자를 비롯한 자연과학자들이었다. 앞서 말한 경제물리학은 경제현상에서 여러 멱함수분포를 도출해왔다.[32] 그와 병행해 8.2에서 언급했듯이 복잡네트워크 연구에서도 멱함수분포는 중요한 역할을 하고 있다.

척도 없는 네트워크는 단백질 결합과 같은 자연현상부터 웹사이트 간의 링크나 트위터 팔로우 관계, 인간의 성적관계까지 여러 곳에서 관찰된다. 척도 없는 네트워크는 연결 수 분포를 양대수 그래프로 그리면 직선이 되는지의 여부로 판정된다.

물론 사회네트워크가 전부 척도 없는 네트워크가 되는 것은 아니다. 그와

32 青山秀明·家富洋·池田裕一·相馬亘·藤原義久, 『パレートファームズ 企業の興亡とつながりの科学』(日本経済評論社, 2007).

마찬가지로 미국에서는 도시 인구를 멱함수분포로 보지만 유럽에서는 그렇지 않다는 차이도 있다.[33] 중요한 것은 선입관을 가지지 않고 실제 데이터를 분석해서 어떤 분포가 잘 맞는지 과학적으로 검토하는 것이다.

33 P. クルーグマン『自記組織化の経済学―経済秩序はいかに創発するか』(北村行伸・妹尾美起 訳, 筑摩書房, 2009).

유통과 프로모션

4P의 마지막은 'Place', 즉 유통에 관한 의사결정이다. 아무리 매력적인 제품을 개발하고 효과적인 커뮤니케이션을 실행해도 제품을 고객에게 전달하는 채널이 없으면 아무 일도 일어나지 않는다. 고객을 만날 수 있는 다양한 유통채널을 통해 제품을 제공하는 것은 시장 점유율 확대에 불가결한 요소다.

나아가 구입을 목적으로 내점한 고객에게는 최후의 결정타가 있어야 한다. 또한 다른 목적으로 방문한 고객까지 끌어들일 수 있는 힘이 필요하다. 4P 가운데 프로모션에 포함되는 판매촉진, 특히 인스토어 프로모션in-store promotion이 그 역할을 하고 있다.

인스토어 프로모션 중 가격 프로모션의 효과는 매우 크다고 알려져 있지만 이를 계속하면 브랜드 가치를 잃어버릴 위험이 있다. 또한 유통 거래처를 과도하게 확대하는 것도 브랜드 아이덴티티를 약화시킬 우려가 있다.

IT의 진화는 판매촉진에도 영향을 미치고 있어 고객의 구매이력을 토대로 고객 상황에 맞춘 고객맞춤 프로모션이 가능해지고 있다. 또한 온라인 유통이 발달함에 따라 소수의 수요를 상대로 하는 비즈니스가 가능해지는 등 새로운 비즈니스 기회가 생겨나고 있다.

9.1 채널과 판매촉진이 최후의 결정타가 되다

▌유통구조의 변화와 채널선택

전통적 유통체계에서는 소비재 제조업체와 고객 사이에 몇 단계의 유통업자가 개입한다. 그러나 제조업체의 규모가 커지면서 도매업자 대신 자사에 판매회사를 직접 두거나 소매업체를 계열화해서 채널이 수직통합되는 시대가 있었다(〈도표 9-1〉).

그 후 대형마트나 할인점, 편의점 등이 등장하고 소매업체가 대규모화된다. 가격설정이나 판매촉진의 주도권이 소매업 쪽으로 이동되었을 뿐 아니라 제조업체에 생산을 위탁해 PB제품을 도입하거나 직접 공장을 운영하는 등 소매업체의 수직통합이 진행되고 있다.

유통업체의 힘이 강해지면 제조업체는 자신들의 브랜드 전략을 관철시키기 힘들어진다. 그것을 피하려는 기업은 직접 판매채널을 가지게 되고,

〈도표 9-1〉 채널의 선택

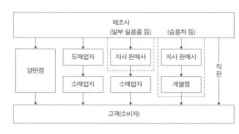

최근에는 온라인을 통해 직접 판매하는 제조업체가 증가하고 있다. 또한 애플처럼 자사 전문매장(애플 스토어)을 두는 경우도 있다.

▮ 취급률과 시장 점유율의 관계

기존 마케팅에서 채널 전략의 최대 KPI는 취급률이다. 이것은 해당 카테고리의 제품을 취급하고 있는 전국 매장에 자사 제품이 어느 정도 있는지를 나타내는 비율이다.

취급률이 0%라면 당연히 누구도 그 브랜드를 구입할 수 없다. 반면 취급률이 100%라고 해도 각 매장에는 다른 브랜드도 놓여 있기 때문에 시장 점유율이 100%가 되지는 않는다. 그러면 취급률과 시장 점유율은 실제로 어떤 관계인가?

좀 오래된 데이터이긴 하지만, 미국의 마케팅 연구자 데이비드 라이브스틴David Reibstein과 폴 패리스Paul Farris가 1995년에 발표한 취급률과 시장 점유율과의 관계가 〈도표 9-2〉에 나타나 있다.[1] 대부분의 시장에서 정正의 관계에 있지만 선형이 아니라 수확체증적인, 즉 규모의 경제성이 있다.

이 관계를 일반화한 것이 〈도표 9-3〉이다. 취급률이 올라가기 시작하면 시장 점유율은 처음에 천천히 증가하지만 나중에는 급격하게 증가하게 된다. 라이브스틴은 그 원인 중 하나로 다른 브랜드를 구입할 예정이었던 고객이 그 브랜드가 매장에 없어서 할 수 없이 해당 브랜드를 구입했기 때문이라고 설명한다.

다른 설명도 있다. 취급률이 매우 높은 기업은 여러 가지 면에서 마케팅 능력이 뛰어나다는 것이다. 즉, 광고가 활발하고 브랜드가 확립되어 있고 매장의 진열대에서 많은 공간과 좋은 위치를 차지하고 있기 때문에 점유율이 높아진다는 것이다.

취급률을 높이려는 활동은 광고의 GRP를 높이는 것과 마찬가지로 기본

---

1 D. J. Reibsten & P. W. Farris, "Market Share and Distribution: A Generalization, A Speculation and Some Implications", *Marketing Science*, Vol. 14, No.3(1995), Part2 of 2, G190~G202.

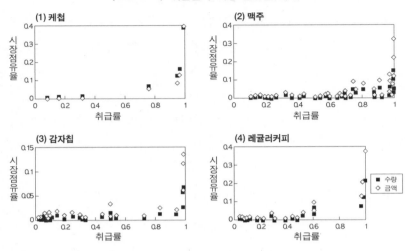

〈도표 9-2〉 취급률과 시장 점유율(사례)

(1) 케첩

(2) 맥주

(3) 감자칩

(4) 레귤러커피

■ 수량
◇ 금액

자료: Reibstein & Farris(1995).

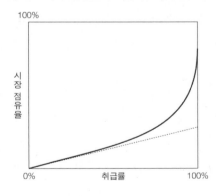

〈도표 9-3〉 취급률과 시장 점유율(일반화)

적으로 하향식 발상이다. 시장 점유율을 확대하기 위해서는 많은 매장을 가지고 있는 유통업자와의 거래를 피할 수 없다. 그때 자사의 교섭력이 강하지 않은 한 유통업자의 요구에 따라야 하는 경우가 많다.

취급률 때문에 가격할인을 자주 하면 9.3에서 말했듯 참조가격이 내려가 나중에는 정상가로 판매할 수 없게 된다. 또 브랜드 아이덴티티에 반하는 판매방식을 강요받을 우려도 있다. 그러한 상황을 방지하기 위해 애플 스토어처럼 직영점을 가지는 것도 한 방법일 수 있다.

┃ 매장에서 광고기억을 자극하다

광고나 PR같은 마케팅 커뮤니케이션은 7장에서 설명했듯이 인지나 선호를 형성시키고 구입에 영향을 미치는 수단이다. 인지나 선호는 고객이 자택에서 TV를 보고 있을 때, 지하철 역내에서 스크린도어 광고를 접할 때 같이 일상 속에서 효과를 발휘한다.

그러나 구입은 매장에서 발생하는 현상이다. 광고를 본 고객이 곧바로 매장을 방문하면 좋겠지만, 실제로 그렇지는 않다. 고객이 어쩌다 매장을 방문할 때 기억 속에 잠자고 있던 인지나 선호, 구입 의향이 겨우 상기되거나 상기되지 않는 것이 현실이다.

기억을 되살리기 위해서는 매장에서 자극이 필요하다. 자극을 통해 제품을 인식하고 '아! 광고하던 그 제품', '전부터 한번 사보고 싶었는데' 등 자신의 기억 속 일화를 떠올리게 된다. 게다가 지금 구입하지 않으면 손해라고 느끼게 하거나 다양한 갈등을 해소할 만한 결정타가 있으면 구입확률은 더욱 높아진다.

고객의 의사결정에는 기억기반과 자극기반의 두 종류가 있다고 한다.[2] 광고가 기억을 만드는 한편 판매촉진은 자극을 부여한다. 자극에는 매장에서 주의를 환기시키는 것과 고객이 이득이라고 느끼게 하는 요소를 부여하는 두 가지가 있다.

무엇을 구입할 것인지 고객에게 특별히 강한 편견이 없다면, 매장에서 일어나는 자극은 큰 효과를 갖는다. 그리고 그 자극이 기억을 바탕으로 한다면 효과는 더 확실하다. 따라서 기억과 자극을 어떻게 조합할 것인지는 매장에서 구입에 직접적 영향을 미치는 중요한 과제가 된다.

---

2 J. G. Lynch, Jr. & T. K. Srull, "Memory and Attention Factors in Consumer Choice: Concepts and Research Methods", *Journal of Consumer Research*, Vol. 9, No. 1(1992), pp. 18~37.

┃ 판매촉진의 일반적 분류

일반적으로 판매촉진은 누가 누구에게 실행하는가라는 관점에서 다음 두 가지로 분류된다(〈도표 9-4〉).

① 소비자 판매촉진: 제조업체 또는 소매업체가 소비자를 대상으로 실시
② 중간상 판매촉진: 제조업체가 도매업체나 소매업체를 대상으로 실시

〈도표 9-4〉 판매촉진의 분류

소비자 판매촉진은 누가 주도하느냐에 따라 제조업체와 소매업체로 주체가 나뉜다. 매장 내에서 시연하는 경우, 미국에서는 주로 소매업체가 주도하지만 일본에서는 제조업체가 주도하는 경우가 많다.

중간상 판매촉진은 일반 소비자에게는 보이지 않는 부분인데, 제조업체가 중간상에게 판매 장려금을 지불하거나 가격을 할인해주거나 성과가 좋은 중간상을 표창하거나 매장에 두는 포스터, POP물 등을 제공한다.

┃ 소비자 판매촉진의 단계별 분류

마케팅을 전쟁에 비유할 때 유통이나 판매촉진전략은 공중전에 대한 지상전으로 비유되는 경우가 많다. 제공권制空權을 장악했다고 해도 지상을 제압하지 않으면 전쟁에는 이길 수 없다. 고객과의 접점을 만들고 매장으로 유도하고 매장 내에서 제품으로 끌어당겨 '지금 사야해'라는 생각이 들도록 함으로써 겨우 구매에 이르게 된다.

그 4단계를 다음과 같이 정리할 수 있다.

① 고객과의 접점을 만들다: 고객이 매장을 방문하기 전부터 고객과의 접점을 만든다. 예를 들면 샘플링이나 제품 구입을 하지 않아도 참가할 수 있는 경품행사 등이 있다.

② 고객을 매장으로 유도하다: 내점객에게 보상(가격할인, 선물증정 등)을 제공하고 방문을 유도하는 활동(전단지 배포 등)을 전개한다. 쿠폰은 재방문을 유도하기 위한 보상이다.

③ 매장 내에서 주의를 끌다: 매장을 도는 고객의 주의를 환기시키는 수단으로 특별 진열, POP, 시연 등이 있다. 최근에는 디지털 사이니지라고 하는 정보 디스플레이가 매장에 설치되어 눈길을 끌기도 한다.

④ 이득이라고 여기게 하다: 마지막 단계에서 구입을 망설이는 고객에게 결정타가 되는 것이 '지금 구입하는 것이 이득'이라고 느끼게 하는 것이다. 가격할인, 캐시백, 프리미엄, 증량, 끼워주기 등 넓은 의미의 가격촉진이 실시된다.

9.2 고객은 매장에서 무엇을 생각하는가?

▎충동구매가 있기 때문에 판매촉진이 중요하다

고객이 사전에 예정하지 않았던 제품이나 브랜드를 매장에서 구입하는 것을 **충동구매**라고 한다. 오래된 데이터지만, 1980년대에 실시한 조사에서 충동구매율은 미국이 40~50%, 일본은 70~80%로 나타났다.[3]

일본에서 충동구매 비율이 높은 것은, 특히 도심부에는 가까운 곳에 슈퍼마켓이나 편의점이 있어 거의 매일 매장을 방문하는 사람이 많은 것과

---

3 大槻博, 『店頭マーケティングの実際』(日本経済新聞社, 1995).

관련이 있을 것으로 추정된다. 1990년대에 미국에서 실시한 조사에서는 구입의 60%가 충동구매로, 일본의 수치에 근접했다.[4]

충동구매가 많으면 소매업체로서는 매출이 증가할 가능성이 높아진다. 따라서 내점고객의 구입목적이 되는 제품 카테고리(슈퍼마켓이라면 식빵, 우유 등의 식료품) 매대를 매장의 구석에 설치하고 매장을 돌아다니는 동안 다른 품목도 충동구매하도록 한다.

한편 충동구매는 제조업체로서는 위험이 되기도 한다. 자사 브랜드를 구입하기 위해 내점한 고객이 다른 브랜드로 이동할 우려가 있기 때문이다(물론 다른 브랜드에서 이동해오는 경우도 있다). 자사 브랜드를 구입하도록 하기 위해서는 앞서 말한 '매장에서의 결정타', 판매촉진의 힘이 필요하다.

▌구매는 종종 무의식적으로 이루어진다

충동구매가 발생하는 배경에는 매장에 정보와 자극요소가 많다는 점, 시장에 제품이 너무 많아 사전에 선택하기 힘들다는 점, 고객이 매장에서 무의식적으로 행동하도록 유도하는 환경의 영향을 받기 쉽다는 점 등이 있다. 마지막 부분을 입증한 심리실험을 몇 가지 소개하겠다.

첫 번째는 1970년대에 유명한 심리학자인 리처드 니스벳Richard E. Nisbett과 티모시 윌슨Timothy Wilson의 실험이다.[5] 그들은 실제 슈퍼마켓에서 네 종류의 속옷을 두고 실험참가자에게 하나를 선택하도록 했다. 그리고 왜 그것을 선택했는지를 질문한다.

---

4 J. J. Inman, R. S. Winter & R. Ferraro, "The Interplay Among Category Characteristics, Customer Characteristics, and Customer Activities on In-Store Decision Making", *Journal of Marketing*, 73(September, 2009), pp. 19~29.
5 R. E. Nisbett and T. D. Wilson, "Telling More Than We Can Know: Verbal Reports on Mental Process", *Psychological Review*, Vol. 84, No. 3(May, 1997), pp. 231~259.

실험참가자들의 대부분은 그 질문에 대해 '품질이 좋기 때문'이라고 답한다. 그러나 매대에 진열되어 있는 속옷은 사실 모두 동일한 제품이다. 게다가 많이 선택된 속옷을 분석해보니 진열된 위치에 효과가 있었던 것으로 파악되었다. 실험참가자들은 '진짜 이유'를 인식하지 못하는 것이다.

두 번째는 최근 주목을 받기 시작한 선택맹choice blindness에 대한 실험이다. 이 연구는 사람들은 자신이 무엇을 선택했는지 구입 직후에도 명확히 기억하지 못한다는 사실을 보여주어 충격을 주었다. 실제 슈퍼마켓에서 그것을 보여주는 실험을 했는데, 여기서는 또 다른 흥미로운 실험을 소개하겠다.[6]

실험참가자에게 두 이성의 얼굴 사진을 보여주고 매력적인 쪽을 선택하도록 했다. 그런 다음 다시 사진을 보여주고 왜 이 이성을 선택했는지를 질문한다. 그때 제시하는 사진은 실은 선택하지 않은 쪽의 사진이다.

대부분의 실험참가자는 사진이 바뀐 것을 모른 채 왜 그 이성을 선택했는지의 이유를 구구절절 말한다. 이 점은 첫 번째 예로 든 속옷실험과 동일하다. 인간은 자신이 선택한 이유를 정확하게 파악하고 있지 않으면서 나중에 그럴듯한 이유를 붙이는 것이다.

마지막은 영국에서 실시된, 매장 내의 음악이 매출에 미치는 효과를 조사한 실험이다.[7] 이 실험의 결과에 따르면 와인 매대에서 프랑스 음악을 들려주면 프랑스 와인이 팔리고, 독일 음악을 들려주면 독일 와인이 팔렸다. 그러나 고객은 자신이 음악에 영향 받았다는 것을 알지 못했다.

새로운 기종의 아이폰을 구입하기 위해 매장 앞에서 줄을 서는 사람들

---

6 P. Johansson, "Failure to Detect mismatches Between Intention and Outcomes in a Simple Decision Task", *Science*, 310, 116(2005).

7 A. C. North, D. J. Hargreaves & J. McKendrick, "In-Store Music Affects Product Choice", *Nature*, 390, 132(1997).

중 자신이 무엇을 구입하려는지 모르는 사람은 없을 것이다. 그러나 일상적인 구매에서는 무의식에 가까운 상태에서 선택을 하기도 한다. 그렇기 때문에 매장에서의 자극, 보상이 큰 영향을 미치는 것이다.

▎쇼퍼 인사이트를 발견하는 조사방법

고객이 무의식적으로 행동한다고 하면 그들이 무엇에 영향을 받는지 어떻게 알 수 있을까? 그를 위한 조사방법 중 하나가 4.3에서도 소개한 행동관찰이다. 매장에서의 행동관찰을 유명하게 만든 이는 인류학에서 행동관찰 비즈니스로 전환한, 『쇼핑의 과학Why We Buy』(신현승 옮김, 세종서적, 2011)의 저자인 파코 언더힐Paco Underhill일 것이다.

행동관찰을 하는 조사원은 매장 안을 카메라로 촬영하거나 고객의 뒤를 밟으면서 그 행동을 기록한다. 필요에 따라서는 매장을 떠난 고객을 인터뷰하는 경우도 있다.

언더힐의 책에 소개되어 있는 사례를 하나 들면, 쇼핑카트를 가져오지 않고 매장의 안쪽으로 돌진한 고객이 예정하지 않았던 물건을 구입한 탓에 양손이 자유롭지 못해 더 이상 구입을 하지 못하게 된 광경이 관찰되었다. 이러한 발견을 토대로 매장의 안쪽에도 카트를 두면 매출이 증가할 가능성이 있다.

행동관찰은 매우 기대되는 조사방법이지만, 데이터의 수집과 분석에 상당한 시간과 노력이 필요하므로 본격적으로 실시하기에는 기회가 제한되어 있는 것도 사실이다. 또한 숙련된 조사원이 없으면 관찰결과에서 쇼퍼 인사이트shopper insight를 획득할 수 없다.

최근에는 구입행동을 자동적으로 측정하는 방법이 실용화되고 있다. 쇼핑카트에 IC태그Tag를 붙여 위치정보를 계측하고 고객이 매장 안을 어떻게 돌아다니는지 동선을 기록한다.

그런데 이 방법에는 고객이 때때로 카트를 둔 채로 매대를 이동하면 매장 안의 어디를 보고 있는지 모르는 문제가 발생했다. 이에 인도 반쿠라 Bankura 대학의 후이S.K.Hui 교수 팀은 고객에게 IC태그와 아이트래킹 장치를 부착시켜 동선과 시선을 보다 정확하게 측정했다.[8]

이렇게까지 하면 고객의 행동은 정밀하게 계측 가능하지만, 조사대상자를 모으는 데는 그 나름의 비용이 들고 일정의 무게가 있는 장치를 장착한 상태에서 어디까지 자연스러운 구입행동을 할 수 있을 것인지 의문이 남는다. 물론 이러한 문제는 새로운 기술개발과 함께 해결될 것이다.

그보다 편리한 측정 방법으로 매장 안에 설치되어 있는 카메라에서 고객의 동선을 계측하는 방법도 있다. 〈도표 9-5〉는 필자와 구조계획연구소가 그러한 방법으로 얻은 데이터를 분석한 하나의 동선패턴이다.[9] POS데이터와 함께 분석하면 각 매장별 생산성이나 어떤 동선패턴이 이익을 올리는지 예측할 수 있다.

고객의 매장 내 행동을 관측하고 거기서 인사이트를 발견해서 효과적인 판매촉진에 반영하는 것을 **쇼퍼 마케팅**이라고 한다.[10]

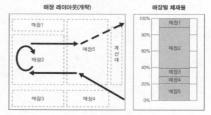

〈도표 9-5〉 매장 내 이동경로의 측정(예시)

8 S. K. Hui, Y. Huang, J. Suher & J. J. Inman, "Deconstructing the 'First moment of Truth': Understanding Unplanned Consideration and Purchase Conversion Using In-Store Video Tracking", *Journal of Marketing Research*, 50(August, 2013), pp. 445~462.

9 水野誠・賓井協・岡平祐介・沢井大樹・西山直樹, 「店舗内回遊と購買のデータ解析: 人流計測データの解析の試み」, 日本マーケティング サイエンス学会第80回研究大会(2006).

10 財団法人流通経済研究所編 『ショッパーマーケティング』(日本経済新聞社出

P&G는 고객이 매장 안에서 제품과 만나는 순간을 '진실과의 첫 대면the first moment of truth'이라고 하는데, 그 순간의 중요성을 제대로 시사하는 표현이라고 할 수 있다.

9.3 고객은 언제 이득이라고 느낄까?

┃ 고객 앞의 장벽을 제거하다

매장을 돌아다니는 고객을 자사 브랜드로 끌어들이기 위해서는 POP를 붙이거나 특별 진열대를 두는 장치가 필요하다. 그러나 고객이 제품을 손에 들어도 아직 구입이 결정된 것은 아니다. 망설인 끝에 결국 제품을 매대에 되돌려놓는 경우도 있다.

고객이 최후의 결단에서 망설이는 것은 가격 장벽 때문인 경우가 많다. 이 가격이 이 제품 가치에 적절한지, 동일한 품질을 지닌 더 저렴한 제품이 있는 것은 아닌지, 같은 제품을 다른 매장에서 더 저렴하게 판매하고 있는 것은 아닌지, 이 매장에서도 곧 가격을 내리지는 않을지 등의 생각이 갈등을 초래하는 것이다.

그때 필요한 것이 판매촉진이다. 지금 여기서 구입하는 것이 가장 이득이라고 고객을 설득한다. 그렇게 하기 위해 지금 여기서만 얻을 수 있는 특별우대를 제시하는 것이다. 가격할인, 캐시백, 프리미엄, 끼워주기 등의 판촉행사가 그 예다.

이러한 특별우대의 제공은 일반적으로 기간을 정하는 것이 효과적이다. 지금 여기에서 결정하지 않으면 손해를 본다고 생각하도록 하는 것이 중요

版社, 2011).

하기 때문이다. 그러나 고객도 학습하기 때문에 이러한 판촉을 몇 번이고 반복하면 효과가 떨어질 수 있다. 그 전형적인 예가 다음에 서술할 가격할인의 효과다.

▎가격할인을 왜 이득이라고 느끼는가?

고객이 가격할인을 이득이라고 느끼는 것은 당연하게 보인다. 예를 들면 지금까지 줄곧 1만 엔에 팔고 있던 제품을 일시적으로 9000엔으로 가격을 낮췄을 경우 누구라도 이 제품을 지금 구입하는 것이 1000엔 이득이라고 생각할 것이다. 원래 이 제품을 1만 엔으로 구입할 생각이었다면 그것은 바른 판단이다.

그러나 고객이 그 제품을 1만 엔에 구입할 생각이 없고 9000엔 정도면 구입할 의사가 있다고 할 경우에는 어떨까? 6장에서 언급한 대로라면 이 고객의 WTP는 9000엔이다. 1만 엔을 지불할 의사는 없었기 때문에 천 엔 이득이라는 것은 이상한 말이다. 그런데 이 고객은 왜 이득이라고 느끼는 것일까?

그에 대해 고객은 제품가격을 참조가격을 기준으로 평가한다고 설명할 수 있다. 참조가격이란 고객이 대략적으로 생각하는 제품의 가격수준을 말한다. 고객은 과거의 경험을 통해서 이 제품의 가격은 이 정도가 적당하다고 여긴다.

참조가격은 과거의 가격 트렌드로 결정되고, 실제 가격이 참조가격보다 낮으면 고객은 이득이라고 느끼고 높으면 손해라고 느낀다. 이득이라고 느낄수록 구입확률이 높아진다. 대부분의 마케팅 연구자는 이를 통해 구입행동을 예측할 수 있다고 발표해왔다.

앞서 사례에서 참조가격이 1만 엔이므로 1000엔의 가격할인은 대부분의 고객이 이득이라고 느끼는 것이다. 참조가격이 과거의 가격 트렌드를 바탕으로 한다는 것은 가격할인이 계속된다면 참조가격이 9000엔으로 떨어질 수도 있다는 것을 의미한다. 그렇게 되면 1000엔 이득이라고 느꼈던 처음의 감각은 상실된다.

▌무료라고 하는 순간 고객의 태도는 급변한다

고객이 이득이라고 느끼는 판매촉진에 프리미엄이 있다. 프리미엄은 제품 구입자에게 제공하는 보상이나 선물을 말하는데, 고객 입장에서 보면 굳이 돈을 지불하면서까지 구입할 가치가 없는 것들이 대부분이다. 그럼에도 왜 고객은 프리미엄 때문에 그 제품을 구입하는지 이성적으로 생각해보면 매우 이상하다.

그 비밀은 '프리미엄은 무료'라고 고객이 느낀다는 데 있다. 6.3에도 등장한 행동경제학자 애리얼리는 고급 초콜릿 한 개 15센트, 일반 초콜릿 한 개 1센트 중 하나를 선택하도록 하는 실험을 했다.[11] 그 결과 73%가 고급초콜릿을, 27%가 일반 초콜릿을 선택했다.

다음 실험에서는 고급 초콜릿은 1개 14센트, 일반 초콜릿은 무료로 했는데 놀랍게도 고급 초콜릿을 선택한 사람은 31%로 격감되었다. 두 초콜릿이 동일하게 1센트씩 가격을 내렸는데 효과의 차이는 극명했다. 가격이 무료가 된 순간 마치 고객의 머릿속에 다른 회로의 스위치가 켜진 듯이 보인다.

제품에 붙어 있는 무료 프리미엄이 만약 유료였다면, 아무리 저렴한 가격이라도 효과는 그다지 크지 않을 것이다. 그것이 무료이므로 매력적이고, 그 제품을 구입할까 말까 망설이는 고객에게 구입을 결정할 수 있도록 결정타 역할을 하는 것이다.

무료의 힘은 끼워주기에도 응용할 수 있다. '두 개를 구입하는 것이 한 개

---

11 Dan Ariely, 『予想どおりに不合理増補版: 行動経済学が明かすあなたがそれを選ぶわけ』(熊谷淳子 訳, 早川書房, 2010), 3章.

를 구입하는 것보다 저렴하다'는 문구보다 '한 개를 구입하면 한 개 무료로 제공한다'는 쪽이 훨씬 효과적이라는 것은 말할 필요도 없을 것이다.

▍가격할인 효과는 절대적인가?

판매촉진은 고객이 구입을 망설이는 결단의 장소에서 전개되기 때문에 효과가 단숨에 나타난다. 특히 가격할인의 효과는 즉각적이어서 단기간에 매출상승 압박을 받을 때는 이런 자극 수단을 고려하기 마련이다. 그러나 가격할인으로 매출수량이 증가해도 가격이 내려간 만큼 이익이 감소할 위험이 있다.

1990년부터 1996년까지 미국의 P&G사는 마케팅 믹스를 크게 변경했다. P&G가 우위에 있는 24개의 카테고리에서 가격할인은 16%를 감소하고 쿠폰은 54%를 감소한 한편, 광고비를 20% 증가시킨 것이다.

P&G의 전략 변경에 경쟁사들도 가만히 있지는 않았다. 각 경쟁사들도 평균적으로 쿠폰을 17% 감소하는 한편, 광고와 가격할인을 각각 6%씩 증가시켰다. 그 결과 24개의 카테고리 전체 평균에서 P&G의 점유율이 18% 내려갔다.

그 사태를 분석한 마케팅 연구자들은 가격할인과 쿠폰을 감소시킨 것이 점유율 하락의 원인이라고 보았다.[12] 시장 점유율을 유지하기 위해서는 판매촉진, 특히 가격할인 같은 촉진전략은 필요불가결한 것처럼 되었다.

그런데 주목할 점은 이때 P&G의 이익은 오히려 상승했다는 사실이다. 바꿔 말하면 가격할인이나 쿠폰은 이익을 희생시켜 매출을 만들었다는 의미다. 이 사례를 일반화하기는 쉽지 않지만 이익을 생각한다면 가격프로모

---

12 K. L. Ailawadi, D. R. Lehman, & S. A. Neslin, 『Market Response to a Major Policy Change in the Marketing Mix: Learning from Procter & Gamble's Value Pricing Strategy』, *Journal of Marketing*, 65(January, 2011), pp. 44~61.

선에 너무 의존하지 않도록 주의할 필요가 있다.

▌가격할인이 초래하는 심리적 함정을 설명하는 이론

가격할인은 단기적으로 매출을 올리기에는 효과적이지만, 언젠가는 그 효과가 떨어져 장기적으로는 이익을 감소시키게 된다. 그 같은 메커니즘을 잘 설명한 이론이 이 책에 몇 번이고 등장한 행동경제학자 카너먼과 아모스 트버스키Amos Tversky가 제시한 프로스펙트 이론prospect theory이다.

프로스펙트 이론에는 〈도표 9-6〉의 (1)과 같은 그래프가 등장한다. 여기서는 가격할인을 적용했기 때문에 가로축은 가격이 된다. 단, 일반적이지 않게 왼쪽으로 갈수록 가격이 높아진다. 다시 말해 오른쪽으로 갈수록 가격이 낮아져 고객으로서는 만족스러운 것이 된다.

세로축은 고객이 느끼는 가치다. 원점을 참조가격으로 하고 가격이 참조가격보다 낮을 때는 '플러스 가치 = 이득gain', 참조가격보다 높을 때는 '마이너스 가치 = 손실loss'이 발생한다고 여긴다. 즉, 가격할인으로 실제가격이 참조가격을 밑돌면 고객은 '이득을 봤다'고 여기고 구입할 확률이 높아지는 것이다.

그런데 가격할인을 계속하면 〈도표 9-6〉의 (2)처럼 참조가격 자체가 낮아져 현재의 할인가격수준으로 정착(도표에서는 우측으로 이동)해간다. 그 후 이 기업이 가격할인을 중단하고 가격을 원래의 수준으로 되돌렸다고 하면 이미 참조가격이 떨어진 상태이므로 고객은 손해를 봤다고 느끼게 된다.

게다가 그때 발생하는 가치의 감소폭은 이전의 가격할인으로 발생한 플러스의 증가폭보다 높다. 즉, 얻는 것의 가치보다는 잃어버리는 것의 가치를 더 크게 평가한다는 뜻이고, 이를 손실회피loss aversion라고 한다. 고객 입장에서는 가치의 감소폭을 더 크게 느끼므로 가격할인 전보다 구입확률이 더 떨어질 위험이 있다.

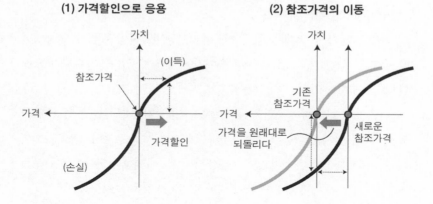

〈도표 9-6〉 프로스펙트 이론으로 본 가격할인 효과

(1) 가격할인으로 응용

가치

(이득)

참조가격

가격

가격할인

(손실)

(2) 참조가격의 이동

가치

기존
참조가격

가격

새로운
참조가격

가격을 원래대로
되돌리다

재차 말하지만, 동일한 수준의 가격할인을 계속하면 참조가격이 할인가격에 따라오므로 고객은 점점 이득이라고 느끼지 않게 된다. 따라서 경쟁상대로부터 고객을 지키기 위해서는 더 큰 폭으로 가격할인을 해야 한다. 이를 반복하면 가격은 점점 더 내려가고 이익도 감소해간다.

가격과 판매촉진을 오랫동안 연구해온 우에다 다카호上田隆穂교수와 모리구치 다케시守口剛교수는 가격프로모션에 지나치게 의존하는 경향에 경종을 울리고 비가격프로모션의 중요성을 지적했다. 기업이 브랜드자산을 중시한다면 장기적 효과를 내다보면서 판매촉진전략을 세울 필요가 있다.

9.4 IT가 구입채널을 바꾸다

▎온라인 매장에서는 가격만으로 거래가 이루어지는가?

인터넷의 보급과 함께 등장한 온라인 채널은 착실하게 사람들의 생활 속으로 침투하고 있다. 야후, 아마존닷컴 등 대형 온라인 쇼핑몰 외에 기존의 통신판매회사나 오프라인 소매업자, 제조업자가 온라인에서 판매하는 경우도 증가하고 있다.

온라인 채널에서 고객은 검색엔진이나 가격비교사이트를 통해 동일한 제품을 더 저렴한 가격으로 제공하는 매장을 찾을 수 있다. 이 때문에 오프라인 채널에 비해 가격이 더 낮을 수도 있다.

그런데 1990년대에 경제학자에 의한 온라인 상거래 분석을 통해 실제 가격이 그렇게 낮지 않다는 사실이 이미 밝혀졌다.[13] 그로부터 20년 가까이 지난 후 경제물리학자인 미즈노 쓰라유키水野貫之가 가격비교사이트를 분석한 연구에서도 가격에 대한 반응이 제한적이라는 것을 보여준다.[14]

온라인에서 나타나는 구입행동에도 매장의 네임밸류, 신용, 과거의 거래 경험 등 가격 이외의 요인이 작용한다. 따라서 온라인 채널에서도 가격에 대한 반응은 오프라인 채널과 그다지 차이가 없다.

그렇다 해도 온라인 채널에는 오프라인에 없는 특징이 있다. 검색, 사이트 방문, 열람, 주문, 구매 후 문의 등 동일한 고객에게서 일련의 행동을 관측할 수 있다는 것이다. 따라서 광고나 판매촉진을 고객에 맞게 적용하기가 쉽다.

온라인 채널에서 개인마다 맞춤화한 마케팅을 하기 위해서는 웹사이트를 방문하는 사람이 누구인지를 식별하고 축적된 정보를 바탕으로 해당 고객에게 적합한 메시지나 보상을 부여할 필요가 있다. 온라인 광고에서는 7.3에서 소개한 행동타기팅이 이미 실현되고 있다.

---

13 C. シャピロ・H. R. バリアン, 『ネットワーク経済の法則 アトム型産業から ビット型産業へ 変革期を生き抜く72の指針』(千本倖生, 宮本喜一 訳, IDGコ ミュニケーションズ, 1999).

14 水野貫之・渡辺努, 「オンライン市場における価格変動の統計的分析」, ≪経済 研究≫, Vol. 59, No. 4(2008), pp. 317~329.

▌오프라인 채널에서 판매촉진을 고객맞춤하다

그렇다면 오프라인에서는 이러한 고객맞춤 판촉활동이 불가능할까? 소수의 고정 고객이 있는 고급매장이라면 점원이 내점한 고객을 식별해서 그기호에 맞는 대응을 할 수 있다. 그러나 불특정 다수의 고객이 비정기적으로 방문하는 일반매장에서 그러한 대응을 하기는 무리라는 것이 지금까지의 상식이다.

그런데 최근에는 오프라인 채널에서도 고객맞춤 대응이 가능해졌다. 개인을 식별하기 위해 포인트카드가 사용되는데, 이는 고객의 재방문을 촉진하는 충성도 프로그램의 수단이면서 동시에 개인을 식별하는 수단이기도 하다.

그러한 카드가 없어도 고객이 구입한 제품을 이용해서 고객맞춤을 하는 방법도 있다. 카타리나 마케팅 컴퍼니가 개발한 '계산대 쿠폰'은 경쟁 브랜드를 구입한 고객에게 자사 브랜드를 구입할 때 쓰는 할인쿠폰을 제공한다. 경쟁 브랜드의 고객만을 겨냥한 효율적인 방법이다.

여기에 포인트카드를 붙이면 더욱 고객맞춤을 한 판매촉진이 가능해진다. 포인트카드를 통해 과거의 구매이력을 파악하고 개별 고객에게 가장 효과적인 할인율을 할당하는 것이다.

구매이력 데이터를 선택모델에 적용해서 각 고객에 맞는 최적의 쿠폰할인율을 계산하는 방법이 이미 1990년대에 제안되었다.[15] 그 계산에 의하면 현재·과거의 구매이력이나 인구통계적 특성 등 더 많은 데이터를 사용할수록 각 고객의 이익을 증가시킬 수 있다.

단, 이를 실행하기 위해서는 막대한 고객데이터를 축적하고 분석할 필요가 있다. 거기에 소요되는 비용을 고려해 쿠폰을 고객맞춤하는 것이 합리

---

15 P. E. Rossi, R. E. McCulloch and G. M. Allenby, "The Value of Purchase History Data in Target Marketing", *Marketing Science*, Vol. 15, No. 4(1996), pp.321~340.

적인지 검토할 필요가 있다. 간단한 방법으로는 고객이 당일 구입한 물건에 대한 정보로 고객맞춤을 할 수도 있다.

▎모바일 기기의 보급이 판매촉진을 변화시키다

계산대 쿠폰은 다음 번 구매를 목적으로 한다. 그러면 매장에서 구입행동에 영향을 주는 방법은 무엇일까? 매장에 있는 정보단말기를 통해 개인에 맞는 정보나 보상을 발행하는 시스템은 이미 있다. 내점한 구매고객에게 그 단말기를 조작하도록 하기 위해 쿠폰을 발행하기도 한다.

최근 고객 입장에서는 휴대전화를 사용하는 것이 편리할 것이다. 잠재고객의 위치정보에 맞춰 가까운 매장 정보나 쿠폰을 메일로 보내는 것은 휴대전화가 보급될 때부터 제안되어온 방식이다. 단말기가 스마트폰이 되면 이전보다 표현력 있는 메시지를 보낼 수 있을 것이다.

그러나 고객에게는 메일이나 문자가 일방적으로 오는 것이 매우 불편한 일이다. 고객이 있는 곳의 니즈에 맞는 정보를 제공하는 것이 아니면 역효과가 날 수밖에 없다. 그런 의미에서 흥미로운 사례를 소개하겠다.

미국에서는 쇼핑할 때 쇼핑목록을 기록하는 메모지 대신 사용할 수 있는 스마트폰용 앱이 사용되고 있다. 거기에는 향후 구입할 목록도 기입할 수 있는데, 이를 가족과 공유하는 것도 가능하다. 따라서 귀가하는 도중 부족한 물건이 있으면 가족 중 누구나 구입해서 갈 수 있다.

가족 전체가 원하는 목록이 거기 있으므로 기업으로서는 가장 좋은 판매촉진의 타깃이 된다. 그렇다고 해서 갑자기 일방적으로 메일을 보내는 것이 아니라, 목록이 표시되는 화면 구석에 관련된 정보를 게재하면 사용자로서는 그다지 저항감이 없을 것이다.

매장에서의 충동구매를 연구해온 연구자들이 이 어플을 활용한 재미있는 방안을 제안했다.[16] 그들은 매장 내 행동연구를 통해 매장 안에서 이동거리가 길수록 충동구매가 증가한다는 사실을 발견했다. 이는 매장은 물론이지만 제조업도 매출상승을 이룰 수 있는 기회다.

그렇다면 어떻게 하면 매장 내 이동거리를 늘릴 수 있을까? 앞서 말한 것처럼 이 어플을 사용하는 고객의 경우 매장에서의 이동경로를 예측할 수 있다. 따라서 그 고객의 경로에서 멀리 떨어진 매대에 있는 아이템의 전자쿠폰을 발행하면 이동거리를 늘릴 수 있다.

이 같은 방법을 너무 과하게 사용하면 고객은 이동하면서 생긴 피로감 때문에 매장을 떠나버릴지도 모른다. 그래도 개인의 과거 구매이력뿐 아니라 현재의 구매목록까지 파악할 수 있다면, 보다 치밀하게 설계된 고객맞춤형 판매촉진을 매장에서 실현할 수 있게 된다.

▎오프라인과 온라인이 교차하는 멀티채널 구매행동

온라인 채널에서의 구매가 증가하는 한편, 현실에는 오프라인 채널도 존재하므로 고객은 종종 그들을 병용하고 있다. 게다가 검색과 구매라고 하는 목적에 맞춰 채널을 분리해 사용한다. 이를 멀티채널 구매행동이라고 한다.

미국에서 실시한 조사에 의하면 가장 많은 검색 → 구매의 추이패턴은 온라인에서 검색한 다음 오프라인에서 구매하는 패턴이다(〈도표 9-7〉). 이외에도 카탈로그에서 검색한 다음 오프라인/온라인에서 구매하거나 오프라인에서 검색한 다음 온라인에서 구매하는 등 다양한 패턴이 있다.

네덜란드의 소비자 패널조사를 분석한 연구에서는 검색과 구매 각각의 채널선택에 어떤 효과가 작용하는지를 추정했는데,[17] 동일한 채널에서 검

---

16 S. K. Hui, J. J. Inman, Y. Huang, and J. A. Suher, "The Effect of In-Store Travel Distance on Unplanned Spending: Application to Mobile Promotion Strategy", *Journal of Marketing*, 77(March, 2012), pp. 1~16.

〈도표 9-7〉 검색 → 구매패턴으로 본
이용 채널

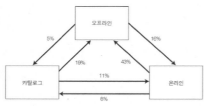

자료: DoubleClick[2004](Verhoef, Neslin & Vroomen[2007]).

〈도표 9-8〉 채널 내/ 채널 사이의 흡인효과

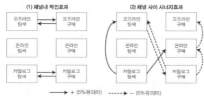

자료: Verhoef, Neslin & Vroomen[2007] 결과를 가공.

색과 구매를 완결시키는 것은 락인lock-in효과, 검색과 구매에서 다른 채널을 조합하는 것은 시너지효과가 작용함을 검증했다.

그 결과는 〈도표 9-8〉에 요약되어 있다. 그에 의하면 채널 내 락인효과는 오프라인과 카탈로그에는 있지만 온라인에는 없다. 인터넷의 세계에서는 클릭 한 번으로 어디든 갈 수 있기 때문에 검색과 구매를 동일한 장소에서 마치게 하는 힘이 작용하지 않는다는 것이다.

또한 '카탈로그에서 검색 → 온라인에서 구매', '카탈로그에서 검색 → 오프라인에서 검색' 사이에는 시너지 효과가 있다. 오프라인에서의 검색과 카탈로그에서의 구매에는 마이너스의 시너지, 즉 역상관관계가 있다. 물론 이러한 결과가 지금의 일본에도 들어맞는다는 보증은 없다.

그러나 일본에서도 멀티채널의 구매행동이 중요해지고 있는 것은 사실이다. 지금은 가전제품 매장에서 실물을 보고 가격비교사이트를 검색해 다른 매장의 가격을 체크하고, 매장에 있는 제품을 더 저가로 판매하는 온라인에서 주문하는 행동을 어렵지 않게 볼 수 있다. 가전제품 매장 입장에서는 갈수록 온라인 채널과 경쟁하기 힘들어지는 형국이다.

17 P. C. Verhoef, S. A. Neslin & B. Vroomen, "Multichannel Customer Management: understanding the Research-Shopper Phenomenon", *International Journal of Research in Marketing*, 24(2007), pp.129~148.

멀티채널 구매행동이 당연해지면 오프라인 채널에서도 이를 긍정적으로 수용해서 수익구조를 재검토할 필요가 있다. 예를 들면 O2O Online to Offline 라고 하는, 온라인 미디어를 사용해서 오프라인 매장으로 고객을 유도하는 시도가 그 전형적인 예다.

▍온라인 채널이 가능하게 하는 롱테일 비즈니스모델

온라인 채널에 오프라인과 경쟁하지 않는 영역이 확산되고 있다는 사실을 미국의 IT 전문잡지 ≪와이어드 WIRED≫의 편집자 크리스 앤더슨 Chris Anderson이 지적했다.[18] 그는 온라인 채널에서 취급하는 품목의 순위별 매출분포가 오른쪽으로 길게 이어지는 꼬리형 모양(롱테일 분포)이 된다는 점에 주목했다(〈도표 9-9〉).

이 분포에서 매출 순위가 상위에 있는 소수 아이템은 매출 수량이 현저히 많은 데 반해, 순위가 하위인 다수의 아이템은 각각 적은 매출만 가지고 있다. 이 분포를 가로축에 매출 수량, 세로축에 그 수량에 대응하는 아이템 수가 되도록 변환하면 멱함수분포가 된다.[19]

앤더슨은 롱테일 분포의 꼬리 쪽에 있는 다수의 비주류 아이템은 오프라인 채널에서는 채산이 맞지 않는, 즉 온라인 채널에서만 취급할 수 있는 것이라고 말한다. 반면 좌측의 머리 부분에 있는 주류 아이템은 어느 채널에서나 취급할 수 있다.

도서 유통을 보자. 오프라인 서점은 대형서점도 재고 공간에 제약이 있

---

18 クリスアンダーソン, 『ロングテール─売れない商品を宝の山に変える新戦略 アップデート版』(篠森ゆりこ 訳, 早川書房, 2009).
19 水野誠, 「ロングテール ビジネスモデル: アマゾン成功の秘密」, 青木正直・有賀裕二・吉川洋・青山秀明 編著, 『50のキーワードで読み解く 経済学教室』(東京図書, 2011), pp. 332~339.

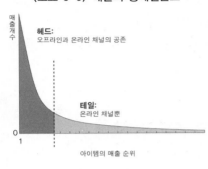

〈도표 9-9〉 매출의 롱테일분포

헤드:
오프라인과 온라인 채널의 공존

테일:
온라인 채널뿐

아이템의 매출 순위

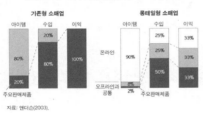

〈도표 9-10〉 롱테일의 수익구조

자료: 앤더슨(2003).

어 비주류 도서를 갖추기에는 한계가 있다. 한편 아마존닷컴 같은 온라인 서점은 대규모 유통센터, 고서 취급업자와 네트워크를 가지고 있어 비주류 도서를 효율적으로 갖추고 있다.

앤더슨은 각 아이템으로 보면 비주류의 수익이 미미하지만, 비주류를 전부 합산하면 어느 정도의 수익이 될 수 있다고 주장한다. 그래서 비주류와 주류의 양쪽을 갖추어 균형 잡힌 수익구조를 지향할 수 있다는 것이다(〈도표 9-10〉).

▌추천으로 비주류 아이템을 판매하다

주류 아이템을 좋아하는 고객이나 밴드왜건효과를 따르는 고객은 주류 아이템을 찾지만, 마니아 고객이나 스놉효과를 따르는 고객은 비주류 아이템을 찾는다.

여기서 활용되는 것이 추천시스템이다. 이 시스템의 원리는 고객 간 선호의 유의성을 이용하는 것이다. 즉, 어떤 고객에게 그 고객과 선호가 비슷한 다른 고객이 이미 구입한 아이템을 추천하는 것이다. 이를 **협조필터링**(collaborative filtering)이라고 한다.

고객 간의 유의성은 과거 구매이력에서 찾는 것이 일반적이다. 지금까지 비슷한 것을 구입한 두 사람은 다른 제품에 대해서도 기호가 비슷할 것이라고 추정할 수 있다. 화장품의 경우 본인의 특성(성별, 연령, 피부 타입 등)

도 추천의 근거가 된다.

또 다른 원리는 **내용기반필터링**(content-based filtering)이다. 고객의 구매이력과 아이템의 속성과의 관계를 통해 그 고객이 어떤 속성을 중시하고 구입하는지를 추정해 그에 맞는 속성을 지닌 아이템을 추천한다.

한편 내용기반필터링에서는 추천이 가능하고 협조필터링에서는 추천이 불가능한 것이 있는데, 누구도 아직 구입한 적이 없는 아이템이다. 즉, 협조필터링에는 신제품이 맞지 않는다는 의미다. 다른 관점에서 보면 협조필터링은 아이템의 속성정보가 필요 없다는 뜻이기도 하다. 이는 데이터수집·보관이라는 측면에서 매우 편리하다.

이들 두 원리를 복합하거나 독자적인 추천시스템을 사용하는 등 다양한 방법을 통해 매출분포의 비주류에 있는 아이템이 팔리면 롱테일형 비즈니스모델은 더욱 성공할 것이다. 그러나 추천은 단지 주류 아이템의 매출을 증가시킬 뿐이라는 주장도 있다.[20]

▮ 비주류 제품은 어떤 의미를 가지는가?

온라인 채널은 비주류 아이템을 취급함으로써 이익을 올릴 수 있다는 주장에는 비판도 있다.[21] 그들은 비주류에서 얻을 수 있는 이익이 생각만큼 크지 않다는 것을 데이터에 기반을 두고 지적하고 있다(물론 이는 시장에 따라 다를 수 있다).

이 비판처럼 비주류 제품의 이익이 그렇게 크지 않다면 비주류 제품은 불

---

20 Fleder, D. and K. Hosanagar, "Blockbuster Culture's Next Rise or Fall: The Impact of Recommender System on Sales Diversity", *Management Science*, Vol. 55, No. 5(2009), pp. 697~712.

21 アニダエルバース・ロングテールの嘘,『オンラインチャネルが一人勝ちを加速させる』, ≪ハーバードビジネスレビュー≫, 2008年 12月号, pp.139~153.

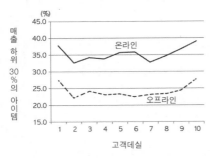

〈도표 9-11〉 하위 아이템의 구입률

매출 하위 30%의 아이템 (세로축)
고객데실 (가로축)

온라인
오프라인

가로축의 고객데실은 고객을 구입금액순으로 나열해 10등분한 것임. 데실 10이 가장 구입금액이 많은 그룹. 세로축은 매출금액이 하위 30%인 아이템의 구입자율을 나타냄.

필요한가? 이 점을 생각할 때 고객에게도 롱테일 분포가 있다는 관점은 의미가 있다. 1.3에서 본 것처럼 마케터는 종종 고객의 CLV의 분포를 고려해 의사결정을 한다.

〈도표 9-11〉은 오프라인과 온라인 두 개의 채널을 가지고 있는 어느 소매기업의 전체적인 구입 금액과 비주류 제품의 구입 비율의 관계를 나타낸 것이다.[22] 고객데실에서 나타난 구입 금액의 랭크가 높을수록 비주류 제품의 구입 비율이 높아진다(구입금액의 랭크가 매우 낮은 고객도 비주류 구입비율이 높아진다).

구입 금액이 높은 고객일수록 비주류 아이템을 구입하는 것은 그들이 그 제품 카테고리에 조예가 깊고 자신의 특별한 니즈에 맞는 아이템을 요구하고 있기 때문이라고 추측할 수 있다. 이익이 작다는 이유로 그러한 아이템을 취급하지 않으면 이 기업은 우량고객을 놓칠 우려가 있다.

한편 구입금액이 작은 고객일수록 비주류의 구입 비율이 높은 경향도 있다. 비주류 아이템을 구입할 때만 제품 구색이 풍부한 이 소매업자를 이용하기 때문인지도 모른다. 이러한 고객은 다른 소매업자에게서 구입하는 금액을 합하면 구입 금액이 매우 높아 잠재적 우량고객일 가능성이 있다.

정리하면 전체적으로 구입 금액이 큰 우량고객을 유지하는 데 비주류 제품 구색이 무기가 될 가능성이 있다. 주류와 비주류 아이템을 잘 조합하는 롱테일 비즈니스모델은 고객을 분석하면 그 의의가 더욱 명확할 것이다.

22 水野誠, 「顧客行動から見たロングテール型ビジネスモデルの可能性」, 日本ダイレクトマーケティング学会第10回全国研究発表大会報告(2011).

마치며

이 책은 마케팅이 전통적인 구조를 바탕으로 계속 진화하고 있다는 것을 주된 논조로 하고 있다. 그중에서도 몇 번이고 마케팅의 발상이 하향식에서 상향식으로 이동하고 있다는 점을 강조했다. 마지막으로 이 점에 대해 조금 더 보충하면서 이 책을 마무리하고자 한다.

▎ 하향식 발상에서 상향식 발상으로

시장의 전체를 내려다보고 최적의 공격법을 찾는 마케팅 발상을 이 책에서는 하향식 발상이라고 규정한다. 기존의 마케팅 교과서는 대체로 하향식 발상을 토대로 하고 있다. 물론 그것이 마케팅에 전략성이나 과학성을 부여하며 공헌한 것은 확실하다.

그러나 시장은 항상 생성·변화하고 있으므로 시장 전체를 보고 마케팅을 최적화하는 것이 불가능하다는 견해도 있다. 그 경우 어느 기점에서 주변을 탐색하면서 시행착오를 거쳐 적응해갈 수밖에 없다. 이 책에서는 이러한 발상을 하향식의 반대 개념으로 상향식이라고 부른다.

여기서 기점이란 창업 초기부터 자사 브랜드를 지지해준 핵심고객이나 그들과 맺는 관계의 기반이 되는 브랜드 아이덴티티일 수도 있다. 상향식 발상은 그 브랜드의 내력을 매우 중요하게 생각한다. 그것은 어떤 면에서는 혁신적이지만 보수적인 면도 지니고 있다.

상향식 발상은 근대적 마케팅이 성립하기 이전에는 오히려 일반적 발상이었기 때문에 지금 이를 주장하는 것은 격세유전隔世遺伝과도 같다고 할 수 있다. 그러나 지금 생성되려고 하는 시장, 경계가 무너져 혼잡해지기 시작한 시장에서 이러한 격세유전은 오히려 바람직한 선택일지도 모른다.

▌상향식 발상의 마케팅전략

상향식 발상은 이 책에서 언급하는 마케팅의 최신 동향과 높은 친화성이 있다. 마케팅의 최신 동향은, 예를 들어 마케팅목표가 시장 점유율에서 브랜드자산, 고객자산으로 이동하고 있는 것이 바로 그렇다. 경쟁 상대와 비교하기보다 자기다움을 유지하면서 자신을 어느 정도 성장시킬 수 있을지가 중요해진 것이다.

고객세분화는 자사 브랜드와 고객과의 관계성을 더 중시하게 됨으로써 고객생애가치 같은 지표가 유용해졌다. 한편으로 고객을 이해하기 위해 일반 세분시장보다 작은 '특정집단'이라고 하는 단위에 주목하는 경우도 있다. 소수의 의견에서 어떻게 인사이트를 발견할 것인지가 중요하다.

시장에서의 위치를 정하는 포지셔닝은 그 정의부터가 하향식 발상이다. 그러나 경쟁 공간의 축이 이동하고, 스스로 새로운 축이나 카테고리를 제안하는 경쟁이 되면 상향식 발상의 중요성은 더욱 커진다. 자신을 경쟁 상대와 비교하기보다 비교 불가능한 자신을 확립하는 것이 요구된다.

▌4P도 상향식으로 진화한다

신제품 개발 과정은 생물의 진화와 마찬가지로 계승-변이-선택-복제라는 과정을 반복한다. 이는 상향식 과정이다. 이러한 신제품 개발 과정을 가능하면 하향식으로 조절하는 것이 기존의 마케팅 사이언스의 과제였던 듯하다.

최근 주목받는 '디자인 사고'나 '사용자 혁신'은 소비 현장에 숨어 있는 니즈나 고객의 아이디어를 찾아내는, 바로 상향식 실천이다. 향후 신제품 개발에서 상향식 발상이 더욱 빛을 발하게 될 것으로 기대된다.

신제품 보급을 예측할 경우, 지금까지는 시장의 집계 데이터에 보급곡선을 적용시키려는 하향식 접근이 일반적이었다. 그러나 최근에는 개개인의 보급과정을 관찰할 수 있게 되어 상향식 마케팅을 통해 유용한 정보를 얻을 수 있게 되었다.

이러한 변화와 무관하게 보이는 것이 가격설정이다. 기업은 가격결정권을 유지하려고 한다(일부 유통업자에게 그것을 빼앗겼다고 해도). 그러나 고객에 따른 가격설정(가격차별화)의 연장선에서 고객과 대화하며 가격을 결정하는 상향식 접근법이 도입될 가능성도 있다.

한편 상향식으로 전환이 진행되는 다른 분야는 광고 등 마케팅 커뮤니케이션이다. 인터넷광고는 고객의 특성에 맞춰 더욱 개별화되고 있다. 소셜미디어를 통해 입소문이 나는 것은 바로 상향식 과정이라고 할 수 있다.

소매점에서의 취급률 향상이나 매장프로모션을 중시하는 하향식 발상은 여전히 유력하지만, 한편으로 핵심고객을 타깃으로 하는 채널의 집중화를 지향하는 상향식 발상도 증가하고 있다. 여기에는 롱테일형 비즈니스모델을 채택하고 있는 소매업자의 존재도 한몫하고 있다.

▎상향식 발상과 하향식 발상의 통합을 향해

이렇게 보면 차세대 마케팅은 상향식 일색이 될 것 같지만 그렇지는 않다. 일반적으로 성숙 시장에서는 확립된 브랜드가 경쟁을 반복하고 있고, 거기에는 여전히 하향식 마케팅이 힘을 발휘한다.

그뿐이 아니라 상향식 발상이 중요한 역할을 하는 혁신이 활발한 시장에서도, 상세하면서 거대한 데이터가 등장하면 다시 하향식 발상이 각광을 받을 가능성이 있다. 시장 전체의 동태를 정확하게 파악할 수 있다면 그것을 이용하지 않을 이유가 없기 때문이다.

대부분의 고객은 상호관계 속에서 행동한다. 소수에게서 시작된 유행이 사회 전체로 확산되어 모두가 그것을 따르게 되듯이 개개인의 상호작용에서 생성된 거시적 패턴이 다시 각 개인의 행동에 영향을 미치게 된다. 이러한 현상을 복잡계 과학은 거시-미시 피드백이라고 부른다.

이 같은 피드백을 완전히 조절할 수 있는 것은 아니지만 거시에서 미시고 가는 영향을 촉진하거나 억제하는 것은 어느 정도 가능하다. 이렇게 상향식과 하향식이 통합된 새로운 마케팅을 다음 세대에 기대해본다.

| 지은이 |

미즈노 마코토 水野 誠

1985년 쓰쿠바 대학 경영·정책과학연구과에서 석사학위를 취득하고, 2000년 도쿄 대학 대학원 경제학연구과에서 박사학위를 취득했다. 광고회사 하쿠호도(博報堂)에서 마케팅 실무, 연구개발 부문에 20년간 근무했으며 현재 메이지 대학 상학부 교수로 재직 중이다. 주요 연구 분야는 마케팅 사이언스와 소비자행동이다.

| 옮긴이 |

(주)애드리치 마케팅전략연구소

시장과 소비자에 대한 철저한 분석과 다양한 사례 연구를 통해 기업이 당면한 과제에 대한 마케팅 솔루션을 제공하고 있다. 특히 미국, 일본 시장의 전문가를 중심으로 실전 경험이 풍부한 우수한 플래너들이 국내뿐만 아니라 글로벌 마케팅 전략과 방법론을 제시한다. 급변하는 시장 환경에 맞춰 유연성을 가진 마케팅 실행 시스템을 개발하고 있으며, 소비자와 사회 트렌드를 지속적으로 주시하면서 성향 분석과 잠재 니즈 개발에 힘쓰고 있다.

■ (주)애드리치 마케팅전략연구소에서 옮긴 책

『마케터의 일』(2005)
『강한 원칙 강한 마케팅』(2007)
『인사이트 마케팅』(2008)
『거대시장 시니어의 탄생』(2009)
『소셜 컨슈머의 등장』(2010)
『롱 인게이지먼트』(2011)
『매트릭스 마케팅』(2012)
『애프터 액션 마케팅』(2014)
『더 높은 가격으로 더 많이 팔 수 있다』(2015)

마케팅은 진화한다

실무에서 응용하는 최신 마케팅 이론

지은이 **미즈노 마코토** ｜ 옮긴이 **(주)에드리치 마케팅전략연구소** ｜ 펴낸이 **김종수** ｜
펴낸곳 **한울엠플러스(주)** ｜ 편집책임 **김경희** ｜ 편집 **하명성**

초판 1쇄 인쇄 **2016년 10월 21일** ｜ 초판 1쇄 발행 **2016년 10월 31일**

주소 **10881 경기도 파주시 광인사길 153 한울시소빌딩 3층**
전화 **031-955-0655** ｜ 팩스 **031-955-0656** ｜ 홈페이지 **www.hanulmplus.kr**
등록번호 **제406-2015-000143호**

Printed in Korea.
ISBN 978-89-460-9004-0 03320(양장)
     978-89-460-9005-7 03320(반양장)

빅 시프트
100세 시대 중년 이후 인생의 재구성

100세 시대, 하지만 당신이 들고 있는 것은 70세 시대의 낡은 인생지도.
중년 이후 인생을 새로운 절정으로 이끌 인생지도를 그려보자

우리는 기대수명 70세를 기준으로 만들어진 인생지도를 보며 살고 있다. 이 낡은 지도는 중년기 이후의 길을, 늙었으니 일을 그만두고 쉴 시기, 즉 노년기라고 안내한다. 그런데 100세 시대인 오늘날 그 여정은 자그마치 30년으로 늘어났다. 그러니 이 낡은 지도를 들고 다음 목적지로 향하는 중년의 마음은 막막하고, 그래서 이것저것 챙기는 짐도 많을 수밖에 없다.

이 책은 우리 인생지도에서 아무 대책 없이 방치되어 있던 중년과 노년 사이의 그 긴 여정을 '앙코르 단계'라는 새로운 인생단계로 채우고, 이전과는 다른 방식으로 걸어가야 한다고 말한다. 그리고 이를 통해 다른 인생단계와는 구별되는 고유한 자산을 형성할 수 있음을 보여준다. 더 나아가, 중년기와 노년기 사이에 자리하게 될 이 새로운 인생단계가 개개인에게 인생의 새로운 절정이 될 것이고, 이 새로운 인생단계를 살아가는 이들이 사회의 짐이 아니라 오히려 사회의 수많은 문제를 해결할 인적 자원이 될 수 있다고 역설한다.

이 책은 어느덧 현실이 된 100세 시대, 그리고 변화한 환경과 가능성에 알맞은 인생지도를 그리는 방법을 구체적으로 제시하며, 이 새로운 지도를 따라 중년 이후에 펼쳐질 인생의 비전을 여러 인물의 실제 삶을 통해 보여준다.

지은이
마크 프리드먼

옮긴이
한주형·이형종

2014년 4월 20일 발행
국판
296면

세계시장에서 살아남는 S급 인재의 조건

글로벌 인재양성 전문가 아쓰미 이쿠코의 30년 노하우

"우리는 글로벌 인재의 의미를 오해하고 있다"
30년간 세계 유수 기업의 성패를 보며 찾아낸 '글로벌 승자'의 법칙

세계시장에서 마지막까지 살아남은 인재는 무엇이 다른가?

전 세계에 '글로벌 붐'이 일기 전부터 '글로벌 인재양성 교육'을 실천한 사람이 있다. 이 책의 저자 아쓰미 이쿠코는 시시각각 변화하는 세계 흐름을 예견하면서, 30년 넘게 각 나라에 맞는 비즈니스 방법을 코칭해온 일본의 베테랑 교육가이다.

이 책 『세계시장에서 살아남는 S급 인재』는 최고의 비즈니스 전략이란, 문화와 역사적 지식을 겸비한 글로벌 인재에게서 나온다고 말한다. 이 책의 핵심 내용이자 아쓰미 이쿠코의 가장 큰 업적은 '전 세계 주요 30국의 문화적·역사적 DNA를 체계적으로 정리'한 데 있다. 각 민족의 역사적 배경과 문화적 환경은 인류의 DNA처럼 오랜 시간 유전되고 축적되어왔으며, 우리도 모르게 그것의 영향을 받는다.

이 책은 세계가 어떻게 네 개의 문화 코드로 나뉘며, 각 민족이 어떻게 다른지를 알려준다. 상당한 시간적·공간적 에너지를 들여야만 알 수 있는 지식을 이 책 한 권을 통해 얻을 수 있을 것이다.

지은이
아쓰미 이쿠코

옮긴이
승현주

2016년 9월 25일 발행
국판
256면

전략을 실행되게 하라

**역량중심으로 '승리할 수 있는 전략'을 수립하고
전략과 실행을 자연스럽게 결합해 강하게 성장하라**

- 정체성에 헌신하라
- 전략을 일상 업무로 전환하라
- 조직문화의 힘을 활용하라
- 선택과 집중된 비용절감으로 더욱 강하게 성장하라
- 미래를 스스로 개척하라

오늘날 성공한 기업들은 '승리할 수 있는 전략'을 갖고 있거나
전략과 실행을 자연스럽게 연결할 줄 안다. 이 책은 평범한
기업이 전략과 실행 사이의 간극을 극복해 '성공한 기업', '응
집성이 있는 기업'으로 거듭나기 위한 다섯 가지 비관습적 리
더십 행동을 소개한다. 이는 기업에서 현업에 바로 적용할 만
한 전략 프랙티스다.

책에서는 이케아, 애플, 하이얼, 아마존, 레고, 프리토-레이,
JCI-ASG, 화이자, 인디텍스, 퀄컴, 나투라, 다나허, 스타벅스,
시멕스를 소개한다. 이들 기업은 비관습적 리더십 행동과 관
련해서 각자의 성공스토리를 갖고 있다. 이들 기업이 설립하
고 나서 어떻게 성장했고 어떤 의사결정을 내렸으며 어려움
에 맞닥뜨렸을 때 어떻게 전략과 실행을 개선했는지에 대한
흥미로운 이야기가 책 곳곳에 담겨 있다.

지은이
**파울 라인반트·체사레
마이나르디·아트 클라이너**

옮긴이
조영균·김창래

2016년 9월 26일 발행
신국판
328면

교양필수 상속·증여 KNOWHOW

**상속·증여는 나와는 상관없는 일이라고
또는 먼 미래의 일이라고
손 놓고 있지는 않으셨습니까?**

증여·상속은 자산가들의 일이라고 생각하기 쉽다. 하지만 결혼하는 자녀에게 집 한 칸 마련해주려고 해도 증여세가 문제가 될 수 있다. 우리 세법에는 성년 자녀에게 5000만 원을 초과하는 증여를 하게 되면 10%에서 최고 50%까지 증여세가 부과된다. 서울에 위치한 어지간한 아파트 매매가가 수억 원인 것을 생각하면 증여세가 남의 이야기일 수 없다.

상속세를 미리 준비 못 해 빚을 지거나 상속받은 부동산을 헐값에 팔아야 하는 경우도 흔하다. 미리 알고 준비한다면 2세에게 재산을 형성할 기반을 마련해주고 세금도 절약할 방법이 있는데, 몰라서 세금 폭탄을 맞는 일이 드물지 않은 것이다.

이 책은 손주에게 학자금을 보내주려는 조부모에서 자산가치 수백억 원 이상의 기업을 가업으로 물려주려는 기업가까지 모두에게 필요한 상속과 증여에 관한 맞춤 노하우를 담고 있다. 특히 다양한 고객의 니즈와 상황에 맞추어 최적의 재무설계를 재공해야 하는 많은 재무설계사와 금융관계자들에게는 무엇보다 필요한 책이라고 하겠다.

지은이
김상수

2016년 9월 30일 발행
신국판
232면